Maison d'édition marseillaise
dédiée au plein air et à l'aventure

Éditions du Chemin des Crêtes

L'aventure au fil des pages

LES 100 PLUS BELLES GRANDES VOIES EN FRANCE

Topo Escalade

Olivier du Chastel

Textes : Olivier du Chastel
Photographies : Olivier du Chastel sauf mention contraire
Photographie de couverture : Face sud de l'Aiguille du Midi, *Super Dupont*, Chamonix © Ben Tibbetts
Photographie de 4e de couverture : Symon Welfringer © Sam Bié
Graphisme et mise en page : Camille Delahaye et Juliette Kermarrec
Cartographie : © IGN, 2023

Imprimé à Péronnas par Sepec en avril 2023 - 07984230141
Dépôt légal 1er semestre 2023 - ISBN : 979-10-95743-44-6

Hélène, Voyage chez Cyrano L7 (5c) © Sam Bié

SOMMAIRE

Arnaud, Une Pincée de ketchup dans L8 (6b)

REMERCIEMENTS

En premier lieu, tous mes différents partenaires de cordée :
Nicholas Armstrong, Gregory Berlioz, Antoine et Tom Biscéré, Alexandre Cossonet, Guillaume Foulon, Renaud Lespinasse, Arnaud Turin, Jean Maugein, Carole Labouze, Marie-Laure Guillot, Pierre Pattier, Patrice Meunier, Louis Demange, Henri, Jean-Charles, Benoît Arnoult, Jérémie Hartmann, Nicolas, Rémy Helmer, Henry Luissier, Sébastien Muller, Matthieu Salanave, Alexandra Mathieu, Géraldine Puig, Éric Freydier, Balazs Meszaros…

Les grimpeurs et sportifs expérimentés qui m'auront apporté une précieuse aide d'une manière ou d'une autre :
Philippe Mussato pour la préface et Charles Dubouloz pour la postface, Thierry Souchard et Bertrand Maurin pour leur précieuse aide sur la Corse, Jean-Louis Fenouil toujours très généreux dans son partage d'informations et d'anecdotes du Cap Canaille à la Corse et Bavella, Arnaud Petit, Rémi Songeon, Thomas Wuyts et sa précieuse aide sur les voies chamoniardes, Philippe et Florence Mergnat infatigables globes trotteurs des grandes voies de France, Xavier de Le Rue pour son introduction sur les Pyrénées, Barney Vaucher mine d'informations sans fond, Sandrine Fèvre, Laurent Courbon, Nicolas Faure, Paul Morillon, Robin Bonnet guide de haute montagne à la passion intacte et communicative, Alticoop, Caroline Minvielle et Maxime Poirier pour la voie *El Topo*, Marjorie Juarez et Simon Duverney pour la voie *Jeef*, Guillaume Pellissier et Clara à la liste de grandes voies très bien fournie, Mathieu Stephan de guide 06…

Les photographes professionnels qui auront contribué à cet ouvrage :
Sam Bié pour ses superbes photos des Calanques, Cap Canaille, Sainte-Victoire, Céüse, Presles et Mont Aiguille, Ben Tibbetts pour la couverture de la face sud de l'Aiguille du Midi, Mélanie Cannac pour ses très belles photos de la cordée féminine de *Ali Baba* à Aiglun.

La maison d'édition du Chemin des Crêtes :
La motivation, l'énergie et la grande disponibilité de Tristan Duchet ainsi que Juliette Kermarrec et Camille Delahaye pour la maquette.

Tous les ouvreurs passés, actuels et à venir de grandes voies sans qui aucun topo ne pourrait voir le jour, qu'ils soient chaleureusement remerciés pour leur travail si important.

PRÉFACE

Devenson © Philippe Mussato

L'eau, le feu et la terre. Mona Lisa est belle comme le monde, et Léonard semblable aux grands peintres Chinois, qui la peint dans sa loggia devant un paysage dont les derniers remparts avant le ciel sont des montagnes rocheuses. Destruction, fusion ? La terre, sous l'action du feu devient rocher, et les parois de roc, comme souvent à la Renaissance, ne sont là que pour mettre en valeur, une étendue d'eau. Les peintres ne pourront peindre les montagnes pour elles-mêmes que bien plus tard, quand l'aventure ne se résumera plus à conquérir les mers. Les plus grands bateaux emportaient les premiers aventuriers vers un inconnu sans limites. Prendre la mer, tout comme la peindre, revenait à ouvrir l'espace et le mesurer en s'y mesurant. Les montagnes rocheuses, ces « barres rocheuses », infranchissables qui nous barrent la vue et la route, avaient dans les tableaux fonction de limites, bien souvent entre l'ici et l'ailleurs. Elles encadraient le monde du peintre. Mona Lisa est ici, mais les montagnes derrière elle sont une invitation à pénétrer un ailleurs vertical, un monde bleuté propice au voyage. Son regard, ses cheveux ondoyants, nous invitent à passer la rambarde de sa Loggia et à « faire le mur ». Les livres sont ainsi : des montagnes pour les mots qu'ils posent, et leurs feuilles nous disent qu'en les ouvrant, on gonfle les voiles d'un vent épique. Et quand la « ventura » souffle, l'« aventure » peut commencer.

Cette sélection de grandes voies mêle des itinéraires variés, tant par leurs difficultés, leurs types de rocher, leur « style d'escalade », que leur type d'équipement. L'aventure, puisqu'on compte dans cette sélection plus d'un tiers de voies en terrain d'aventure (TA), y est donc une des principales raisons d'être. Elle est à l'image même de notre pratique, qui nous demande d'être ouverts et à l'écoute : grimper c'est, plus que de réussir : s'adapter à ce qui est là.

Comme dans le tableau de Léonard, l'eau, la terre et le feu sont liés dans cet ouvrage qui nous invite à gravir ces barrières de la terre. Et le feu, me direz-vous ? Les premiers topos se voulaient exhaustifs. Mais très vite, devant l'ampleur de la tâche, cette entreprise muséographique prit la forme de sélections qui ne concerna donc que « les plus belles » ou « mes belles ». Le feu est là : d'écrire et décrire par amour des choses.

Puis, ce livre est comme un tableau de Chardin. Peintre des natures mortes qui en préparant sa toile d'une épaisse couche de matière, avant de représenter tasses, bol, fruits, etc., affirmait dans cette trituration de pâtes pigmentées, la substantialité des choses. Cette substantialité dit plein d'autres choses : les lois de cause à effet, les frictions entre désirs et réalité, et certainement aussi la possibilité de l'amour. Le virtuel tend lui vers le désincarné, « les apparences apparentes » , sans substantialité. Un sentiment contemporain d'isolement naît de cet Éros-là.

Ce livre et sa reliure, tout comme l'escalade qui nous demande de « coller » au rocher, nous relient encore à la substantialité du monde. La main qui effeuille est la même qui tient chaque prise, et grâce à elle, la respiration d'une lecture rejoint celle de l'ascension à venir. Libre à chacun de souffler fort et en gonflant les voiles du désir d'ascension, se laisser aller à la promesse du voyage vertical.

Philippe Mussato

INTRODUCTION

Pour prolonger la préface de Philippe Mussato, il est important de rendre hommage à tous ces ouvreurs, infatigables travailleurs de l'ombre, souvent acharnés et toujours passionnés, sans qui aucune de ces voies, récits, topos et autres ne serait possible. Ils méritent une très grande reconnaissance de la part de tous les grimpeurs qui reprennent inlassablement leurs itinéraires de grandes voies.

« *C'est un voyage dans le voyage le fait de grimper* » disait Patrick Berhault. On voyage pour découvrir un nouvel endroit, une nouvelle région, et également on réalise un voyage sur le rocher, qu'il soit de granite, de calcaire ou de grès, il est toujours différent. Un voyage « à la verticale de soi » comme l'a écrit Stéphanie Bodet dans un ouvrage très personnel. Du granite à la rhyolite, du cap Canaille au Mont Aiguille en faisant un détour par le Vignemale, la Dibona ou le Grand Capucin, la France regorge de trésors minéraux qui font, ont fait et feront encore pour un certain temps le plus grand bonheur des grimpeurs, des randonneurs et des alpinistes. Du simple amateur en quête de découvertes au grimpeur plus expérimenté qui recherche la performance, ces falaises et grandes voies de France regorgent de possibilités. Équipées ou en terrain d'aventure, les 100 voies décrites dans cet ouvrage sont toutes des voies rocheuses, avec parmi elles des voies montagnes (nécessitant une approche alpine avec le matériel adapté) dont l'ascension sera à privilégier en été, de mai ou juin à septembre la plupart du temps.

La sélection de 100 grandes voies d'escalade n'est pas une tâche aisée, tellement les possibilités sont nombreuses. Chaque grimpeur qui se pencherait sur la question irait de sa propre liste. C'est donc une chance de pouvoir décliner ce « carnet de voies » de manière presque infinie.

Pourquoi escalader une grande voie, pourquoi faire de la montagne, de l'alpinisme ou toutes autres activités qui demandent un engagement souvent total ? Lionel Terray, avec une grande humilité et simplicité, aborde très bien cette question dans son ouvrage *Les Conquérants de l'inutile*. À notre manière, nous, grimpeurs, sommes tous un peu « ces conquérants de l'inutile ». Et pourtant, malgré la futilité de grimper des falaises, on y retourne sans trop se poser de questions. C'est une source et une manière inépuisable de découvrir la nature, ses parois, ses marches d'approche, ses régions, son partenaire de cordée. C'est une exploration infinie, un voyage initiatique, tant extérieur qu'intérieur.

Ce premier tome de grandes voies sur toute la France donne une part belle aux falaises du sud de la France, région très généreusement dotée en falaises de tous genres, avec une dominance pour le calcaire.

Olivier du Chastel

Benjamin, face sud du Mont Aiguille © Sam Bié

MISE EN GARDE

L'escalade est une discipline présentant certains risques et qui nécessite préparation, expérience et engagement. Il est important de s'informer avant toute ascension sur la météo, la réglementation actuelle en vigueur, la qualité de l'équipement en place et d'éventuelles informations sur le rocher.

L'auteur et l'éditeur ne peuvent être tenus responsables pour la pratique des grandes voies présentées à titre indicatif dans cet ouvrage. Les informations de ce topo-guide sont à jour à la date d'impression de ce dernier et sont susceptibles d'évoluer, et des erreurs peuvent toujours subsister.

Les sites d'escalade en milieu naturel n'étant majoritairement plus sous la responsabilité de la Fédération Française de la Montagne et de l'Escalade (FFME), ils restent sous le contrôle des propriétaires et la réglementation est en train d'évoluer avec la problématique complexe du déconventionnement des falaises. Ces sites, pour nombre d'entre eux, rentrent dans la catégorie « terrain d'aventure » avec tout ce que cela implique juridiquement, et seule la responsabilité individuelle du grimpeur sera engagée en cas d'accident.

N'hésitez pas à consulter les sites internet des acteurs locaux : parcs nationaux (Calanques, Mercantour, Écrins), parc régional (Verdon), site et réglementation Natura 2000, Office national des forêts (ONF), sites web (Camptocamp, etc.).
Appeler les secours en cas d'accident : 112.

COMMENT UTILISER CE GUIDE

NIVEAU TECHNIQUE D'ESCALADE

Toutes les voies de ce topo se basent sur le système de cotations françaises allant du 4e au 8e degré, avec trois subdivisions (a, b, c) qui peuvent être précisées d'un +. Ces cotes correspondent au niveau en **escalade libre**, c'est-à-dire sans utiliser de matériel pour progresser et s'aider mais avec uniquement les prises et aspérités du rocher. Les points ou les protections en place ainsi que la corde et les dégaines ne servent que pour l'assurage et la sécurité en cas de chute. A contrario, **l'escalade artificielle** ou artif' consiste à poser artificiellement sur la paroi divers éléments pour aider la progression. Il peut s'agir de pitons, différents types de crochets, ainsi que des étriers.
Hormis quelques passages, toutes les cotations de ce topo sont données pour de l'escalade libre, avec pour chaque voie le niveau maximal, il peut s'agir d'une seule longueur ou de plusieurs sur l'ensemble de la voie, et le niveau obligatoire correspond au niveau minimal requis pour le passage en escalade libre entre deux points.

Dans certains passages où l'escalade libre est trop difficile, le grimpeur a recours à l'escalade artificielle :
A0 : les points (plaquettes, broches, spits...) sont déjà en place tous les mètres environ, il suffit de tirer sur la dégaine installée pour passer au pas suivant.
A1 : A0 avec des points éloignés de plus d'un mètre et pouvant nécessiter de poser des protections amovibles pour aider la progression.
A2 : escalade artificielle qui peut être engagée avec pose de protections amovibles éloignées, usage d'étriers recommandé.

Cotation globale de la voie

De la même manière qu'en alpinisme, la cotation globale (escalade libre) indiquée pour chaque itinéraire peut être précisée d'un + ou d'un -. C'est la cotation en libre obligatoire maximale qui détermine la cotation globale.
Dans ce topo, les cotations commencent à AD pour Assez Difficile. Les cotes F (Facile) et PD (Peu Difficile) sont utilisées pour des courses d'alpinisme ou de la rando-escalade et donc absentes dans cette sélection de voies. Cette cotation globale (souvent sujette à débat) est valable tant pour les voies équipées qu'en terrain d'aventure.

AD- : Assez difficile - .... 1 voie
AD+ : Assez difficile + ... 1 voie
D : Difficile .... 1 voie
D+ : Difficile + ... 17 voies
TD- : Très difficile - .... 21 voies
TD : Très difficile .... 27 voies
TD+ : Très difficile + ... 22 voies
ED- : Extrêmement difficile - .... 6 voies
ED : Extrêmement difficile .... 1 voie
ED+ : Extrêmement difficile + ... 3 voies

Nombre de grandes voies sportives (entièrement équipées : P1 à P1+) : **61**

Nombre de grandes voies terrain d'aventure (P2 à P3) : **39**

Nombre de grandes voies type montagne (altitude du départ de la voie supérieure à 2 000 m) : **32**

Équipement en place

La cotation P, suivie d'un chiffre allant de 1 à 3 et pouvant être suivi d'un +, désigne la qualité de l'équipement en place. Elle ne prend pas en compte l'exposition à la chute qui n'est pas décrite dans ce topo. Cette échelle est décrite sur le site www.camptocamp.org :

P1 : Voie entièrement équipée, prendre uniquement des dégaines et une sangle.

P2 : Voie partiellement équipée avec les relais en place parfois à renforcer.
Il faudra emmener des coinceurs (type Friends), câblés et autres, pour compléter l'équipement en place. À partir de la cote P1+ et P2, les voies font partie de la catégorie Terrain d'aventure (TA).

P3 : Voie peu ou pas équipée du tout pour certaines longueurs. Prendre tout le matériel de terrain d'aventure et de quoi construire des relais.

France	4a	4b	4c	5a	5b/5c	6a	6a+	6b	6b+	6c	6c+
USA	5.6	5.7	5.8	5.9	5.10a	5.10b	5.10c	5.10d	5.11a	5.11b	5.11c
UIAA	IV+	V	V+	VI-	VI	VI+	VII-	VII		VII+	VIII-

France	7a	7a+	7b	7b+	7c	7c+	8a	8a+	8b	8b+	8c	8c+
USA	5.11b	5.12a	5.12b	5.12c	5.12d	5.13a	5.13b	5.13c	5.13d	5.14a	5.14b	5.14c
UIAA	VIII	VIIX-	X-		IX	IX+	X-		X	X+	XI-	XI

Matériel grandes voies

Le matériel de grandes voies diffère que l'on soit en grandes voies toutes équipées dites *sportives*, ou partiellement ou pas équipée dites *terrain d'aventure*.

Dans les deux cas, il y a un matériel de base à avoir :

- **Équipement personnel de sécurité :** baudrier d'escalade (qui doit être révisé de temps en temps surtout au niveau des coutures), longe avec mousqueton à vis, descendeur pour corde à double de préférence auto-freinant pour plus de sécurité, accompagné d'un mousqueton à vis, au moins deux mousquetons à vis libres, cordelette fermée pour effectuer un autobloquant type machard, casque, chaussons, frontale, trousse de secours et couverture de survie, téléphone portable.

Pyrénées occidentales, Grand Vignemale

- **Équipement collectif:** cordes à double (2 brins) de 50 ou 60 mètres.
Pour la grande voie équipée: 1 jeu de 12 dégaines, 1 sangle de 120 en fond de sac, (sinon le nombre de dégaines sera indiqué sur les topos).

Pour la grande voie terrain d'aventure (partiellement ou pas équipée): des coinceurs type Friends et câblés, leur nombre et leur taille seront précisés sur les topos, au moins 6 dégaines rallongeables de 60 cm, 3 de 120 et entre 3 et 5 dégaines normales, 1 décoinceur, éventuellement des pitons et un marteau selon la voie. En règle générale, 1 jeu de coinceurs mécaniques comporte 7 éléments qui vont de la taille #0.3 à #3 (BD).

Longueur de la voie

La longueur (précisée sur chaque topo dans un petit rectangle) indique la distance verticale approximative du dénivelé des difficultés, c'est-à-dire la longueur entre le pied de la voie et le sommet ou le dernier relais. Cette distance ne prendra pas en compte les éventuels mètres de traversée. (Exemple: voie *Hissage nocturne* dans le Verdon: 110 m de dénivelés de difficultés et environ 250 m de grimpe en additionnant les longueurs une à une, dont de nombreuses en traversée.)

Orientation et voies « montagnes »

Pour chaque voie, l'orientation est indiquée sur le topo de la voie au moyen d'une petite boussole avec l'orientation dominante coloriée en rouge. Selon que l'on soit en montagne ou dans le Sud, en été ou en hiver, la lumière et l'exposition au soleil ne sont pas les mêmes. En plus de la météo et des prévisions à toujours vérifier avant d'entreprendre une ascension, il faut bien tenir compte de l'orientation lors du choix d'une grande voie, afin d'éviter d'avoir trop froid ou trop chaud, ou d'être exposé au vent s'il est prévu.

Il y a dans ce topo 32 voies que l'on peut qualifier de « voies montagnes », c'est-à-dire des voies à une altitude avoisinant les 2000 m d'altitude et au-delà. Elles se situent dans un contexte alpin pour certaines (Chamonix, Pyrénées...) et nécessitent parfois une approche glaciaire avec crampons et chaussures d'alpinisme, piolet et équipement de glacier (indiqué dans la description lorsque c'est le cas). Pour ces voies, il faudra privilégier les mois de juin à septembre pour bénéficier des conditions estivales et des longues journées d'été. Ne pas sous-estimer la durée des itinéraires en tenant compte des approches et retours souvent longs. Lorsque la mention « voie montagne » n'est pas précisée, les voies peuvent être parcourues quasiment toute l'année (hors intempéries).

Glacier et dent du Géant

CALANQUES

De la grimpe toute l'année, du calcaire blanc à profusion, la mer à l'horizon et souvent au pied des voies, et le mistral jamais bien loin, nous sommes bien dans les Calanques, vaste massif de roche blanche calcaire plongeant dans la mer, calé tel un coinceur entre Marseille et Cassis.

De la grande voie au Deep Water Solo en passant par d'innombrables couennes, les possibilités sont très nombreuses avec plus de 3000 voies. Ici, chacun pourra trouver « chaussons à son pied ». Si de grandes pages de l'histoire de l'escalade ont été écrites sur ces falaises, entre autres par Rébuffat et Livanos, quelques grandes premières ont aussi eu lieu dans ces Calanques : en 1879, l'ascension de la *Grande Candelle* par F. W. Mark, l'ascension de *Nymphodalle*, premier 7c de France et deuxième au monde par Patrick Edlinger en 1979, le premier 8b+ à vue au monde en 1995 par Elie Chevieux avec *Les Massey Ferguson* à Luminy à la grotte de l'Ours (et répété en 2021 par Adam Ondra), etc.

Même si l'époque actuelle n'est plus aux grandes premières et ouvertures engagées, le plaisir, les découvertes et l'émerveillement font toujours bien partie des lieux, tant pour le grimpeur habitué que pour le nouvel arrivant. De juin à septembre, l'accès au massif est réglementé et peut être restreint selon le risque d'incendie lié au vent et à la chaleur. Toutes les informations relatives aux interdictions sont disponibles sur le site internet de la préfecture des Bouches-du-Rhône. Même si l'on peut grimper toute l'année dans les Calanques, c'est pendant le printemps et l'automne que l'on pourra profiter au mieux des conditions pour cette fabuleuse escalade en bord de mer.

Chacun aura la liberté d'y écrire ses propres aventures tout en respectant les règles et arrêtés du Parc national auquel les Calanques appartiennent depuis 2012.
Plus d'informations relatives au parc : www.calanques-parnational.fr

Trou du Canon

Gilles et Stéphane dans Pen-Duick L1 (6c) © Sam Bié

CARTE DU MASSIF DES CALANQUES

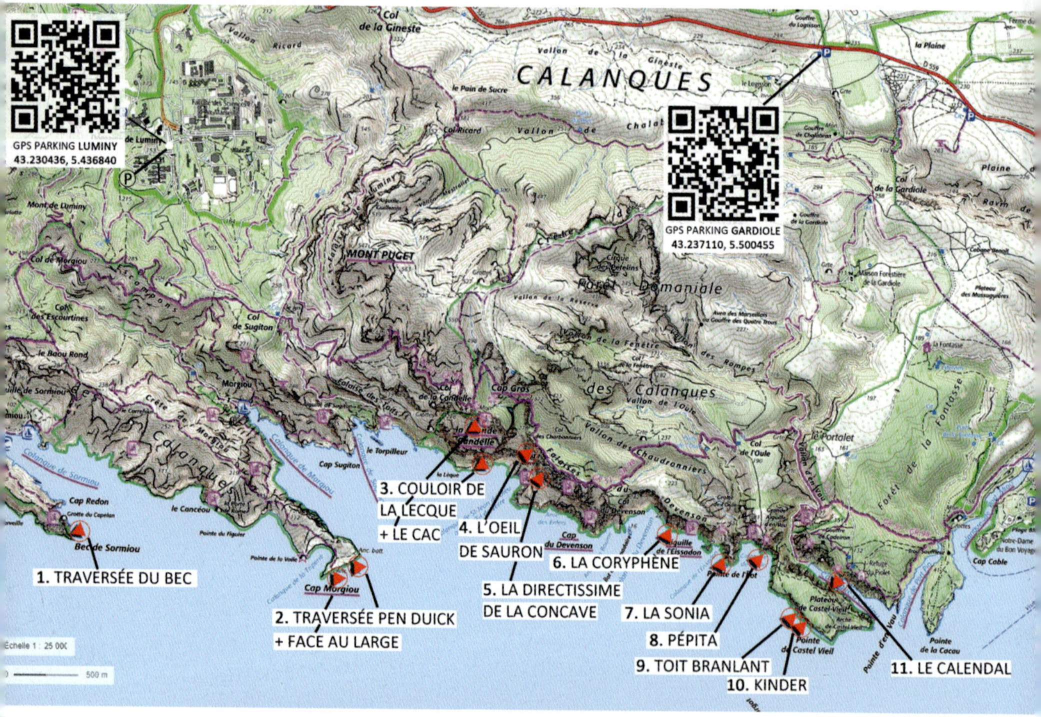

Plateau de Castelvieil, En-Vau et Port-Pin

1 | TRAVERSÉE DU BEC DE SORMIOU

TD - 6a max, 5c obl./P1

Équipée en 2001 par Christophe Bignon, cette traversée permet de cheminer sur le versant est du bec de Sormiou, à mi-hauteur pour sa majeure partie, en traversant de droite à gauche (dos à la mer) les secteurs Antécime puis Momie, espaces de prédilection de l'UCPA pendant de nombreuses années. La sortie sur le Bec puis sur la crête permet de pleinement apprécier toute la calanque de Sormiou, un peu à l'écart des touristes.

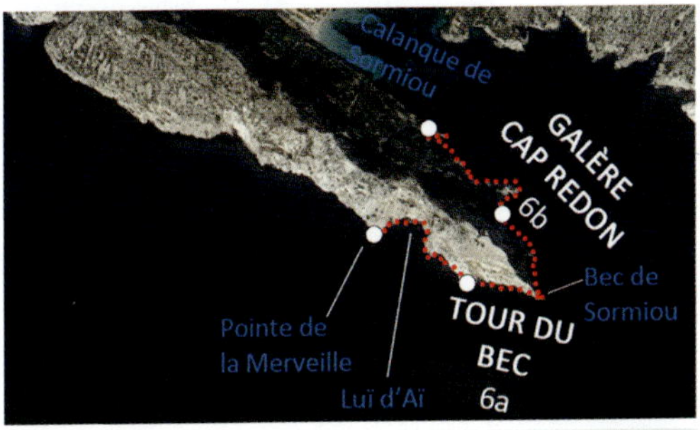

Bec de Sormiou

ACCÈS ROUTIER

Il y a deux options, depuis le centre de Marseille, le bus n°23 vous emmènera jusqu'à la Cayolle puis il faut marcher jusqu'au col de Sormiou et ensuite descendre à la calanque (50 minutes). On peut aussi rejoindre le parking payant de la calanque de Sormiou en voiture ou deux-roues. L'accès est réglementé pour les véhicules, et les restrictions tendent à s'étendre pendant l'année pour diminuer l'usage des voitures.

APPROCHE 30 MINUTES

Depuis la calanque de Sormiou, prendre le sentier noir en rive droite à mi-hauteur qui mène au Cap Redon.

Jean et Mathilde L6 (6a) de La Grande Traversée du Bec © Sam Bié

Ne pas descendre les dalles lisses qui mènent au bord de l'eau mais remonter 10 m au-dessus du col, le départ se trouve à proximité d'une petite grotte sur la droite.

ÉQUIPEMENT SPÉCIFIQUE

12 dégaines, matériel grandes voies sportives.

ITINÉRAIRE

L1, L2 (5b) : Traversée horizontale puis petit cirque à passer.
L3 (5c) : Quelques pas vers la gauche puis remontée prisue oblique.
L4 (6a) : Rester sur la vire du bas, pas de 6a en descente.
L5 (5c) : Remonter en diagonale.
L6 (6a) : Courtes montées et descentes fines pour sortir sur une vire.
L7 (5a puis **4b) :** Plus simple de shunter le relais intermédiaire.
L8 (5c puis **4c) :** Idem L7, 2 longueurs en 1, sortie par la voie de la Momie qui amène au sommet du Bec.

ITINÉRAIRE BIS

Traversée du bec au ras de l'eau en Deep Water (pas d'équipement), très belle escalade homogène ne dépassant jamais le 5c-6a et qui permet plus de 200 mètres de traversée jusqu'à la face ouest.

RETOUR 30 MINUTES

Depuis la crête, marcher vers le col de Lui d'Aï et la calanque de Sormiou. Quelques passages de désescalade délicats qui permettent de retrouver le sentier noir d'accès qui rejoint la calanque de Sormiou.

Nicholas dans La Grande Traversée

2 | TRAVERSÉE FACE AU LARGE + PEN DUICK
TD-TD+ 6a 6b/P2 Terrain d'av.

Il s'agit là de deux traversées, dont le départ originel se situe au niveau de la porte de Saint-Pierre. Ouvertes en 1973 par Michel Charles et Barney Vaucher pour la *Face au Large* et 1978 par Robert Balestra, Michel Fauquet, Marc Guiot et Gérald Pailheret pour la *Pen Duick*, ces deux traversées se distinguent par leur ambiance vraiment unique. Le lien avec le large et la mer est omniprésent lors de cette escalade sur excellent rocher travaillé et sculpté par l'eau salée et l'air marin. Si elles sont abritées du mistral, elles ne sont à recommander que pour les plus intrépides par forte houle, la probabilité d'avoir les pieds mouillés, voire plus, étant élevée.

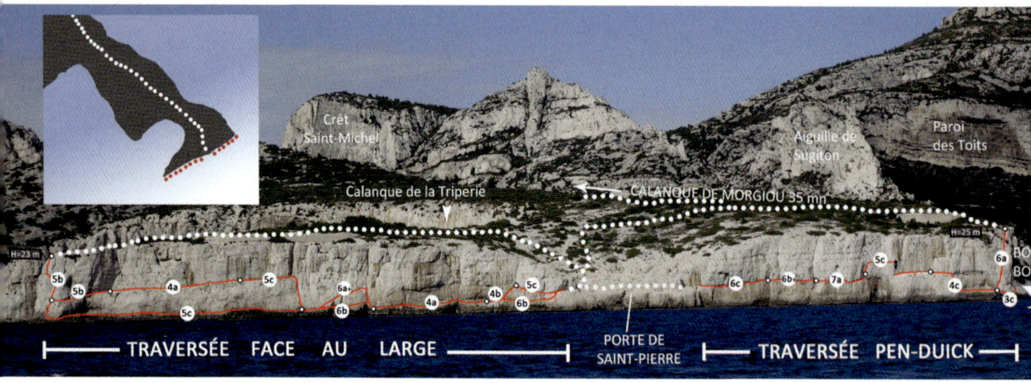

ACCÈS ROUTIER

Accès réglementé à la calanque, possibilité de prendre le bus 22 jusqu'à la prison des Baumettes. En voiture, après avoir dépassé la prison, il convient de se garer sur le parking à droite au début de la route sinueuse qui monte puis redescend jusqu'à la calanque de Morgiou.

APPROCHE 45 MINUTES

Pour rejoindre la porte de Saint-Pierre au cap Morgiou, point de départs de ces deux traversées, il faut longer la rive droite (sentier noir) depuis le petit port de la calanque de Morgiou jusqu'au col du Renard, puis continuer par le sentier bleu qui traverse des anciennes fortifications en pierres. Lorsque vous aurez la calanque de la Triperie (vaste anse formant un U) sur votre droite, il faut continuer tout droit jusqu'à un petit vallon pierreux qui amène à la porte de Saint-Pierre.

ÉQUIPEMENT SPÉCIFIQUE

Coinceurs, câblés, sangles, dégaines, matériel terrain d'aventure.

Itinéraires possibles en Deep Water Solo : prendre chaussons et maillot de bain.

ITINÉRAIRES

Depuis la porte de Saint-Pierre, deux options s'offrent à vous : aller vers le sud-ouest en direction de la pointe du cap Morgiou pour *La Face au Large*. Ou alors vers le nord-est pour la *Pen Duick*, qui va en direction du début de la traversée *Bora Bora* et la fin de la grande traversée *El Cap* sur la face nord-est.

Face au large

À noter que cette traversée peut se faire en Deep Water Solo, sans équipement d'escalade autre que chausson et maillot de bain.

L1+L2 (5c/6b) : Emprunter la longue faille horizontale vers la gauche qui marque bien le début de la voie (1 point), un peu de désescalade et relais dans la conque sur une bonne vire après avoir passé un premier relais facultatif.
L3 (4b puis 4a) : Traversée facile juste au-dessus de la mer.
L4 (6a+) : Remonter un dièdre équipé après quelques mètres de traversée au bord de l'eau. Un pas technique sur petits pieds (possible A0) bien protégé. Relais après une large fissure verticale (2 points).
L5 (5c) : Si l'itinéraire historique remontait quelques mètres puis continuait à traverser, il peut être préférable de rester au bord de l'eau. La difficulté ne dépasse pas le 5c, alternée de sections faciles, belle escalade horizontale sur rocher sculpté, tirer au plus loin vers la pointe du Cap.
L6 (5b) : Depuis le dernier relais, rejoindre la pointe du cap (relais 2 points) et remonter sur le fil au plus facile (engagé sans encordement) jusqu'au plateau.

Julien et Renaud
Face au Large L5 (5c) © Sam Bié

Le cap Morgiou

Pen Duick

L1 (6c) : Suivre horizontalement vers la droite la fissure sous le toit jusqu'au relais.
L2 (6b+) : Continuer en traversée sous le toit jusqu'au relais au pied d'une fissure.
L3 (7a) : Rester bas sur les pieds, lecture délicate.
L4 (5c) : Remonter sur trous prisus puis traverser pour rejoindre un court rappel qui donne accès au secteur du Radeau.
L5 (4c) : Un angle à contourner avant quelques pas de désescalade puis de traversée.
L6 (6a) : Remonter pour sortir directement sur le plateau du cap Morgiou.
L6' (3c) : Possibilité de continuer à traverser et contourner l'angle vers la droite pour rejoindre le départ de la *Bora Bora*.

RETOUR 45 MINUTES

Même sentier qu'à l'aller depuis la pointe du cap Morgiou.

Stéphane et Gilles, Pen-Duick L6 (6a) © Sam Bié

3 | COULOIR DE LA LECQUE + LE CAC

160 + 100 m TD+ 6b max, 6b obl./P3 Terrain d'av.

Il s'agit d'un bel enchaînement qui permet de grimper le socle et la Candelle (avec un peu de marche entre les deux). Le *Couloir de la Lecque* a été ouvert en 1950 par Robert Gabriel et Georges Livanos et *Le CAC* par ces mêmes protagonistes accompagnés de Roger Roulet en 1948. L'ambiance sauvage et austère est au rendez-vous en commençant les premières longueurs du *Couloir de la Lecque*, dans le renfoncement du couloir sur ce rocher marron et sombre. Le contraste avec *Le CAC* est marquant ; le calcaire retrouve toute sa blancheur, barré simplement par une large fissure, la troisième longueur clé du CAC promet un beau combat pour en venir à bout.

Le socle et la Grande Candelle

ACCÈS ROUTIER

Rejoindre le grand parking de Luminy juste avant la faculté des sciences, accessible par le bus 21 ou 24 ou en voiture, qui permet de rejoindre la barrière (fermée) de Luminy.

Point GPS parking Luminy : 43.230436, 5.436840

Sortie possible par le sommet puis col de la Candelle
LE CAC
100 m
6b
6a
4c
160 m
5c
5c
6a
6a+
Parking Luminy : 45 mn

APPROCHE 45 MINUTES

Depuis le parking de Luminy, rejoindre le col de Sugiton puis prendre le tracé vert et jaune sur la gauche. Après avoir dépassé le grand virage, continuer jusqu'à une barrière fermée pour quitter les sentiers vert et jaune sur la droite en se dirigeant vers le socle de la Candelle. Après une zone d'éboulement, remonter sur une sente pour rejoindre le pied de la falaise du socle que l'on longe jusqu'au secteur « Grande Tour de la Lecque ». Le départ de la voie se situe dans un renfoncement quelques dizaines de mètres après l'Aiguille Tordue.

ÉQUIPEMENT SPÉCIFIQUE

Un jeu complet de coinceurs comprenant #4 et #5 si possible pour L3 du CAC, câblés, sangles, dégaines, matériel terrain d'aventure.

ITINÉRAIRE

Couloir de la Lecque

L1 (6a+) : Grande longueur qui vient buter sur un grand toit que l'on franchit par la gauche en oblique, pas très aérien.
L2 (6a) : Chercher la ligne de faiblesse qui serpente un peu à droite et à gauche. Très peu d'équipement en place et relais à construire.
L3 (5c) : Remonter la fissure, rocher parfois un peu chipseux et arrondi, relais à construire.
L4 (5c) : Continuer dans le couloir sur la droite puis portion de dalle raide jusqu'à la sortie, relais à construire ou sur arbre. Il faut ensuite remonter des ressauts pour sortir du couloir (3c) puis marcher environ 200 m pour rejoindre le pied de la Candelle et de la voie du CAC.

Le CAC

L1 (4c) : Remonter en ascendance à gauche un dièdre parsemé de buissons jusqu'au pied de la paroi verticale.
L2 (6a) : Un pas dur dans le premier tiers de la voie, quelques pitons, relais à construire au-dessus du petit buisson au niveau du relais R2 de la voie les *Fleurs du Mal* sur la gauche.
L3 (6b) : La longueur clé de 48 mètres, fissure large et raide tout du long à protéger avec des tailles 4 et 5 (#BD) dans le premier tiers, intense et soutenue jusqu'à la fin.
L4 (3b) : Par la droite sinon tout droit **(6a)** sur quelques mètres pour rejoindre l'arête faîtière qui mène au sommet de la Candelle.

RETOUR 50 MINUTES

Rejoindre le sommet de la Candelle puis un rappel de descente en face nord pour arriver au col de la Candelle. De là, suivre le GR jusqu'au col de Sugiton et ensuite la route en terre empruntée à l'aller jusqu'à Luminy.

Martin dans L2 du Couloir de la Lecque

4 | L'ŒIL DE SAURON
TD 6b max, 6a+ obl./P1

Cette voie est située dans le Val Vierge à gauche de l'impressionnante Concave et ses 35 mètres d'avancée. Il s'agit d'un coin assez reculé des Calanques dans lequel une ambiance sauvage domine, il est possible d'y croiser des sangliers. Le rocher est bien sculpté et la voie est partiellement abritée du mistral.

ACCÈS ROUTIER

Idem voie 3.
Point GPS parking Luminy : 43.230436, 5.436840

APPROCHE 1 H 20

Depuis le parking de Luminy, rejoindre le col de Sugiton puis prendre le tracé vert et jaune sur la gauche. Après avoir dépassé le grand virage, continuer jusqu'à une barrière fermée pour quitter les sentiers vert et jaune et prendre sur la droite en vous dirigeant vers le socle de la Candelle. Continuer sur cet ancien tracé rouge vers la calanque Saint-Jean de Dieu puis remonter et passer le pas de l'Œil de Verre (rocher patiné, chaînes et marches en métal). Remonter vers la falaise pour passer au pied de l'arête du Diable puis sur la droite, la voie emprunte le pilier à gauche d'une zone marron déversante.

ÉQUIPEMENT SPÉCIFIQUE

12 dégaines, matériel grande voie sportive.

ITINÉRAIRE

L1 (6b) : Départ en dalle puis la paroi se redresse avec deux pas physiques.
L2 (6a) : Départ athlétique puis ascendance à gauche puis tout droit.
L3 (6a+) : Belle longueur technique à gouttes d'eau qui louvoie de part et d'autre de l'axe de la ligne.
L4 (6b) : Un pas de 6b, traverser sur la droite avant de remonter jusqu'au relais final.

RETOUR 1 H 10

Du plateau, remonter et rejoindre vers la gauche le col de la Candelle. De là, suivre le GR jusqu'au col de Sugiton et la route en terre empruntée à l'aller jusqu'à Luminy.

La vue sur la Concave à droite de la ligne

L'Œil de Sauron © Guillaume Pellissier

5 | LA DIRECTISSIME DE LA CONCAVE

140 m - ED+ 7a A2/P2

Ouverte le 9 janvier 1966 par Marc Vaucher et Georges Livanos, première en libre en 1994 par Jérôme Rochelle en auto assuré et réalisée en libre en une seule longueur par Bruno Clément et Seb Batel en 2019 et 2020, cette voie est un monument des Calanques, avec 35 m d'avancée pour ce toit hors du commun. Elle est située dans le Val Vierge au-dessus de la calanque Saint-Jean de Dieu.

Sébastien Batel, 1ère répétition en libre de toutes les longueurs en 1 seule (pas d'arrêt aux relais intermédiaires) le 16/06/2020, après Bruno Clément en 2019

ACCÈS ROUTIER

Idem voie 3.
Point GPS parking Luminy: 43.230436, 5.436840

APPROCHE 1 H 30

Depuis le parking de Luminy, rejoindre le col de Sugiton puis prendre le tracé vert et jaune sur la gauche. Après avoir dépassé le grand virage, continuer jusqu'à une barrière fermée pour quitter les sentiers vert et jaune et prendre sur la droite en se dirigeant vers le socle de la Candelle. Continuer sur cet ancien tracé rouge vers la calanque Saint-Jean de Dieu puis remonter et passer le pas de l'Œil de Verre (rocher patiné, chaînes et marche en métal). Remonter jusqu'à une intersection et prendre sur la droite le chemin indiqué « Concave ». Aller au pied du grand dévers marron, petite terrasse en terre au départ, à l'aplomb de la longue fissure qui marque la voie.

ÉQUIPEMENT SPÉCIFIQUE

Matériel d'artif comprenant marteau, quelques pitons, coinceurs, anneaux de corde pour remplacer les plus vieilles, sangles, nombreux mousquetons…

ITINÉRAIRE

L1 (3c) : Il s'agit de la dalle peu inclinée menant au pied du très gros dévers de la Concave.
L2 (A2) (**7c** en libre) : Suivre les pitons (d'époque) et quelques points plus récents en place, un crochet vers la droite au début.
L3 (A2) (**8a+**) : Suivre la fissure évidente parsemée de pitons, longueur très déversante et physique.
L4 (A2) (**7b**) : Idem, continuer et suivre la fissure déversante à l'équipement bien ancien.
L5 (A1) (**5a**) : Terminer dans du plus vertical et moins déversant jusqu'au sommet (artif ou libre possible).

RETOUR 1 H20

Du plateau, remonter et rejoindre vers la gauche le col de la Candelle. De là, suivre le GR jusqu'au col de Sugiton et la route en terre empruntée à l'aller jusqu'à Luminy.

Pierrot au jumar

Relais sur pitons de L2

Au relais

6 | LA CORYPHÈNE

230 m - TD+ 6b max, 6a obl./P3 Terrain d'av.

Ouverte par Claude Cassin et Joël Coqueniot en 1967, il s'agit d'un autre monument des Calanques. C'est une ligne majeure qui part quelques mètres au-dessus de l'eau, et dont il faut aller chercher le départ après deux bonnes heures de marche et un enchaînement de rappels bien aériens. L'expression « terrain d'aventure » qui caractérise parfaitement ce genre de voies prend tout son sens ici dès les rappels d'accès. Après le dernier rappel pendulaire, vous arriverez sur une belle plateforme de calcaire quelques mètres au-dessus de l'eau ; peut-être aurez-vous la chance d'y apercevoir une coryphène ou dorade-coryphène, poisson carnivore des mers chaudes ! On pourrait se dire que l'on est arrivé au terme du voyage, mais ce n'est pas le cas du tout. Il faut enchaîner de vraies longueurs qui se protègent bien, soutenues et très peu équipées hormis les relais, avant d'arriver sur les crêtes du Devenson.

Vue sur le Cirque du Devenson depuis la descente

ACCÈS ROUTIER

De Marseille ou Cassis, prendre la route de la Gineste (D559) et se garer sur le grand parking en bord de route, côté massif des Calanques, à peu près à mi-chemin entre les deux villes. Ne rien laisser dans les voitures. **Point GPS parking Gineste: 43.237110, 5.500455**

APPROCHE 2 H 30

Du parking de la route de la Gineste, prendre à pied la route goudronnée jusqu'au grand parking du col de la Gardiole. De là, il faut rejoindre le col de l'Oule après être passé à droite de la maison forestière et avoir suivi le chemin de droite qui rejoint le vallon d'En Vau. Du col de l'Oule, prendre le GR à droite vers le Puits de l'Oule puis le tracé vert jusqu'aux crêtes du Devenson pour arriver au cirque du même nom. Gagner le point culminant à proximité de la Tour Save.

R1 : 50 m, relais chaîné 2 m sous le sommet.

R2 : 50 m, relais chaîné sur la droite (dos à la mer) jusqu'à un pin.

R3 : 35 m, relais sur le pin jusqu'à une vire exposée. Traverser vers la gauche (vers Marseille) en remontant un peu pour arriver au-dessus d'un arbre.

R4 : 20 m, relais sur 2 pitons. Traverser encore vers la gauche en remontant quelques mètres.

R5 : 25 m, relais sur 2 pitons jusqu'à un pin mort en Y vers la gauche. Descendre 5 m sous le pin mort jusqu'à une terrasse.

R6 : 40 m, relais chaîné.

R7 : 40 m, relais chaîné en fil d'airaignée qui arrive sur la terrasse de départ 8 m au-dessus de l'eau.

ÉQUIPEMENT SPÉCIFIQUE

1 jeu complet de coinceurs (friends) du 0.3 au 3, câblés, sangles, dégaines, équipement terrain d'aventure complet.

ITINÉRAIRE

Tout le bas de la voie (les 3 premières longueurs) est assez « poisseux ».

L1 (6a+), 30 m : Remonter la cheminée sur 12-13 mètres avant de traverser sur la gauche au niveau d'une lunule. Continuer en ascendance à gauche vers une terrasse sur laquelle le relais est à construire.

L2 (6b), 30 m : Continuer au-dessus pour rejoindre la cheminée chipseuse un peu sur la gauche, qui se redresse de plus en plus à mesure que l'on progresse. Après une traversée gazeuse sur la gauche, on arrive au relais au niveau d'un toit, trois pitons scellés à compléter par un coinceur (taille 3 BD).

L3 (6a+), 30 m : D'abord une fissure à remonter puis traverser à droite vers un petit rebord, succession fissure raide, dalle puis cheminée oblique qui sort à gauche de l'arbre sur lequel il faut faire le relais.

L4 (5a), 50 m : Grande longueur facile pour accéder au bas de la cheminée, relais à construire ou à droite sur les 2 points de *La Mémoire de nos Enfants*.

Dernier rappel d'accès pendulaire

Matthieu à la fin de L2

L5 (5c), 40 m : Belle longueur qui passe dans la partie gauche de la cheminée, quelques vieux pitons, relais sur arbre, attention aux blocs instables.
L6 (4c), 50 m : Monter par des ressauts faciles qui se succèdent, pour arriver sous le sommet de la Tour Save au pied du dernier ressaut. Relais sur 2 points au niveau de la brèche.
L7 (6a+), 50 m : Gravir le superbe pilier d'aragonite, partiellement équipé (contrairement à l'époque de son ouverture), prendre les 4 premiers points de *Pour la Mémoire de nos Enfants*, continuer ensuite sur le fil où se succèdent lunules, pitons puis plaquettes et relais de départ. Superbe dernière longueur, grosse ambiance pour ce final.

RETOUR 1 H 45

Depuis la sortie de la voie et les crêtes du Devenson, reprendre le chemin inverse de celui de l'aller.

7 | LA SONIA

140 m - TD 6a+ max, 6a obl./P1

Ouverte par S. Guillaume et M. d'Aillaud très certainement en hommage à Sonia Livanos, il s'agit d'une très belle voie homogène avec une vue imprenable sur la calanque et l'aiguille de l'Eissadon. Le couple phare des années 50-70, formé par Sonia et Georges Livanos dit le Grec, ne compte pas moins de 500 premières et 1 660 parcours de voies des Calanques, à une époque où les perforateurs et friends mécaniques ne venaient pas alourdir les baudriers...

Sortie de la Sonia

ACCÈS ROUTIER

Idem voie 6.
Point GPS parking Gineste: 43.237110, 5.500455

APPROCHE 2H15

Du parking de la route de la Gineste, prendre à pied la route goudronnée jusqu'au grand parking du col de la Gardiole. De là, il faut rejoindre le col de l'Oule après être passé à droite de la maison forestière et avoir suivi le chemin de droite qui rejoint le vallon d'En Vau. Depuis le col, prendre sur la droite le GR qui descend en fond de vallon et continuer par le tracé vert qui rejoint le col de l'Eissadon. Suivre la crête vers la gauche jusqu'au sommet de la voie après deux pins inclinés. Deux rappels de 30 m mènent au « jardin inférieur », depuis lequel, après une courte marche, on récupère une corde fixe qui permet de rejoindre le troisième et dernier rappel de 30 mètres. La voie démarre quelques mètres à gauche du couloir au pied des rappels de *Et la mer profonde et bleue*, deux scellements au départ, sur le pilier est de l'Eissadon.

ÉQUIPEMENT SPÉCIFIQUE

12 dégaines, matériel grande voie sportive.

140 m
30 m
Route de
la Gineste
2h15
6a+
6a
30 m
5a
CORDE
FIXE
30 m
6a
ET LA MER PROFONDE EST BLEUE
CHENAL
6a+
5c+
5c

ITINÉRAIRE

L1 (5c), 25 m : En descente vers la gauche puis contourner le pilier. Relais juste derrière avec 1 lunule et 1 goujon, commun avec la voie *Et la mer profonde et bleue*.
L2 (5c+), 25 m : Continuer vers la gauche en descente, deux pas au ras de l'eau après avoir dépassé le relais du départ historique. Relais au pied d'un dièdre proche de l'eau.
L3 (6a+), 35 m : Remonter le dièdre orangé jusqu'à la vire sur la gauche de la GEP.
L4 (6a), 45 m : Remonter une fissure large sur 30 m. Ne pas prendre le relais composé de 2 scellements horizontaux appartenant à *Et la mer profonde et bleue*, mais celui 5 m en dessous avec 2 scellements l'un au-dessus de l'autre.
L5 (5a), 20 m : Tirer bien à droite jusqu'à un replat. Relais sur 2 plaquettes, zone de rocher délité.
L6 (6a), 25 m : Remonter la dalle jusqu'à un dévers à passer avec un arbre, relais sur 2 goujons au-dessus de cet arbre.
L7 (6a+), 25 m : Dièdre et fissure avec sortie déversante, relais au sommet sur 2 points.

RETOUR 1 H 45

Du sommet, prendre le sentier de gauche pour revenir au col de l'Eissadon puis reprendre le chemin inverse à celui de l'aller.

L1 (5c) en traversée

8 | PÉPITA

120 m - TD 6b+ max, 6a+ obl./P1

Aller jusqu'à la falaise de l'Oule est déjà en soi une petite aventure. Passé un certain point, vous ne croiserez plus de randonneurs… Si la grande classique du secteur est bien *Les Futurs Croulants* (voir le topo *Les 100 plus belles grandes voies de Provence*, Éditions du Chemin des Crêtes), *Pépita* offre également une escalade très intéressante, superbe ambiance sur un rocher bien sculpté dans le style Calanques bord de mer, et abritée du mistral. Possibilité d'enchaîner avec la voie *Pépito* de 4 longueurs (6a max 5c obl.).

ACCÈS ROUTIER

Idem voie 6.
Point GPS parking Gardiole : 43.237110, 5.500455

APPROCHE 1 H 30

Du parking de la route de la Gineste, prendre à pied la route goudronnée jusqu'au grand parking du col de la Gardiole. De là, il faut rejoindre le col de l'Oule après être passé à droite de la maison forestière et avoir suivi le chemin de droite qui rejoint le vallon d'En Vau. Monter par le sentier marron au col de l'Oule, prendre ensuite le GR en descente puis continuer sur le tracé vert en direction de la calanque de l'Oule. Quitter le sentier vert pour accéder au bas du vallon (ne pas aller vers la droite au col de l'Eissadon). Prendre sur la gauche une sente qui remonte avant le petit vallon qui descend vers la mer (quelques pas d'escalade facile), le départ de la voie se trouve quelques mètres à gauche d'un gros pin (début de la voie des *Futurs Croulants*), au pied d'une dalle inclinée, avec scellement. En 4 rappels à l'aplomb du refuge Azéma, il est également possible de rejoindre le pied de la voie.

ÉQUIPEMENT SPÉCIFIQUE

12 dégaines, sangles, matériel grande voie sportive.

ITINÉRAIRE

L1 (5c+), 25 m : Commencer par une dalle assez simple puis gravir une fissure/dièdre jusqu'à une vire et une niche sur la droite.
L2 (5c+), 15 m : Départ sur la gauche puis continuer tout droit dans l'axe, passage dans une sorte de boyau.
L3 (6b+), 40 m : Un pas de bloc au départ exigeant, puis en ascendance à droite, l'ensemble de la longueur est soutenu.
L4 (6a), 25 m : Un pas physique au départ avec un petit surplomb à passer et continuer dans des murs de plus en plus raides, relais plein gaz.
L5 (6a), 25 m : Démarrer à gauche et passer l'angle, grimper 2 dièdres raides et sortir dans le mur à droite pour atteindre le plateau. L'abri Azémas se trouve 100 m au-dessus.

RETOUR 1 H 15

Rejoindre le refuge Azéma puis le sentier bleu qui mène au col de l'Oule, reprendre ensuite l'itinéraire de l'accès.

Philippe © Florence Mergnat

Départ de la voie, falaise de l'Oule © Rémy Helmer

9 | LE TOIT BRANLANT

150 m - TD- 6a max, 5c obl./P3 Terrain d'av.

Il s'agit là d'une très belle voie de terrain d'aventure de niveau abordable mais à ne pas sous-estimer, sur la face sud-ouest du plateau de Castelvieil. Ouverte en 1969 par Bruno Dineure et François Guillot, chef de file de la jeune génération de grimpeurs marseillais des années 60 et un des fondateurs de la Compagnie des Guides de Provence à Marseille. L'ambiance est bien présente dès la descente en rappels et quelques pendules ne laisseront pas indifférents. Superbe cadre, excellent rocher bien protégeable, tous les ingrédients sont réunis pour laisser un souvenir de grimpe impérissable.

Greg dans L1 (5c), traversée d'accès

ACCÈS ROUTIER

Il y a la possibilité d'accéder soit depuis le parking du bord de route de la Gineste, entre Marseille et Cassis sur la D559, soit depuis Cassis en se rendant au parking de la presqu'île situé avant la calanque de Port-Miou (payant en saison) comportant 500 places. Ne rien laisser dans les voitures.
Point GPS parking Gineste : 43.237110, 5.500455

APPROCHE 2H15

Du parking, le long de la route de la Gineste, prendre à pied la route goudronnée jusqu'au grand parking du col de la Gardiole. De là, il faut rejoindre le col de l'Oule après être passé à droite de la maison forestière et avoir suivi le chemin de droite qui rejoint le vallon d'En Vau. Quelques centaines de mètres avant la plage d'En Vau et juste avant la barrière de la fin du chemin, remonter à droite vers la brèche de Castelvieil par une sente assez raide balisée (petits grimpeurs bleus). Une fois la brèche atteinte et le Trou du Canon, aller 10 mètres vers le sud (vers la gauche lorsque l'on est face au Trou du Canon) pour remonter une courte cheminée très patinée (deux itinéraires parallèles possibles : s'encorder). Rejoindre le plateau de Castelvieil et longer la falaise côté sud-ouest jusqu'à l'angle nord-ouest du plateau. Depuis un jardin suspendu, côté ouest, tirer 2 rappels de 30 m qui amènent à une vire et permettent d'arriver au niveau de la fin de la *Traversée Ramond*. Dépasser une première ligne de rappel (*Rêve de Pierre*...) d'une cinquantaine de mètres pour rejoindre le premier des trois rappels (jusqu'au bord de l'eau) de la *Traversée Sans Retour*.

R1 : 15 m, pendulaire à droite.
R2 : 10 m, pendulaire à droite. À la fin de R2, traverser 3 m à droite en A0 pour atteindre R3.
R3 : 30 m. Clipper les points pour guider la descente, puis courte marche/traversée vers la droite, proche de l'eau, jusqu'au début de L1 en traversée à droite.

Possibilité d'accès depuis la brèche de Castelvieil et le Trou du Canon par la *Traversée Ramond*.

ÉQUIPEMENT SPÉCIFIQUE

1 jeu complet de coinceurs (friends) du 0.3 au 3, câblés, sangles, dégaines, équipement terrain d'aventure complet.

ITINÉRAIRE

L1 (5c), 15 m : Après la fin du dernier rappel, traverser la vire formant un petit cirque vers la droite vers un éperon qu'il ne faut pas gravir. Traverser en dessous toujours en ascendance à droite (début de la longueur en 5c) et contourner la falaise pour arriver au pied de la cheminée pour y faire un relais sur coinceurs.
L2 (5c), 25 m : Remonter la cheminée bien protégeable, facile puis passage plus physique. Sortie sur une bonne vire, 1 goujon, intersection avec la *Traversée sans Retour*.
L3 (5b), 35 m : Continuer dans la cheminée avec possibilité de rester dans le boyau ou à l'extérieur, quelques gradins, court mur raide avec fissure puis sortie sur terrasse avec relais à construire (lunules anciennes en place).
L4 (5c+), 25 m : Départ dans une zone fissurée à gauche de la cheminée avec quelques vieilles lunules, puis zone déversante bien protégeable avec belle poignée rocheuse. Continuer en légère ascendance à gauche vers la ligne de faiblesse. Le relais est à construire sur une petite vire au niveau d'un champignon rocheux.
L5 (6a), 25 m : Remonter la fissure-cheminée dans l'axe avec quelques vieilles lunules pour arriver après un pas déversant à un relais sur deux lunules et un piton.
L6 (5c+), 35 m : Continuer la fissure évidente au-dessus du relais puis tirer en oblique vers la gauche (vieux coin de bois dans un renfoncement), quelques gradins faciles avant de sortir au sommet. Relais sur arbre.

Rappel pendulaire d'accès

RETOUR 1 H30

Du plateau de Castelvieil, prendre le chemin inverse de celui de l'aller, un court rappel est à prévoir quelques mètres en contrebas du plateau de Castelvieil.

Greg dans L5 (6a)

10 | KINDER
150 m - TD 6b+ max, 6a obl./P1

Cette voie à l'itinéraire des plus improbables, sur la face ouest du plateau de Castelvieil, exploite du mieux possible le fjord et ses boyaux. Le sentiment de faire de la spéléo-escalade est parfois assez présent. Comme ses voisines *Pochette Surprise* et *Promesse des profondeurs*, l'ascension de cette voie au cœur de la roche constitue un voyage géologique inoubliable.

© Rémy Helmer

ACCÈS ROUTIER

Idem voie 9.
Point GPS parking Gineste : 43.237110, 5.500455

APPROCHE 2 H 15

Du parking, le long de la route de la Gineste, prendre à pied la route goudronnée jusqu'au grand parking du col de la Gardiole. De là, il faut rejoindre le col de l'Oule après être passé à droite de la maison forestière et avoir suivi le chemin de droite qui rejoint le vallon d'En Vau. Quelques centaines de mètres avant la plage d'En Vau, remonter vers la brèche de Castelvieil par une sente assez raide balisée (petits grimpeurs bleus). Une fois la brèche atteinte et le Trou du Canon, aller 10 mètres vers le sud (vers la gauche lorsqu'on est face au Trou du Canon) pour remonter une courte cheminée très patinée (deux itinéraires parallèles possibles : s'encorder). Rejoindre le plateau de Castelvieil et longer la falaise côté sud-ouest.

Descente dans le fjord © Rémy Helmer

Dépasser le pilier des *Dents de la Mer* pour trouver un peu plus loin les rappels de la *Zize*. Descendre 2 x 45 m pour aboutir sur la vire de la *Traversée Sans Retour*, marcher en remontant vers l'ouest jusqu'au bord sud-est du fjord puis effectuer 2 rappels de 25 et 28 m. Le dernier rappel de 28 m sur le bord droit du fjord (dos à la mer) permet d'arriver à une terrasse juste au-dessus de l'eau.

ÉQUIPEMENT SPÉCIFIQUE

16 dégaines, sangles, matériel grande voie sportive.

ITINÉRAIRE

L1 (6b) : Démarrer au bord de l'eau par un mur raide et enchaîner par une fissure arrondie et un bombé. Relais sur vire commun avec *Pochette Surprise*.
L2 (6a+) : Continuer dans la fissure puis tout droit vers un surplomb (lorsque *Pochette Surprise* part à droite), rentrer dans le fjord en gérant le tirage.
L1 et L2 sont assez poisseuses avec possibilité de passer certaines sections en A0, quelques prises taillées.
L3 (5c) : Départ en 5c vers la gauche puis pénétrer dans le boyau (en retirant le sac) et le remonter, passer une étroiture puis sortir jusqu'à l'extérieur.
L4 (5c) : Gravir un mur raide blanc avant de rentrer dans un nouveau boyau puis un grand couloir. Ne pas suivre les cordes fixes vers la droite ni l'inscription « Kinder » fausse, continuer droit au-dessus.
L5 (6b+) : Grimper la dalle avec passages en aragonite, superbe longueur exigeante et section physique.
L6 (6a+) : Continuer vers la gauche pour remonter une fissure courte mais athlétique jusqu'au plateau de Castelvieil.
Variante L5' (5c) et L6' (5c) : Suivre les cordes fixes puis droit au-dessus.

RETOUR 1 RAPPEL, 1 H 15

Idem voie 9.

Nadine et Fred
Traversée Sans Retour L3 (6b)
© Sam Bié

Arnaud dans le dernier rappel

11 | CALENDAL

130 m - TD 6b max, 6a obl./P1

Très belle voie et surtout superbe cadre de la calanque d'En Vau. Situé sur sa rive droite, le *Calendal* a été ouvert en 1965 par J.-L. Bonnin et J. Dessautel, et rééquipé par les frères A. et G. Bernard, ainsi que G. Paul. Lorsque pour la première fois, on arrive au bout du vallon d'En Vau, surprise et émerveillement sont bien au rendez-vous. Préférez l'hiver ou la saison creuse pour éviter la « sur-affluence » de la plage et de la calanque, en particulier presque tous les jours de l'été.

ACCÈS ROUTIER

Idem voie 9.
Point GPS parking Gineste: 43.237110, 5.500455

APPROCHE 2H15

Du parking de la route de la Gineste, prendre à pied la route goudronnée jusqu'au grand parking du col de la Gardiole. De là, il faut rejoindre le col de l'Oule après être passé à droite de la maison forestière et avoir suivi le chemin de droite qui rejoint le vallon d'En Vau.
De la plage d'En Vau, rejoindre sur la droite les rochers qui mènent à un couloir raide et à une sente un peu encombrée qu'il faut emprunter. Elle mène à la *Vire du Grand Rappel* que l'on traverse à gauche, dépasser un pilier et un pin. Possibilité de s'encorder sur le passage étroit de la vire, puis rappel de 20 m au bout de celle-ci. Une fois au bord de l'eau, revenir vers la droite (*Traversée Gary Hemming*, portion facile) sur une quinzaine de mètres jusqu'à croiser les premiers rings inox du début de la voie.

ÉQUIPEMENT SPÉCIFIQUE

12 dégaines, matériel grande voie sportive.

ITINÉRAIRE

L1 (6a), 25 m: Droit au-dessus jusqu'à la vire. Une fois atteinte, se décaler quelques mètres à droite pour démarrer au pied de la L2.
L2 (6b), 25 m: Un pas de bloc pas évident au départ et quelques pas techniques dans la longueur dont la fin termine en ascendance sur la gauche.
L3 (6a), 40 m: Départ en dalle puis un passage en dülfer sur écaille. Traverser vers la droite sur une terrasse pour arriver au relais.
L4 (6a), 40 m: En ascendance à gauche, alternance dalle grise à gouttes d'eau, bombé avec un pas de 6a, puis dalle de nouveau jusqu'au relais sur une terrasse.

RETOUR 2H

Au choix depuis le plateau de Castelvieil:
- Rejoindre le Trou du Canon (1 court rappel) puis descendre le sentier raide jusqu'au vallon d'En Vau et prendre le chemin inverse de celui de l'aller.
- Descendre en rappel sur une des nombreuses lignes parallèles pour rejoindre la calanque d'En Vau.
- Depuis le plateau de Castelvieil, il est également possible de descendre par la *Vire du Grand Rappel* (1 rappel de 20 m).

Florence © Philippe Mergnat

Plage et calanque d'En Vau

Cap Canaille

Le cap Canaille est une véritable curiosité géologique. Il est fréquent, tout au long d'une ascension, de grimper sur plusieurs types de rochers : grès stratifié ou délité, calcaire à rudiste parfois cassant, poudingue plus ou moins résistant. Déroutant ! Lorsque vous irez grimper dans ces falaises, ne criez pas après la bossette mal dépoussiérée, la réglette cassante, la strate « détritique » ou même le piano à queue pendu au-dessus de vos têtes, et qui défie les lois de Newton. N'oubliez pas qu'à l'ouverture, c'était bien pire, à la puissance 10, et que pour vous, les « Ouvreurs de Bouse » ont passé des jours et des jours à faire du nettoyage (le mot est faible !), à poser des clous puis des goujons en tête, une main crispée sur une strate (« pourvu qu'elle tienne... ») et l'autre sur la perceuse, du sable plein les yeux, et enfin à sceller des points dignes de ce nom. Amateurs de murs d'escalade et de couennes aseptisées (sans propos péjoratifs), passez votre chemin ! Par contre, si vous aimez l'ambiance, l'adrénaline et une certaine recherche des prises comme des itinéraires, allez-y, restez modestes et discrets : vous trouverez là-bas un vrai souffle d'Aventure. Canaille n'est absolument pas une école d'escalade. Les itinéraires se rapprochent plutôt des voies « montagne » modernes comme on peut en trouver en Oisans par exemple. Il est donc capital que les grimpeurs qui vont se rendre ici possèdent les compétences techniques indispensables à une progression en sécurité sur ce genre de terrain.

Quant aux cotations...
- Tu cotes quoi 6b+ ou 6c ?
- Moi je dirai plutôt 6b ?
Éternelle question de grimpeurs...
Certes il y a cette grosse galette tentante, mais pourtant la voie de la sagesse nous dit de crisper les doigts sur cette petite bossette. Difficile ce mur de poudingue : est-ce que je mets le pied sur ce galet évident qui sort beaucoup (trop !) ou bien je le replace en adhérence sur un autre bien mieux enchâssé ? Difficile de coter objectivement les voies de Canaille... Nous avons plutôt essayé entre ouvreurs et équipeurs de garder une homogénéité dans la mesure des difficultés en tenant compte de « la géométrie variable » des prises et du côté « émotionnel » de la grimpe. Ne bloquez pas sur le petit + que vous auriez enlevé ou rajouté mais grimpez en sécurité et faites-vous plaisir dans les voies du Cap.

Jean-Louis Fenouil

Les falaises de Soubeyranes ou cap Canaille

Marjo prend la pose

Entre Cassis et la Ciotat, le cap Canaille ou les falaises de Soubeyranes font également partie du Parc national des Calanques au même titre que le massif des Calanques (même réglementation). Elles sont les plus hautes falaises de France en bord de mer, avec un point culminant à 394 m. Un grand voyage géologique s'offrira au grimpeur qui viendra y installer sa corde et poser ses chaussons sur ces falaises hors normes, face à la mer. L'escalade y est très variée et plaisante, majoritairement sur grès. Les commodités sont nombreuses, accès par le haut pour la majorité des voies, des marches d'approche et de retour assez courtes et un rocher des plus exceptionnels. Des strates de galets et poudingue aux assiettes et épines dorsales de grès, il y en a pour tous les goûts, toutes les formes avec également des possibilités de spéléologie (Grotte du grand Draïoun) en plus de la randonnée sur le sentier proche de la route des Crêtes et du bord des falaises. Pour la grande voie, on peut noter quatre secteurs principaux, chacun ayant leurs spécificités avec, de Cassis à la Ciotat : *Ouvreur de Bouse, Grand Draïoun, 14 Juillet et Sémaphore*. Les grandes voies font de 100 à 300 m, dont une grande majorité est équipée. Restez cependant vigilant vis-à-vis de l'équipement. En bord de mer, la corrosion des broches peut-être rapide et survenir dans le rocher (non visible). L'essentiel de la paroi sera peu abrité du mistral (fort vent du nord-ouest).

De juin à septembre, l'accès au massif est réglementé et peut être restreint selon le risque d'incendie lié au vent et à la chaleur. Toutes les informations relatives aux interdictions sont disponibles sur le site internet de la préfecture des Bouches-du-Rhône.

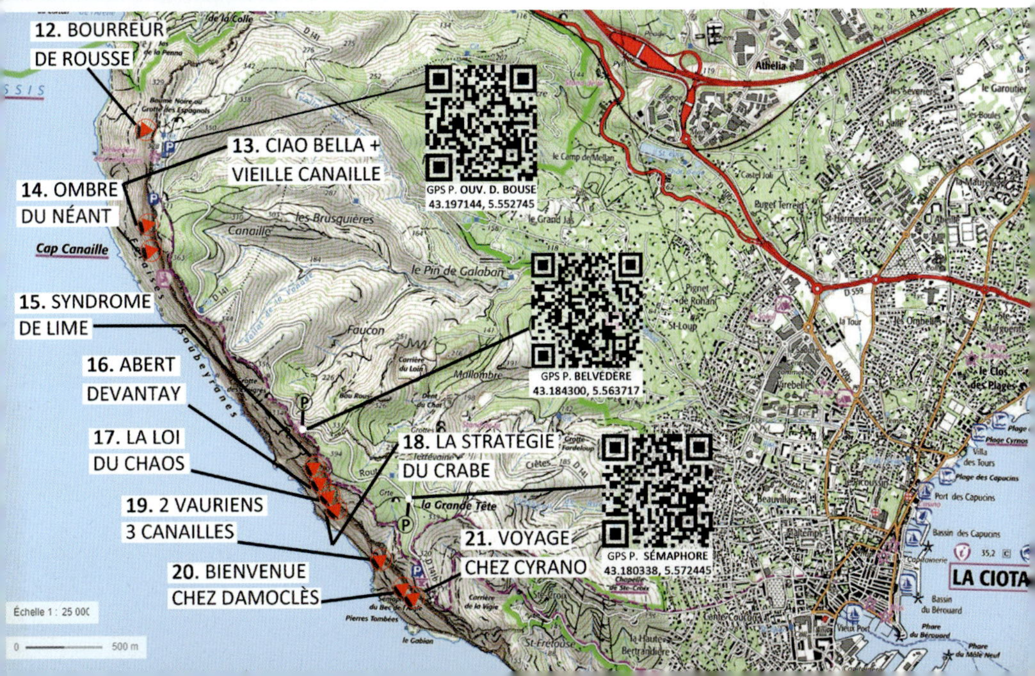

12 | BOURREUR DE ROUSSE

100 m - TD- 6a+ max, 6a obl./P1

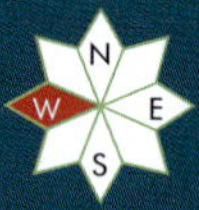

Il s'agit là d'une très belle et grande classique du cap Canaille, du secteur et voisine d'*Ouvreur de Bouse*. Ouverte en 2003 par A. Dupaquis, J.-L. Fenouil, X. Legendre et C. Tassan, cette voie est d'un niveau supérieur à *Ouvreur de Bouse* tout en restant accessible, dans un superbe style vertical sur bons bacs. Elle peut aisément se faire à la demi-journée voire moins, et sera très exposée au mistral.

Henri

Cordées au secteur Ouvreur de Bouse

ACCÈS ROUTIER

Depuis Cassis, prendre la route des Crêtes (D141) et se garer au parking du belvédère des Calanques, deuxième grand parking en sable sur la droite après une légère pente descendante. Accès possible également depuis la Ciotat en rejoignant la route des Crêtes. **Point GPS parking Ouvreur de Bouse : 43.197144, 5.552745**

APPROCHE 15 À 20 MIN

Marcher vers la falaise environ 60 m et légèrement sur la droite à la fin du sentier, trouver le premier rappel avec le nom *Ouvreur de Bouse* inscrit sur le rocher. Désescalader un court ressaut du haut de la falaise avec corde fixe pour atteindre le premier des deux rappels de descente. Il y a plusieurs relais intermédiaires à proximité selon l'occupation des lignes de rappel. On peut aussi descendre par les 2 rappels de *Bourreur de Rousse* situés 15 m à gauche (dos à la mer) vers l'ouest de *Ouvreur de Bouse*. Le départ de la voie se situe 30 mètres à gauche (dos à la mer) vers l'ouest du dernier rappel d'*Ouvreur de Bouse*. Goujons inox argentés.

ÉQUIPEMENT SPÉCIFIQUE

12 dégaines (18 dégaines si L4 et L5 en 1 seule longueur), matériel grande voie sportive.

ITINÉRAIRE

L1 (6a+), 25 m : Début dans l'axe jusqu'à un toit qu'il faut contourner par la gauche. Continuer par un dièdre puis pilier et faire le relais après une légère traversée à gauche.
L2 (6a+), 30 m : Remonter un dièdre dont la deuxième partie est en légère ascendance à droite, relais sur une vire.

L3 (4a), 30 m : Traverser la vire en marche vers la droite puis remonter un dièdre facile. Relais sur petite vire à gauche du deuxième rappel d'*Ouvreur de Bouse*.
L4 (6a+), 30 m : Possibilité d'enchaîner L4 et L5 en une longueur. Superbes longueurs verticales aériennes sur bonnes prises.
L5 (6a), 12 m : Idem L4, plus courte, demande une bonne endurance des avant-bras si enchaînée avec L4.

RETOUR 1 MINUTE

Du sommet, rejoindre le parking.

13 | VIEILLE CANAILLE + CIAO BELLA

140 m - TD 6b max, 6a+ obl./P1

Ouvertes par Jean Devaud et Gilles Crespi, ces deux grandes voies côte à côte sont très intéressantes et parfaitement équipées, elles se déroulent sur la moitié supérieure de la falaise juste après le secteur Cathédrale. Le rocher est excellent, les pas techniques très beaux. L'enchaînement des deux voies demande un peu de conti, mais les efforts valent le coup.

Superbe dalle raide de L3 (6b+) © Florence Mergnat

ACCÈS ROUTIER

Depuis Cassis, prendre la route des Crêtes (D141), (accès interdit et barrière fermée en cas de risque d'incendie et/ou de vent fort) et se garer au troisième grand parking en sable sur la droite, celui 300 m après *Ouvreur de Bouse* dans un grand virage à gauche. Accès également possible par la Ciotat de l'autre côté de la route des Crêtes.

APPROCHE 15 MINUTES

Depuis le parking, prendre d'abord sur la droite un sentier jaune puis une sente rouge (traits fins) qui descend légèrement sur la fin et arrive en haut d'un rappel avec R50 marqué en rouge. En bas de ce rappel, continuer 200 m vers le sud et traverser une grotte. La voie *Vieille Canaille* (VC gravé sur le rocher au pied) démarre de la vire dans un dièdre évident.

Quelques dizaines de mètres après *Vieille Canaille* et environ 50 m après la grotte traversée, on croise le début de la voie *Ciao Bella* avec le nom écrit en bleu au pied.

ÉQUIPEMENT SPÉCIFIQUE

14 dégaines, matériel grande voie sportive.

ITINÉRAIRE VIEILLE CANAILLE

L1 (5c+) : Pilier assez pourvu en prise à remonter.
L2 (6a) : Longueur légèrement déversante mais assez prisue, il est conseillé de faire le relais en haut de la longueur plutôt que sur la droite de la vire pour réduire le tirage.
L3 (6b+) : Mur à trou bien physique pour les avant-bras.
L4 (6b) : Superbe toit à passer, le relais se situe sur la gauche après le toit sur une petite vire.

L5 (6b) : Continuer sur la partie droite du pilier, assez athlétique.
L6 (6b) : Un pas en traversée au début de la longueur puis mur raide et physique, superbe longueur de sortie, comme les précédentes.

ITINÉRAIRE CIAO BELLA

L1 (6a) : Ressauts successifs à remonter avec un pas de 6a.
L2 (6a) : Longueur à trous en légère ascendance à droite.
L3 (6a) : Idem L2.
L4 (6b+) : Superbe traversée gazeuse vers la gauche, prisue mais pas toutes crochetantes, relais dans la grotte.
L5 (6b) : En continuant tout droit sur mur vertical à réglettes (6b), variante à gauche (6c), plus fin et un peu moins de prises.

RETOUR 10 MINUTES

Depuis le sommet, prendre le sentier jaune qui redescend et amène au parking.

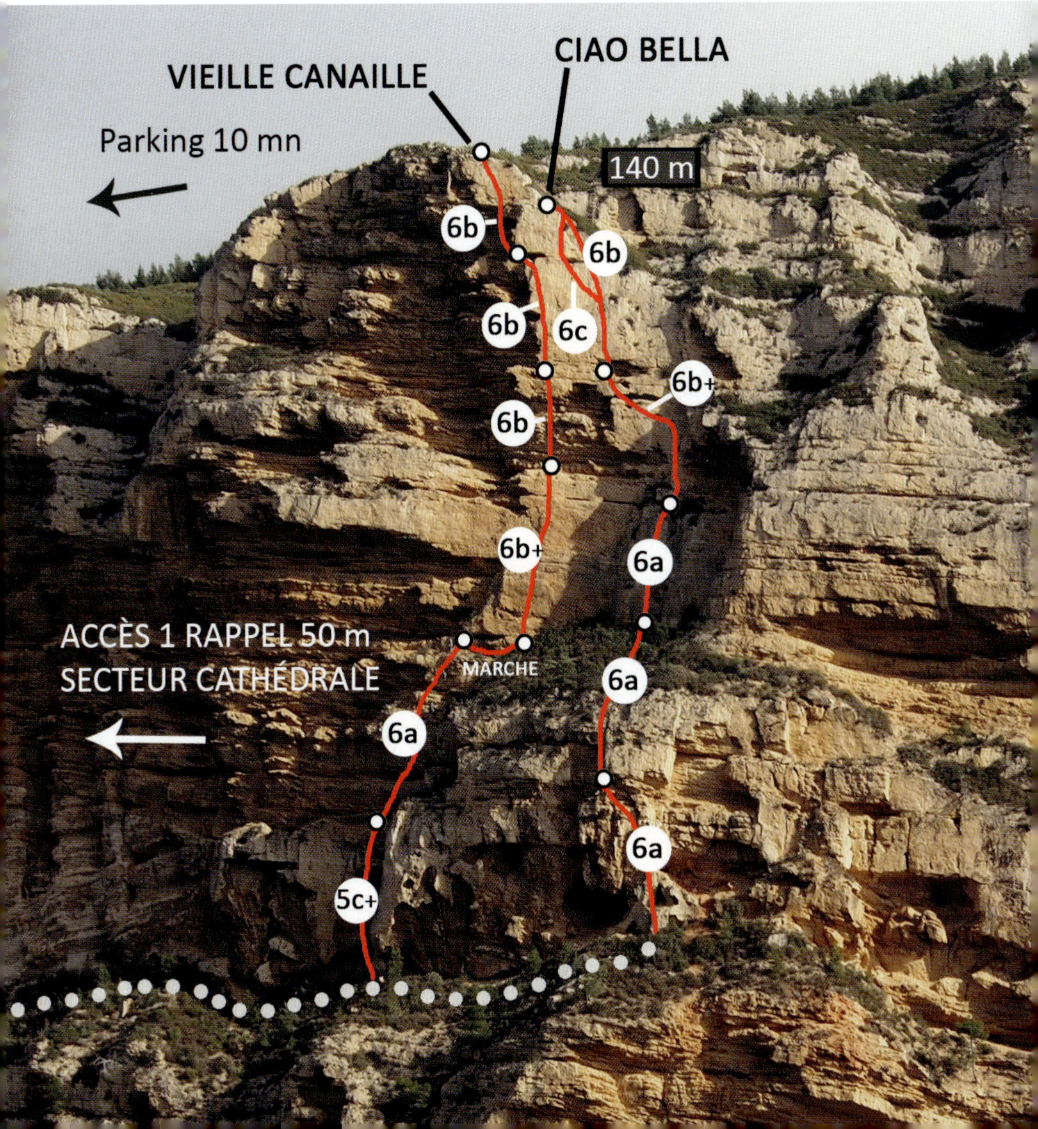

Henri à la sortie de L4 (6b)

14 | L'OMBRE DU NÉANT

270 m - TD+ 6c+ max, 6b obl./P1

Avec le *Baudrier d'Orion* qui se situe sur sa droite, il s'agit des deux plus grandes longueurs du cap Canaille avec un dénivelé de difficultés de 270 m. Très exposé au soleil l'après-midi, il faudra choisir le bon créneau pour se lancer dans cette grande aventure sportive mémorable. Les difficultés sont assez homogènes entre le 5c et le 6c, le tout demandant une bonne endurance.

ACCÈS ROUTIER

Idem voie 13.

APPROCHE 30 MINUTES

Depuis le parking, prendre d'abord sur la droite un sentier jaune puis une sente rouge (traits fins) qui descend légèrement sur la fin et arrive en haut d'un rappel avec R50 marqué en rouge. En bas de ce rappel, continuer sur la vire vers la Ciotat, dépasser la voie *Ciao Bella* (nom inscrit en bleu au pied) pour arriver sur un relais avec grosse chaîne. Descendre ce deuxième rappel, puis un troisième qui permet d'arriver au sol. Marcher une quinzaine de mètres vers la Ciotat (vers le sud-est) pour croiser le départ de la voie qui commence dans un dièdre fissure.

Patrice au pied de l'Ombre du Néant

Patrice dans L2 (6c)

Au pied des falaises de Soubeyranes

ÉQUIPEMENT SPÉCIFIQUE

16 dégaines, sangles, matériel grande voie sportive.

ITINÉRAIRE

L1 (5c) : Remonter d'abord une fissure avant de traverser à gauche au niveau d'un anneau sur une vire sableuse.
L2 (6c) : Longueur très raide et physique à bras (A0 possible), sortie sur la vire avant de traverser à gauche.
L3 (6a+) : En ascendance à droite, il faut passer un premier relais sur un ring et un vieux spit avant de tomber sur le relais de la longueur.
L4 (6a+) : D'abord vers la droite avant de passer un léger surplomb puis vers la gauche jusqu'à la vire avec ligne de rappel.
L5 (6a+) : Superbe longueur d'abord vers la droite puis tout droit avec une fissure bien sculptée et des assiettes horizontales de grès à remonter.
L6 (6c+/A0) : Un pas très bloc et raide (possible A0) puis droit au-dessus, nettement plus simple ensuite.
L7 (6b+) : Continuer droit au-dessus jusqu'à un toit que l'on traverse par la droite pour sortir au-dessus avec le relais sur la gauche.
L8 (6b+) : Mur bien raide et physique en ascendance sur la droite. Marche sur la vire quelques mètres vers la droite.
L9 (5c) : Continuer tout droit puis à gauche pour trouver le relais de sortie.

RETOUR 8 MINUTES

Depuis le sommet, revenir vers Cassis vers l'ouest jusqu'au parking.

Vers Parking 8 mn
270 m
5c
6b+
6b+
6c+/A0
6a+
40 m
6a+
Traversée Élianac Émigrés
40 m
6a+
6c/A0
5c
BAUDRIER D'ORION

15 | SYNDROME DE LIME

200 m - TD+ 6b+ max, 6b obl./P1

Située dans le secteur Albert et ouverte par A. Dupaquis, J.-L. Fenouil et L. Valette, c'est une superbe voie très homogène dans la cote avoisinant le 6b, avec un cheminement assez direct. À l'ombre le matin et peu abritée du fort mistral.

ACCÈS ROUTIER

Depuis Cassis, prendre la route des Crêtes D141 (accès interdit et barrière fermée en cas de risque d'incendie et/ou de vent fort) et rouler jusqu'au parking du Belvédère situé environ 6 km après la barrière de la route des Crêtes (côté Cassis). Le belvédère et son petit parking se trouvent après un virage en épingle à cheveux et sont reconnaissables aux rambardes métalliques tubulaires installées au bord de la falaise. Accès également possible par la Ciotat par l'autre côté de la route des Crêtes.
Point GPS parking Belvédère : 43.184300, 5.563717

APPROCHE 20 MINUTES

Accès jusqu'au bas de la voie à pied. Prendre le sentier (marques jaunes) vers le nord-ouest, vers Cassis et le bord de la falaise. Dans un grand virage bordé par un olivier assez ample, prendre à gauche une sente raide qui descend vers la mer. Longer les petites falaises sur la gauche jusqu'à passer sous un petit éperon. Le départ de la voie se situe 100 m après cet éperon, sous un dévers brun, une quinzaine de mètres au-dessus du sentier au niveau d'une baume.

ÉQUIPEMENT SPÉCIFIQUE

14 dégaines, matériel grande voie sportive.

L5 (6b) © Nicholas Armstrong

ITINÉRAIRE

L1 (6a+) : Départ assez raide sur rocher fragile en ascendance à gauche sur strates de grès, revenir à droite puis relais sur vire.
L2 (6b) : Tirer vers la droite, dalle fine puis fissure avec relais sur la gauche.
L3 (6a+) : Départ sous un gros bloc, traversée oblique vers la gauche au niveau de la lunule, relais dans une grotte.
L4 (6b+) : Dévers puis traversée gazeuse sur la droite (possibilité d'enchaîner L4 et L5).
L5 (6b) : Départ physique avec un bloc vissé, la suite en dalle plus simple. Relais avant la zone de poudingue à droite de la grotte.
L6 (6b+) : Longueur de poudingue verticale, relais sur vire.
L7 (6a) : Départ bloc avec dévers et petit surplomb pour finir.

RETOUR 10 MINUTES

Du sommet, rejoindre le large sentier (jaune) vers la gauche (vers Cassis) qui rejoint la route et le parking.

Nico dans L6 (6b+) du Syndrome de Lime

16 | ABERT DEVANTAY

150 m - TD 6b+ max, 6a+ obl./P1

Ouverte en 2011 par Guy Abert et Luc Devantay, cette voie est la plus accessible du secteur en termes de cotation. Elle louvoie intelligemment pour éviter les sections les plus difficiles. On traverse une nouvelle fois les différentes couches géologiques de la falaise, des assiettes de grès aux galets de poudingue, la variété est bien au rendez-vous.

ACCÈS ROUTIER

Idem voie 15.
Point GPS parking Belvédère: 43.184300, 5.563717

APPROCHE 25 MINUTES

Si l'accès en 3 rappels dans la voie est possible, il est déconseillé à cause du risque de chute de pierres sur d'éventuels grimpeurs se trouvant en dessous.

Au pied de la voie

Depuis le parking, prendre le sentier (marques jaunes) vers le nord-ouest, vers Cassis et le bord de la falaise. Dans un grand virage bordé par un olivier assez ample, prendre à gauche une sente raide qui descend vers la mer. Longer les petites falaises sur la gauche jusqu'à passer sous un petit éperon. Continuer environ 200 m pour croiser les voies *Galet Jade* et *Bleu comme la mer est rouge* avec le nom marqué au pied de la voie. Le départ se trouve juste à côté à droite de *Bleu comme la mer est rouge*.

ÉQUIPEMENT SPÉCIFIQUE

13 dégaines dont rallongeables, matériel grande voie sportive.

ITINÉRAIRE

L1 (6b), 30 m: Légère ascendance à gauche sur strates de grès effilées, de plus en plus physique sur la fin.

L2 (6b+), 30 m : Ressaut et mur raide avec un pas bloc technique en dalle. Relais sur vire au-dessus d'un pin couché.

L3 (6a+), 20 m : Continuer dans le renfoncement avec un réta à gérer avant d'arriver à un relais confort sous une cheminée.

L4 (6a), 35 m: Cheminée puis mur à gauche vers une zone de poudingue et relais sur vire.

L5 (6a+), 30 m : Longue et belle portion sur du poudingue typique, relais suspendu.

L6 (6a), 5 m : Courte section de poudingue et galets pour arriver au relais suspendu, possibilité de remonter quelques mètres faciles pour faire le relais sur le plateau, plus confort.

RETOUR 10 MINUTES

Du sommet, rejoindre le large sentier (jaune) vers la gauche (vers Cassis) qui rejoint la route et le parking

17 | LA LOI DU CHAOS

180 m - TD+ 7a max, 6b obl./P1

Il s'agit là de la voie historique du secteur, ouverte en 2002 par A. Dupaquis, J.-L. Fenouil, C. Tassan et rééquipée en 2021 (broches inox). C'est la première voie de la face qui a permis que de nombreuses ouvertures voisines soient possibles. Dans cette voie, comme dans les nombreuses autres du Grand Draïoun, le style est souvent spectaculaire et athlétique. Les zones de conglomérat de galets peuvent dérouter au départ car ils demandent une certaine habileté pour en appréhender les subtilités et trouver la technique adaptée. À l'ombre le matin et peu abritée du fort mistral.

ACCÈS ROUTIER

Idem voie 15.
Point GPS parking Belvédère : 43.184300, 5.563717

APPROCHE 25 MINUTES

Depuis le parking, prendre le sentier (marques jaunes) vers le nord-ouest, en direction de Cassis et du bord de la falaise. Dans un grand virage bordé par un olivier assez ample, prendre à gauche une sente raide qui descend vers la mer. Longer les petites falaises sur la gauche jusqu'à passer sous un petit éperon. Continuer environ 250 m et dépasser la voie *Abert Devantay* décrite précédemment (voie 16), le nom de la voie est peint au pied.

ÉQUIPEMENT SPÉCIFIQUE

12 dégaines, rallongeables, matériel grande voie sportive.

ITINÉRAIRE

L1 (6a) : Monter d'abord dans des étroitures assez faciles en passant à gauche de l'accès spéléo de la grotte du grand Draïoun puis en oblique vers la droite, relais au pied d'un petit dièdre.
L2 (5b) : Monter le dièdre en suivant les cordes fixes puis traversée horizontale à droite sur la vire jusqu'au relais.
L3 (6a+) : Gravir des strates puis passer une cheminée légèrement sur la gauche pour atteindre le relais sur une bonne vire.
L4 (6c) : D'abord sur la droite dans du poudingue puis en oblique sur la gauche pour attaquer une fissure athlétique jusqu'à une petite vire.
L5 (7a) : Continuer tout droit au-dessus dans du poudingue raide et galets en louvoyant pour finir sur la gauche.
L6 (6b+) : Droit au-dessus dans les galets, longue et homogène.
L7 (6c+) : D'abord facile dans les galets, rejoindre une coulée grise, faire un pas de bloc pour franchir un surplomb athlétique.

RETOUR 10 MINUTES

Du sommet, emprunter le large sentier (jaune) vers Cassis qui rejoint la route et le parking.

Dans L3 (6a+) © Guillaume Pellissier

Barney dans L6 (6c) © Sam Bié

18 | LA STRATÉGIE DU CRABE

150 m - D+ 6a max, 5c+ obl./P1

Lorsque vous aurez gravi cette très jolie voie accessible, vous n'aurez plus de mal à comprendre son nom et à vous revoir accroupi dans les traversées, avançant uniquement grâce à vos jambes tel un crabe sur une plage... Elle a été ouverte en 2011 par A. Dupaquis et J.-L. Fenouil. Tout le talent des ouvreurs se retrouve dans ce voyage en grande traversée où les difficultés ne dépassent pas le 6a, avec de très belles sections aériennes. À l'ombre le matin.

Anaïs et Stéphanie dans L5 © Sam Bié

Éric et Carole dans L7 (5c)

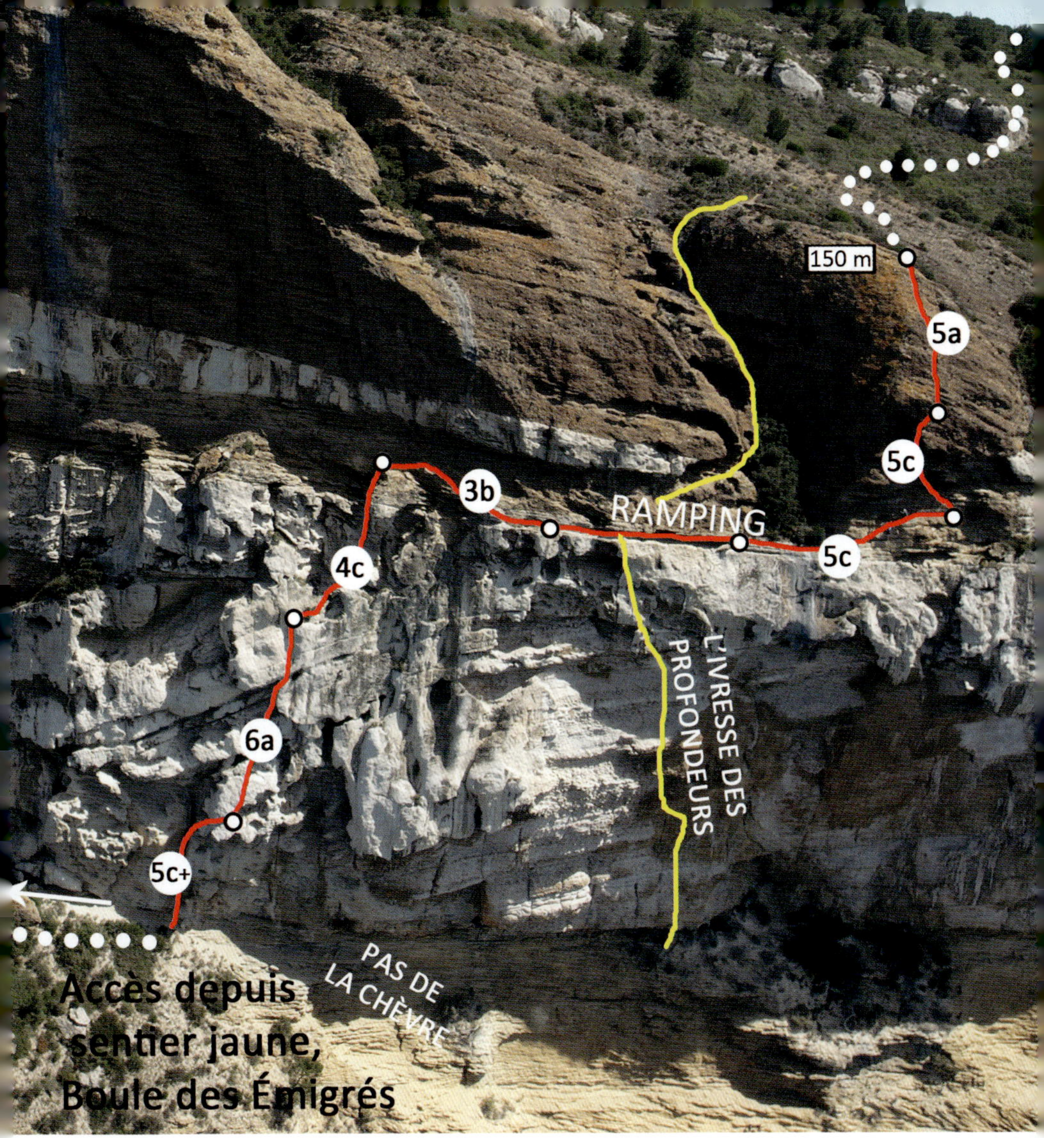

ACCÈS ROUTIER

Idem voie 15.
Point GPS parking Belvédère : 43.184300, 5.563717

APPROCHE 30 MINUTES

Depuis le parking, prendre le sentier (marques jaunes) vers le nord-ouest, en direction de Cassis et du bord de la falaise. Dans un grand virage bordé par un olivier assez ample, prendre à gauche une sente raide qui descend vers la mer. Longer les petites falaises sur la gauche jusqu'à passer sous un petit éperon. Continuer jusqu'à l'extrémité du secteur du Draïoun juste avant le pas de la Chèvre (zone sableuse et enchaînement de vires exposées). Le départ de la voie se situe dans une cheminée marquée.

ÉQUIPEMENT SPÉCIFIQUE

12 dégaines, sangles, matériel grande voie sportive.

ITINÉRAIRE

L1 (5c+) : Remonter la cheminée puis sortir sur la droite après un pas aérien pour arriver sur une vire sableuse.
L2 (6a) : Mur blanc et sculpté qui se redresse en ascendance à droite avec une fissure, courte section technique avant le relais.
L3 (4c) : Enchaînement de quelques ressauts vers la droite puis cheminée et relais sur la droite sur une vire.
L4 (3b) : Longue traversée à droite et deux passages en descente jusqu'au relais.
L5 : Ramping le long de la strate toujours vers la droite (avec possibilité de sortie de secours par le canyon).
L6 (5c) : Continuer la traversée vers la droite le long d'une belle dalle, relais situé sous un mur de poudingue.
L7 (5c) : Remonter tout droit le mur raide de conglomérat et galets, passer quelques petits surplombs prisus pour sortir sur la droite, relais plein gaz.
L8 (5a) : Continuer sur le mur qui se couche progressivement, ascendance et relais sur la gauche.

RETOUR 15 MINUTES

Du sommet, aller quelques mètres à droite pour rejoindre le sentier des Crêtes jaune vers Cassis qui rejoint la route et le parking.

Le grand Draïoun

Jean-Louis et Stéphanie dans L2 (6a) © Sam Bié

19 | DEUX VAURIENS TROIS CANAILLES

150 m - TD- 6a+ max, 6a obl./P1

Cette voie fait probablement partie des trois plus grands classiques du cap Canaille et sa réputation n'est pas usurpée. Même si elle est un peu victime de son succès et que des portions patinées peuvent se faire sentir (notamment dans L3), le premier parcours de cet itinéraire vous laissera sans voix, mais avec des souvenirs impérissables. Un itinéraire des plus « délirants de Canaille » comme l'écrira J.-L. Fenouil, un des ouvreurs avec A. Dupaquis et Y. Marfin en 2007.

ACCÈS ROUTIER

Depuis Cassis et la route des Crêtes D141 (accès interdit et barrière fermée en cas de risque d'incendie et/ou de vent fort), dépasser le parking du Belvédère (rambardes métalliques) jusqu'à un croisement avec un panneau sens interdit (route qui mène au Sémaphore). Se garer ici sur la gauche. Accès également possible par la Ciotat par l'autre côté de la route des Crêtes.

Point GPS parking du Sémaphore : 43.180338, 5.572445

APPROCHE 1 H, 2 RAPPELS DU 14 JUILLET

En face du parking vers la mer, prendre la piste qui descend en longeant quelques pins. Au premier croisement, aller sur la gauche sur une petite sente vers la petite falaise du site de l'école d'escalade du 14 juillet, puis prendre rapidement à droite vers le cirque qui descend jusqu'à un enrochement depuis lequel on arrive au premier rappel (2 broches l'une au-dessus de l'autre) dans une étroiture.

R1 : 40 m. Arriver sur une vire après à peine 10 m de rappel (emplacement de l'ancien rappel que l'on ne fait plus), continuer le rappel jusqu'à la vire.
R2: 45 m. Relais chaîné puis rappel jusqu'au sol.

Prendre le sentier Philémon vers le sud-est en direction de la Ciotat, la voie démarre après les voies *Mala Vida* et *Vagabondage*, une trentaine de mètres plus au sud-est, à l'aplomb d'un gros toit (à la hauteur du troisième relais de la voie).

ÉQUIPEMENT SPÉCIFIQUE

12 dégaines, sangles, matériel grande voie sportive.

ITINÉRAIRE

L1 (6a) : Un pas de bloc au départ puis traversée ascendance à gauche en 5 (ne pas prendre les scellements de *Juste une illusion* en 6c).
L2 (5c) : Continuer la rampe dans la même direction jusqu'à la partie gauche de la vire.
L3 (6a+) : Prendre la ligne de gauche (à droite *Mala Vida* 6c+), partie raide puis traversée horizontale à droite sous le toit, remonter la petite rampe puis relais dans la grotte à gauche.
L4 (6a+) : Sortir de la grotte par la gauche, passage exceptionnel, très aérien, puis droit au-dessus avec de bonnes réglettes.
L5 (6a) : Poursuivre à gauche sur un mur raide avec fissure patinée (évitable par la gauche) pour buter sous un très gros toit. Passer dedans (entonnoir inversé) puis sortir par la gauche, relais sur vire.
L6 (4a) : Traversée (marche) d'abord horizontale à gauche puis tout droit jusqu'à une petite vire.
L7 (6a) : Longueur homogène en ascendance à droite dans le poudingue et les galets (troisième point caché derrière un galet).

RETOUR 10 MINUTES

Depuis le sommet, rejoindre le sentier jaune au-dessus qui mène à la route puis au parking d'accès.

Passage de la grotte L3 (6a+)

Rocher Cap Canaille

Hélène dans L4 (6a) © Sam Bié

20 | BIENVENUE CHEZ DAMOCLÈS
140 m - TD+ 6c max, 6b obl./P1

Une voie bien emblématique du cap Canaille avec sa L5 très photogénique, que l'on doit une nouvelle fois à J.-L. Fenouil et L. Valette en 2007. Un rééquipement a vu le jour en 2019-2020 par J.-L. Fenouil, les équipes de la FFME et les bénévoles de la FFCAM. Encore une fois, on traverse les strates géologiques comme un voyage dans le temps, si L6 demande plus d'efforts pour serrer les galets en traversée plein gaz, les autres longueurs sont assez homogènes avec une très belle variété de formes, strates et lames rocheuses s'accompagnant de beaux mouvements d'escalade.

ACCÈS ROUTIER

Idem voie 19.
Point GPS parking du Sémaphore: 43.180338, 5.572445

APPROCHE 1 H, 2 RAPPELS DU 14 JUILLET

En face du parking vers la mer, prendre la piste qui descend en longeant quelques pins. Au premier croisement, aller sur la gauche sur une petite sente vers la petite falaise du site de l'école d'escalade du 14 juillet, puis prendre rapidement à droite vers le cirque qui descend jusqu'à un enrochement depuis lequel on arrive au premier rappel (2 broches l'une au-dessus de l'autre) dans une étroiture sur une vire après à peine 10 m de rappel.
R1 : 40 m. Arriver sur une vire après à peine 10 m de rappel (emplacement de l'ancien rappel que l'on ne fait plus), continuer le rappel jusqu'à la vire.
R2 : 45 m. Relais chaîné puis rappel jusqu'au sol. Prendre le sentier Philémon vers le sud-est et la Ciotat, dépasser la voie *Deux Vauriens* (voie 19), continuer environ 300 m jusqu'à un grand dièdre ouvert, le nom est gravé au pied de la voie.

ÉQUIPEMENT SPÉCIFIQUE

14 dégaines, sangles, matériel grande voie sportive.

ITINÉRAIRE

L1 (6b): Démarrer dans une fissure dièdre assez ouverte, quelques pas en écart avec petit surplomb et terrasse à passer.
L2 (6a): Continuer tout droit jusqu'à une vire que l'on dépasse pour faire le relais dans une conque.
L3 (6b): Monter un petit pilier avec un pas aérien pour en sortir vers la droite, la suite continue en oblique à droite avec relais sur la grande vire.
L4 (6a): Passage original dans une sorte de cheminée écaille, ne pas manquer le relais un peu au-dessus (possibilité de faire L4 et L5 en 1 longueur en gérant le tirage).
L5 (6a+) : Très belle traversée sur la gauche puis remontée verticale sur des formes de grès très sculptées, relais dans une petite conque sur la gauche.
L6 (6c): La longueur clé de la voie, sortie de la conque en remontant comme dans une cheminée, puis sortie aérienne sur la gauche avant de tirer nettement en traversée surplombante plein gaz à droite sur gros galets et des pieds un peu fuyant.
L7 (6a+) : D'abord à gauche avant de retirer vers la droite, relais dans une grotte.
L8 (6a): Départ un peu sur le fil avec le creux à gauche puis longueur dans le poudingue jusqu'au relais final, gérer le tirage.

RETOUR 15 MINUTES

Du sommet, remonter le sentier jusqu'à la route goudronnée et le parking.

Route des Crêtes 15 mn
140 m
6a
6a+
6c
SABLES ÉMOUVANTS
6a+
6a
TRAVERSÉE PHILÉMON
6b
6a
6b
ACCÈS 2 RAPPELS
DU 14 JUILLET, 1h

Christiane (au repos) avant le 6c © Jean Maugein

L6 (6c) © Thomas Wuyts

Benoît, L5 (6a+) © Sam Bié

21 | VOYAGE CHEZ CYRANO

150 m - TD+ 6c+ max, 6b obl./P1

Cette voie de 2012 du secteur Sémaphore ouverte par J.-L. Fenouil, A. Dupaquis et É. Limongi est celle la plus à l'est vers la Ciotat. C'est une nouvelle fois une vraie pépite du cap Canaille à l'ambiance et au gaz bien marqués, alternant strates de calcaire puis de poudingue dans la partie supérieure, comparable au secteur du Grand Draïoun.

ACCÈS ROUTIER

Idem voie 19.
Point GPS parking du Sémaphore : 43.180338, 5.572445

APPROCHE 1 H 15, 2 RAPPELS DU 14 JUILLET

En face du parking vers la mer, prendre la piste qui descend en longeant quelques pins. Au premier croisement, aller sur la gauche sur une petite sente vers la petite falaise du site de l'école d'escalade du 14 juillet, puis prendre rapidement à droite vers le cirque qui descend jusqu'à un enrochement depuis lequel on arrive au premier rappel (2 broches l'une au-dessus de l'autre) dans une étroiture.
R1 : 40 m. Arriver sur une vire après à peine 10 m de rappel (emplacement de l'ancien rappel que l'on ne fait plus), continuer le rappel jusqu'à la vire.
R2 : 45 m. Relais chaîné puis rappel jusqu'au sol. Prendre le sentier Philémon vers le sud-est et la Ciotat, dépasser la voie *Tout est une question d'angle*, continuer. 50 m après les échelles de Philémon se trouve le début de la voie avec le nom inscrit au pied. Il s'agit de la voie équipée la plus à l'est du secteur.

ÉQUIPEMENT SPÉCIFIQUE

15 dégaines, sangles, matériel grande voie sportive.

Hélène et Morgan, L5 (6c) © Sam Bié

ITINÉRAIRE

L1 (5b) : Longueur facile, poudingue puis traversée vers la gauche.
L2 (6a+) : Continuer dans la cheminée puis dièdre et traverser à gauche jusqu'au relais.
L3 (6a+), 8 m : Après le départ, continuer vers les points à droite (pas les ficelous sur la gauche) jusqu'à la vire. Le relais se trouve au départ de la cheminée.
L4 (5c) : Cheminée et poudingue assez simple.
L5 (6c) (6b/A0) : Longueur déversante à bras en ascendance gauche, en plein dans le poudingue, grosse ambiance et beaucoup de gaz.
L6 (6c+) (6b+/A0) : Idem L5 en plus physique, très à bras.
L7 (5b+) : Passage du nez en traversant par la droite puis en le remontant.

RETOUR 10 MINUTES

Depuis le sommet, contourner le Sémaphore du Bec de l'Aigle par la droite et rejoindre la route goudronnée puis le parking.

Le nez de Cyrano

Sainte-Victoire

La Sainte-Victoire est un vaste soulèvement rocheux de calcaire situé à proximité d'Aix-en-Provence, relativement isolé et bien visible depuis l'autoroute A8 entre Marseille (Aix-en-Provence) et Nice.

C'est un élément à part entière du patrimoine naturel de Provence, et tous ses abords sont particulièrement appréciés pour le calme, la tranquillité et la beauté des lieux, contrastant avec le littoral méditerranéen souvent très peuplé.

Cette montagne de calcaire compte plus de 500 voies, couennes et grandes voies confondues, dont certaines de près de 300 m. L'ensemble de la falaise et des sites sont orientés plein sud et le point culminant se situe à 1011 m d'altitude. Avec ses voies historiques comme *La Boule* et son fameux jeté, *Aubade* et son dévers bien marqué ou *Le Grand Parcours*, cette montagne n'a pas inspiré que les peintres dont Cézanne en chef de file…

Il ne sera pas rare dans les grandes voies de retrouver le style « à l'ancienne » ou style « montagne », dans de superbes dalles grises au calcaire bien sculpté. Sur les itinéraires en terrain d'aventure, il faudra être bien vigilant à l'équipement en place qui peut appartenir à une autre époque et dont la sécurité sera très relative (pitons et autres).

Sur toutes les grandes voies sortant sur la crête ou à proximité, le temps de descente (avoisinant une heure) sera à prendre en compte dans la préparation globale de l'itinéraire.

Tout comme dans le Parc national des Calanques, l'accès au massif est réglementé de juin à septembre selon le risque d'incendie. Informations et réglementations disponibles sur le site internet de la préfecture des Bouches-du-Rhône.

La montagne a reçu le label Grand Site de France (voir www.grandsitedefrance.com) depuis 2004 et fait partie du réseau Natura 2000 parmi les 1765 autres sites en France (données de 2017). Le respect de cet espace sous toutes ses formes ainsi qu'une pratique responsable des activités extérieures s'imposent.

À noter que depuis Aix-en-Provence, il est possible de se rendre au pied de la Sainte-Victoire via la ligne de bus Puyloubier/Aix-en-Provence.

La Sainte-Victoire

Éric et Morgan dans L4 (5b) de Demain de beurre-Aboradul © Sam Bié

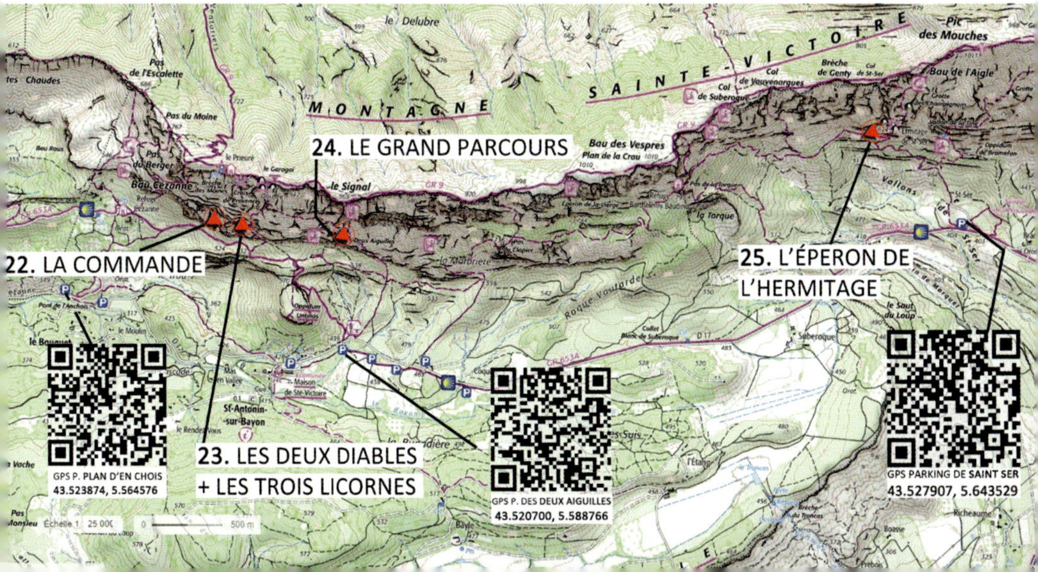

22 | LA COMMANDE
400 m - TD 6b max, 6a obl./P1

Entièrement équipée, ouverte en 2005 par P. Gomez et F. Imbert, *La Commande* permet de grimper l'ensemble du massif, du pied à la crête à proximité du Prieuré, moyennant quelques courtes transitions de marche entre les ressauts. La cotation moyenne est autour du 6a, les difficultés sont homogènes avec quelques beaux passages techniques sur un superbe rocher compact et sculpté.

La Sainte-Victoire

ACCÈS ROUTIER

Depuis Aix-en-Provence, prendre la D17 en direction du Tholonet puis Saint-Antonin. Se garer 4 km après le Tholonet sur la gauche sur le parking de Plan-d'En-Chois (accès possible avec le bus 110 depuis Aix, arrêt le Bouquet). Ne rien laisser dans les voitures. **Point GPS parking Plan d'En Chois : 43.523874, 5.564576**

APPROCHE 30 MINUTES

Suivre le tracé rouge depuis le parking jusqu'à un croisement, continuer sur la droite pour rejoindre le tracé marron qui va au secteur des *Dalles Grises*. Le départ de la voie (arbustes autour) se situe tout à gauche de ce secteur, plaquettes dorées au départ.

ÉQUIPEMENT SPÉCIFIQUE

14 dégaines, sangles, matériel grande voie sportive.

ITINÉRAIRE

L1 (5b), 30 m : Longueur en ascendance à droite jusqu'à une vire.
L2 (6a+), 30 m : En traversée bien à gauche avec quelques pas techniques.
L3 (6a), 30 m : Dièdre à remonter puis ascendance à droite, relais au pied de la dalle après quelques mètres de marche.
L4 (5c), 45 m : Gradins faciles, ascendance à droite pour arriver au sommet de cette première barre. Marche de jonction pour rejoindre la deuxième barre.
L5 (5a), 15 m : Continuer sur le ressaut facile jusqu'au relais sur 1 point et 1 anneau.

L6 (6a+), 40 m : Un peu de marche pour rejoindre la base du mur gris foncé.
L7 (6a), 15 m : Départ athlétique, la suite plus simple. Marche de jonction jusqu'à la dalle inclinée.
L8 (4c), 20 m : Dalle facile et un peu de marche pour arriver au pied d'une longue dalle.
L9 (6b), 40 m : Belle dalle de calcaire avec un pas technique qui constitue le crux de la voie.
L10 (6a), 45 m : Continuer sur la dalle pour arriver sur une sorte de petit promontoire. Marche vers la droite pour connecter le dernier ressaut, la falaise du Prieuré, et arriver à l'aplomb sur la partie gauche de la brèche du Prieuré.
L11 (5c), 30 m : Ascendance à droite, beau rocher sculpté et prisu.
L12 (5c), 30 m : Droit au-dessus, mur raide.
L13 (6a), 35 m : Encore une très belle longueur, d'abord brève traversée à droite puis long crochet à gauche, grosse écaille avant le relais.

RETOUR 1 H

Depuis la crête, basculer versant nord pour arriver quelques mètres en contrebas sur le Prieuré. Le GR se trouve juste en dessous, le prendre et continuer vers l'ouest puis sur la gauche le tracé bleu puis rouge. Sur la crête au niveau d'un gros cairn, basculer à gauche vers l'ouest pour rejoindre le refuge Cézanne, puis suivre les marques rouges jusqu'au parking.

Seb, superbe dernière longueur en 6a

23 | LES 2 DIABLES + LES 3 LICORNES

TD+ 6b max, 6b obl./P3 Terrain d'av.

Ouverte en 1970 par C. Cavallera et G. Creton pour *Les Deux Diables* et en 1965 par B. Amy et J.-P. Bouquier en grosses pour *Les Trois Licornes*. Il s'agit là d'un bel enchaînement de deux grandes voies de 120 et 130 mètres de dénivelé de difficulté chacune pour arriver au pied de la Croix de Provence.

Nico dans Le chien qui aboie

ACCÈS ROUTIER

Idem voie 22.
Point GPS parking Plan d'En Chois : 43.523874, 5.564576

APPROCHE 50 MINUTES

Du parking, prendre le sentier rouge vers la droite, vers l'est, pour arriver au refuge de Cézanne. Il faut prendre à ce moment-là le sentier marron toujours vers l'est. Dépasser d'environ 50 m vers la droite le départ de la voie du *Chien qui aboie* (qui se situe à l'aplomb de la grotte-tunnel de L2) pour arriver au départ de la voie.

ÉQUIPEMENT SPÉCIFIQUE

1 jeu complet de coinceurs (friends) du 0.3 au 3, câblés, sangles, dégaines, équipement terrain d'aventure.

ITINÉRAIRE

Les Deux Diables

L1 (5c), 35 m : Rocher fragile à protéger, certaines sections exposées. Alternance vire et ressaut raide, fin en ascendance à droite, relais sur friends à gauche des *Moussaillons*.

L2 (4c), 35 m : Fin et relais communs avec les *Moussaillons*.
L3 (6a+ ou 5c /A1), 50 m : Départ dans une dalle couchée, grande vire avec relais intermédiaire possible. Continuer par une dalle en ascendance à droite jusqu'à un dièdre avant le surplomb qui constitue la difficulté de la longueur.
L4 (5b), 45 m : Tout droit jusqu'à une petite vire avant de tirer à droite, relais sur arbre ou becquet.

<u>Marche de jonction</u> : Remonter au plus facile à pied, possibilité d'emprunter une fissure à droite, ou bien par la gauche pour atteindre le pied de la paroi de la Croix (arbre mort).

Les Trois Licornes

L5 (6a), 45 m : Commencer par des gradins faciles avant un dièdre fissure raide, relais sur pitons, lunule et arbuste.
L6 (6b), 30 m : Longueur clé de la voie, en particulier le départ en traversée horizontale à droite, le début du pas dur est protégeable au moyen d'un coinceur 0.3 BD placé horizontalement dans le trou. Dépasser le relais sur 2 pitons sur la vire au-dessus pour atteindre le relais sur la vire à gauche. Quelques pitons dans la voie.
L7 (5c), 50 m : Légère ascendance à gauche, suivre les pitons pour arriver sur l'arête sud-ouest.
L8 (4b), 30 m : Continuer sur le fil jusqu'au pied de la croix.

RETOUR 1 H

Du pied de la Croix de Provence, rejoindre vers la gauche vers l'ouest le GR, dépasser le Prieuré et suivre le sentier bleu vers l'ouest pour tourner à gauche (versant sud-ouest) sur le sentier rouge qui rejoint le refuge de Cézanne. Depuis le refuge, même chemin qu'à l'aller, sentier rouge jusqu'au parking.

Nico dans L2 (6b) des Trois Licornes

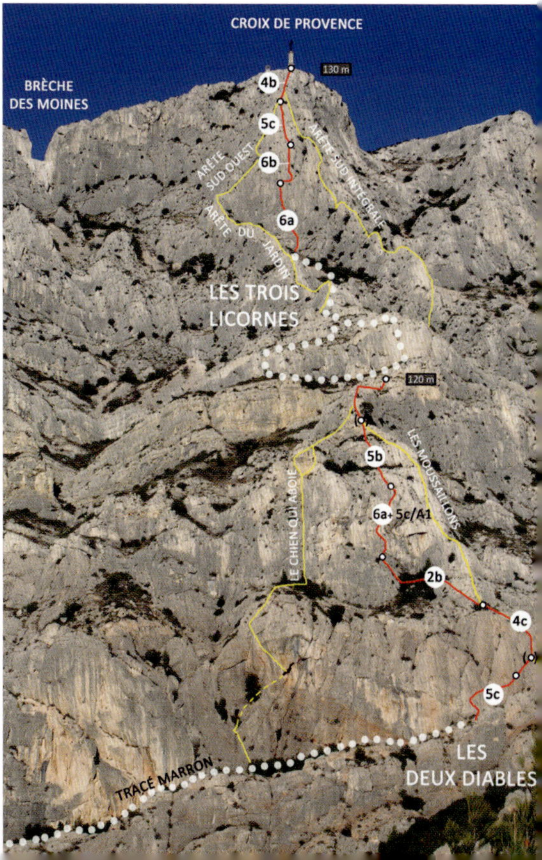

24 | LE GRAND PARCOURS

400 m - D+ 6a max, 5b obl./P2 Terrain d'av.

Cette voie historique du site gravit les arêtes successives par un cheminement astucieux pour aboutir au sommet à droite de la paroi du Signal. Il faudra garder son sens de l'itinéraire bien en éveil pour rester dans la ligne, surtout entre les différents ressauts. Au soleil toute la journée, cette voie (comme ses voisines) est à éviter par forte chaleur d'été. Ouverte en 1967 par B. Amy, B. Ledoux et M. Soulier.

ACCÈS ROUTIER

Depuis Aix-en-Provence, prendre la D17 en direction du Tholonet puis Saint Antonin-sur-Bayon pour rejoindre le parking des Deux-Aiguilles sur la droite, situé après le parking de la maison de la Sainte-Victoire. (Accès possible avec le bus 110 depuis Aix, arrêt Maison Sainte-Victoire). Ne rien laisser dans les voitures.
Point GPS parking des Deux-Aiguilles: 43.520700, 5.588766

APPROCHE 30 MINUTES

Du parking, traverser la route et se diriger vers la Sainte-Victoire sur la large sente jaune. Prendre à droite le tracé bleu au niveau d'un amas de pierres qui passe dans la barre de conglomérat pour rejoindre au-dessus le tracé marron. Continuer par une sente qui monte au pied de l'Aiguille Bertine et chercher le nom « *Grand Parcours* » inscrit au pied de L1.

ÉQUIPEMENT SPÉCIFIQUE

1 jeu complet de coinceurs (friends) du 0.3 au 3, câblés, sangles, dégaines, équipement terrain d'aventure.

ITINÉRAIRE

L1 (4c) (cote originelle, cote réelle plutôt 5b+) : « Grand Parcours » écrit au pied de la voie. Monter dans l'axe sur mur raide et sculpté avant d'effectuer un crochet « en C » à gauche. Points bien espacés. Dépasser le relais chaîné rouillé de la *Directe* pour arriver sur la vire avec arbre.
L2 (5c): Continuer dans la fissure (patinée) puis prendre celle de gauche avec arbuste.

PARKING DES
DEUX AIGUILLES 1h
530 m
PAROI DU
SIGNAL
3c
3c
6a
5b
3c
3c
4c
5b
3a
3c
5c
4c
20 mn DEPUIS LE PARKING
DES DEUX AIGUILLES

Début de L5

Fin de L5

L3 (3c) : Passer les gradins pour arriver au sommet de l'Aiguille Bertine, redescendre et continuer en marche (droite puis bien à gauche) jusqu'au pied d'un ressaut.
L4 (3a) : Prendre une rampe à gauche puis dalle facile pour venir croiser le tracé noir qui part sur la droite jusqu'au pied du contrefort.
L5 (5b) : Gravir la grande et belle dalle puis fissure pour arriver à gauche d'un grand surplomb, relais sous le toit sur un arbre.
L6 (4c) : Traverser sous le toit par la droite puis revenir par la gauche au-dessus en gérant bien le tirage, relais au niveau de la brèche de l'arête sur lunule.
L7 (3c) : Continuer sur le fil de l'arête, relais sur arbre.
L8 (3c) : Idem jusqu'au pied du pilier du Signal.
L9 (5b) : Fissure cheminée à la base du pilier, continuer après le premier relais croisé après 30 m à droite de la fissure, à la jonction de deux fissures relais sur pitons à relier.
L10 (6a) : Prendre la fissure de gauche avec départ délicat (A0 possible), relais au-dessus d'un arbre.
L11 (3c) : Ne pas partir au-dessus du relais vers les deux plaquettes (6b+). Prendre les vires aériennes vers la gauche jusqu'au relais sur arbre.
L12 (3c) : Continuer jusqu'au sommet au plus facile.

RETOUR 1 H

Du sommet, suivre la crête vers la Croix de Provence (vers l'ouest) pour rejoindre le GR. Après quelques centaines de mètres et environ 100 m avant la Croix, sur la gauche versant sud, prendre le sentier qui traverse le Garagaï, très grand tunnel naturel, avec quelques passages un peu exposés et patinés de désescalade. Continuer par le sentier vert et noir puis noir uniquement qui descend au pied des falaises, puis direction sud pour le parking des Deux-Aiguilles.

25 | L'ÉPERON DE L'ERMITAGE

250 m - TD 6a max, 6a obl./P2 Terrain d'av.

Décrite comme une des plus belles grandes voies peu équipées de la partie orientale du massif, *L'Éperon de l'Ermitage* a été ouvert en 1964 par A. Audiffret, M. Frager, C. Gallard, G. Garrigou et P. Guénebaud. Telle une longue et effilée épine dorsale rocheuse, le tracé très esthétique emprunte une sorte de fil d'arête qui sort au sommet après un passage mémorable sur « *Lame de rasoir* ».

ACCÈS ROUTIER

Depuis Aix-en-Provence, prendre la D17 en direction du Tholonet, Saint-Antonin-sur-Bayon et Puyloubier. Après avoir dépassé sur la droite la maison de la Sainte-Victoire après Saint-Antonin-sur-Bayon et avoir croisé sur la droite également la D56C, continuer 3 km pour se garer sur le parking de Saint-Ser sur la gauche de la route.
Point GPS parking de Saint-Ser: 43.527907, 5.643529

APPROCHE 45 MINUTES

Depuis le parking, prendre le sentier rouge qui remonte vers la Sainte-Victoire et la chapelle de Saint-Ser. Lorsque le chemin passe dans une étroiture entre deux petites falaises, aller à gauche sur 10 m en suivant le sentier marron puis remonter à droite par une petite sente vers le pied de l'Éperon.

ÉQUIPEMENT SPÉCIFIQUE

1 jeu complet de coinceurs (friends) du 0.3 au 3, possibilité de doubler jusqu'au 1, câblés, sangles, dégaines, équipement terrain d'aventure.

ITINÉRAIRE

L1 (6a) : Début facile qui remonte jusqu'à un arbre. Ne pas suivre les plaquettes. Gravir une dalle par la droite puis une fissure vers la gauche jusqu'au relais sur vire.
L2 (5c) : Traversée horizontale à droite puis monter en dépassant la vire et le relais optionnel jusqu'à une fissure puis mur qu'il faut gravir pour arriver au relais sur une large vire.
L3 (6a) : Emprunter les fissures sur la partie droite du mur, un petit surplomb à passer par la droite, partie raide, pour arriver en haut du premier ressaut de l'Éperon suivi d'un petit gradin.
Marche de jonction : environ 70 m pour arriver au pied du deuxième ressaut.
L4 (6a) : Longueur qui zigzague entre fissures et dalles (dépasser le relais intermédiaire sur friends et lunule).
L5 (2) : Marche de jonction sur la gauche.
L6 (4c) : Continuer par le dièdre puis par le côté droit de l'arête pour faire le relais sur le chêne.
L7 (4c) : Continuer tout le long sur l'arête jusqu'au pied de la tour, relais à construire.
L8 (5b) : Gravir la tour qui commence par une dalle pour atteindre son sommet, relais sur becquet ou 2 points avant le sommet.
L9 (4c) : Désescalader pour arriver sur la partie la plus effilée de toute la voie, que l'on franchit debout ou « à cheval », puis remonter en face.
L10 (3) : Continuer tout droit dans des gradins faciles jusqu'au sommet.

RETOUR 40 MINUTES

Du sommet, rejoindre le col de Saint-Ser vers l'est en suivant le tracé rouge qui descend ensuite à la chapelle de Saint-Ser, puis reprendre le chemin pris à l'aller jusqu'au parking.

Greg, L4 (6a)

Greg

Antoine et Morgan, L9 (4c) © Sam Bié

Estérel

Le cadre est assez idyllique ici, mer turquoise à proximité, nombreuses calanques sur la route entre Cannes, Théoule et Saint-Raphaël et roche orangée qui émerge des forêts de chênes-lièges. On est dans la partie littorale de l'Estérel, vaste massif de 32 000 hectares du sud-est du Var, la moitié est classée en zone Natura 2000.

Le rocher de Saint-Barthélemy et le pic du Cap Roux sont situés juste au-dessus des corniches de l'Estérel un peu avant le quartier d'Anthéor appartenant à Saint-Raphaël, au-dessus de la célèbre route reliant Saint-Raphaël à Cannes. La roche volcanique de ce massif est la rhyolite, compacte et orangée. Certains secteurs, notamment au rocher Barthélémy, se prêtent bien aux initiations.

À moins de 10 km vers l'ouest et toujours en bord de mer se trouve le site de couennes du Dramont avec de belles possibilités de Deep Water (voir le topo *Deep Water Solo en Provence*, Éditions du Chemin des Crêtes, 2021).

Vérifier la réglementation en vigueur, l'ONF gère certaines parties de l'Estérel avec un projet de réserve biologique à l'étude avec pour conséquences de potentielles interdictions de secteurs d'escalade, notamment au Cap Roux. Vérifier également les restrictions pour risque d'incendie : https://www.var.gouv.fr/acces-aux-massifs-forestiers-du-var-a2898.html.

Rocher Barthélémy, Estérel

La Corniche de l'Estérel ou Corniche d'Or, rocher Barthélémy

26 | PILIER DU FEU SACRÉ (Contrefort du Plion)

160 m - D+ 6a max, 5c obl./P1+

Située sur le contrefort du Pilon, derrière le rocher de Saint-Barthélémy, cette voie a été ouverte en 1966 par J.-M. Dalmasso, J. Ghianzoli et D. Eppstein. Le cadre de l'Estérel et du bord de mer en dessous sont exceptionnels. La voie est assez simple et rapide, avec une grande diversité d'équipement (pitons, coins de bois, nœud de corde…). Vérifier la réglementation en vigueur avec l'ONF qui gère le site et peut en interdire l'accès.

ACCÈS ROUTIER

En venant de Théoule-sur-Mer, prendre la D559 qui longe la mer en direction du Dramont et de Saint-Raphaël, rouler environ 11 km (depuis Théoule) et se garer sur la gauche de la route, côté mer, sur le parking de la Pointe de l'Observatoire (ou à droite de la route après le pont qui traverse la voie de chemin de fer mais souvent il y a moins de place).

Point GPS parking : 43.44986, 6.916139

APPROCHE 20 MINUTES

Du parking de la Pointe de l'Observatoire, traverser la voie de chemin de fer et prendre la route goudronnée fermée à la circulation qui, après un crochet à droite, remonte à gauche vers l'ouest. On aperçoit le *Pilier du feu sacré* au-dessus depuis la route sur la droite (avec le rocher de Saint-Barthélemy sur la gauche en contrebas) que l'on rejoint rapidement via une sente qui monte à droite perpendiculairement à la route. Le départ se situe juste à droite d'un imposant chêne-liège.

ÉQUIPEMENT SPÉCIFIQUE

12 dégaines, matériel grande voie sportive.

ITINÉRAIRE

L1 (3b), 40 m : Monter des gradins faciles qui se redressent un peu, relais au pied d'un dièdre.
L2 (4b), 25 m : Franchir ce dièdre et en sortir par la gauche pour rejoindre le fil de l'arête.
L3 (6a), 40 m : Départ en ascendance à droite (ne pas prendre le point de gauche), belle dalle prisue puis relais sur le fil.
L4 (3a), 20 m + rappel : Continuer sur le fil jusqu'à atteindre un anneau de rappel pour descendre d'une dizaine de mètres.
L5 (5c), 40 m : Début dans un dièdre raide puis zone de rocher perforé.
L6 (3b), 40 m + marche : Continuer droit au-dessus dans des gradins faciles, puis marcher à droite au pied du prochain mur.
L7 (4a), 10 m + marche : Gravir le mur avec un mouvement de dülfer, croiser 1 ou 2 coins de bois, relais au sommet puis marche de descente en contournant la zone raide par la gauche.
L8 (5c), 30 m + rappel : Franchir un petit mur (piton) pour arriver sur une vire, terminer par un mur à trous avec lunule, relais au sommet. Descendre quelques mètres pour trouver l'anneau de rappel (moins de 10 m).

150 m
5c
6 m
4a
3b
5c
12 m
3a
6a
4b
3b
PILIER DU
FEU SACRÉ
L'ÉCHINE
DU DRAGON

RETOUR 30 MINUTES

Depuis le bas du dernier rappel, continuer sur la gauche vers l'ouest pour croiser le sentier du col du Pilon qui redescend vers la route au-dessus du rocher de Saint-Barthélemy, puis emprunter le même trajet au retour qu'à l'aller.

Louis

La rhyolite de l'Estérel

27 | L'ÉCHINE DU DRAGON (Pic du Cap Roux)

300 m - TD- 6a+ max, 6a obl./P1+

Cette voie exceptionnelle sur la rhyolite de l'Estérel est face à la mer. Un cheminement très original et bien plaisant qui franchit plusieurs ressauts, une section de marche et quatre rappels dans la voie. On chemine bien sur l'échine effilée d'un dragon surveillant son volcan ! Tout au long de la voie, on croise lunules, pitons, anneaux de corde. Quelques friends moyens sont en option pour plus de confort mais pas indispensables.

ACCÈS ROUTIER

Idem voie 26.
Point GPS parking : 43.44986, 6.916139

APPROCHE 20 MINUTES

Du parking de la Pointe de l'Observatoire, traverser la voie de chemin de fer et prendre la route goudronnée fermée à la circulation qui va vers le rocher de Saint-Barthélémy. 50 m après la borne marquée 117, prendre une petite sente sur la droite qui rejoint plus haut un sentier horizontal. Tourner à droite vers l'est pour arriver au pied d'un éperon que l'on remonte dans un petit pierrier jusqu'au départ de la voie, à droite du pilier au niveau d'un grand chêne avec un anneau de cordelette visible dans L1.

ÉQUIPEMENT SPÉCIFIQUE

14 dégaines, sangles, 3 friends moyens pour plus de confort (pas indispensable), matériel grande voie sportive.

ITINÉRAIRE

L1 (5c), 25 m : Grimper tout droit en suivant le flanc droit du pilier et suivre les lunules et plaquettes.
L2 (5c+), 35 m : Tout droit jusqu'à remonter une belle fissure.
L3 (4b), 40 m : Longueur facile sur l'arête, relais sur anneau de corde en place sur gros bloc.
L4 (5c+), 30 m : Gravir le mur raide qui termine ce premier ressaut, relais au sommet.
Marche de transition : descente rocheuse puis légère remontée, environ 400 m, croisement avec le sentier qui mène au col du Cap Roux.
L5 (6a+), 20 m : Continuer tout droit avec un passage par une écaille dans la dalle, relais chaîné.
L6 (6b) (ou 4c), 25 m + rappel 40 m : Du relais, partir en ascendance à gauche en suivant les points, beau passage raide en traversée puis relais au sommet. Variante possible en remontant par la droite depuis le relais (4c mais rocher moyen). Rappel de 40 m à la fin de cette longueur.
L7 (6a), 25 m : Du bas de la faille, grimper d'abord en ascendance à gauche puis tout droit en croisant lunules, anneaux de cordes et plaquettes.
L8 (5c), 30 m : Prolongement de L7 en suivant l'équipement en place.
L9 (6a), 35 m : Continuer dans le mur en face puis proche du fil du pilier mais en restant légèrement en contrebas sur la gauche.
L10 (5b), 25 m : Légère descente puis remontée sur le fil et le mur.
L11 (5c), 30 m + rappel 20 m : Grimper en ascendance à gauche en suivant l'équipement en place. Relais au sommet puis courte marche avant relais de 20 m sur anneau.
L12 (6a), 30 m + rappel 40 m : Continuer en face de la faille, départ un peu raide et physique tout droit, la suite un peu à droite. Courte marche sur le fil après le relais pour tirer un rappel de 40 m un peu en contrebas. Rester vigilant aux rochers instables. Marcher quelques mètres en montée vers le mur en face pour attaquer la dernière longueur.
L13 (6a), 30 m + rappel 15 m : Continuer à gauche du pilier, relais au sommet. Un peu en contrebas, de l'autre côté du sommet, se trouve un anneau pour effectuer un dernier rappel de 15 m.

RETOUR 40 MINUTES

Après le dernier rappel, remonter sur le versant en face (opposé à la mer), en suivant quelques cairns. En haut, rejoindre le sentier du pic du Cap Roux et le prendre vers la gauche vers l'ouest en direction du col du Cap Roux. Depuis le col, descendre vers la gauche vers l'est, et à la première intersection, prendre de nouveau à gauche puis un peu plus bas, suivre une sente non balisée sur la droite qui se dirige vers la base du *Pilier du feu sacré* (voie 26). Continuer à descendre pour rejoindre la route goudronnée (interdite aux voitures) que l'on prend à gauche vers l'est pour rejoindre le parking.

Un des trois rappels intermédiaires

Sur le fil de l'Échine du Dragon

Louis au départ de L4 (6a)

Pat dans L6 (6b)

Gorges du Loup

Cascade de Courmes

Les Gorges du Loup, belles barres de falaises calcaires de part et d'autre du Loup, en amont du petit village de Pont-du-Loup, font partie du patrimoine rocheux des Alpes-Maritimes et de l'arrière-pays niçois. Elles se situent dans un espace intermédiaire entre le littoral (à la densité urbaine élevée) de la Côte d'Azur et les montagnes du Mercantour. Si le secteur est davantage réputé pour ces sites de couennes exigeantes comme *Déversé* ou *Mesa Verde*, les deux grandes voies proposées ici du très beau secteur de l'Ermitage constitueront un excellent prétexte pour visiter les lieux et également profiter de belles envolées au-dessus du Loup.

Les Gorges du Loup

Déversé et L'Étage

28 | TOLÉRANCE DÉMAGOGIQUE

160 m - TD+ 6b+ max, 6b obl./P1

Il s'agit d'une des deux voies de 7 longueurs du secteur l'Hermitage, ouverte par G. Burzicchi et P. Maignon. Un très bel itinéraire avec départ dans une sorte de cavité, sections en dalles, traversée aérienne, surplomb à passer… L'ensemble sur rocher globalement bon, au-dessus du Loup. À l'ombre l'après-midi.

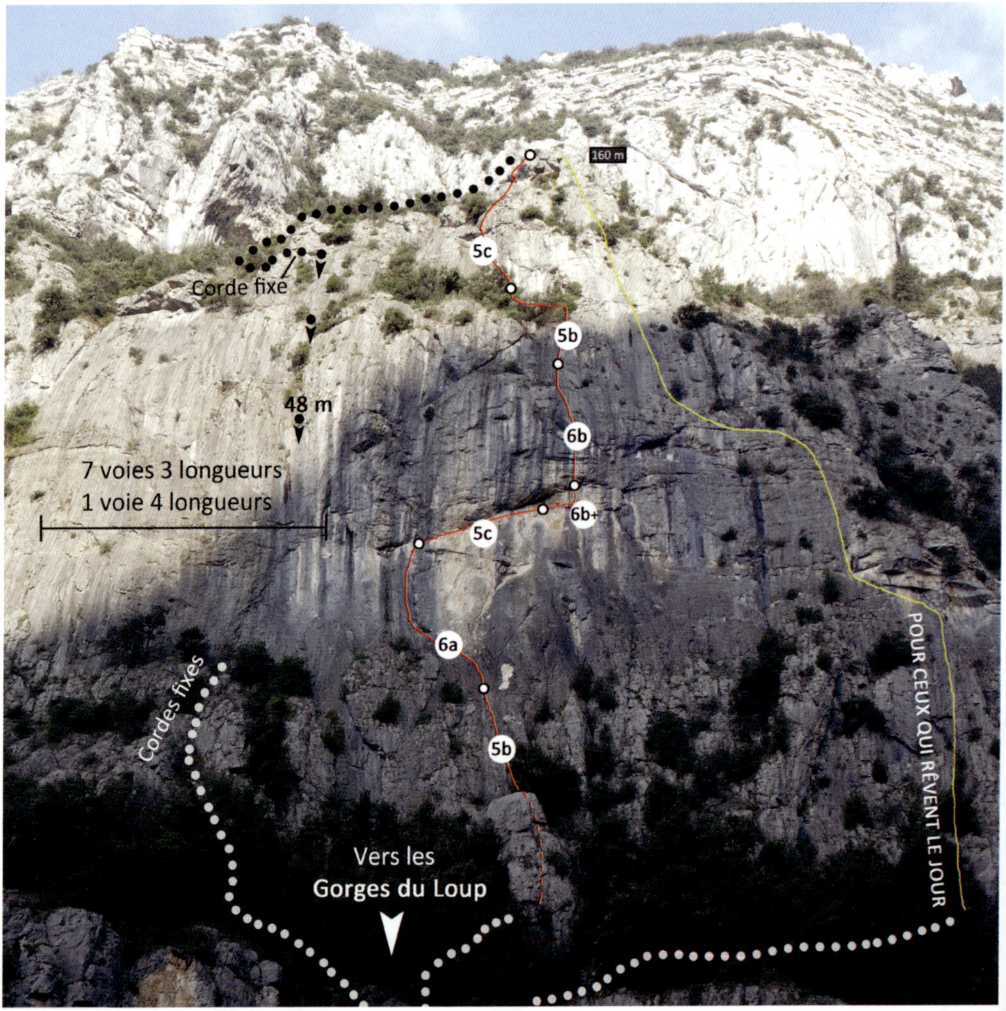

ACCÈS ROUTIER

Depuis Nice, prendre la direction de la Colle-sur-Loup puis la D6 qui suit le Loup jusqu'à Pont-du-Loup et se garer sur le parking à droite juste après le pont dans le grand tournant sur la gauche.
Point GPS parking:
43.719956, 6.991927

APPROCHE 30 MINUTES

Depuis le parking, remonter le Loup d'abord en rive gauche jusqu'au pont, et continuer à remonter en rive droite environ 10 minutes. Au niveau d'un cairn signalant une sente qui monte sur la gauche vers les falaises, prendre cette sente raide avec quelques mains courantes par endroits. À une intersection marquée par un autre cairn, prendre le sentier de droite, dans les arbres en pied de falaises. Remonter quelques mètres pour arriver dans une sorte de grande cavité rocheuse formée par un très gros bloc adossé à la paroi. Le nom partiellement effacé est écrit en rouge au pied de la voie.

ÉQUIPEMENT SPÉCIFIQUE

14 dégaines, sangles, matériel grande voie sportive.

ITINÉRAIRE

L1 (5b): Remonter la dalle un peu terreuse qui permet de sortir de la grotte.
L2 (6a): D'abord tout droit puis en ascendance à gauche, quelques pas fins en dalle, puis remontée verticale sur petites prises jusqu'au relais.
L3 (5c): Grande et belle traversée en oblique vers la droite, relais dans la traversée.
L4 (6b+) : Continuer la traversée sur quelques mètres avec bombés et surplombs techniques et physiques à passer, un pas en remontée verticale sur la dalle avant d'arriver au relais suspendu.
L5 (6b): Dès le départ, sur la gauche, surplomb et réta bien marqués et exigeants à passer, la suite en dalle jusqu'au relais.
L6 (5b): Poursuivre dans la dalle plus simple qui suit avant de rejoindre sur la gauche la terrasse végétale, marcher vers la gauche jusqu'au relais.
L7 (5c): La suite en dalle d'abord vers la gauche puis à droite avec des petits surplombs prisus à passer pour atteindre le relais final sur grosse chaîne.

RETOUR 40 MINUTES

Du sommet, se diriger vers le sud, direction l'aval du Loup, ne pas descendre directement. Rester en marche en traversée horizontale sur une vague sente pendant environ 300 m jusqu'à un couloir pierreux. Descendre ce couloir de quelques mètres avant de revenir vers le nord, vers l'amont, pour arriver sur des dalles inclinées avec main courante qui mènent à une ligne de 3 rappels. Le dernier rappel permet d'arriver au pied des voies de 3 longueurs sur la partie gauche du secteur de l'Hermitage. Prendre le sentier qui descend assez raide par endroits avec mains courantes et qui permet de rejoindre le sentier d'accès le long du Loup pour retourner au parking.

Alexandre dans L3 (5c)

29 | POUR CEUX QUI RÊVENT LE JOUR

160 m - TD 6b+ max, 6a obl./P1

Ouverte en 1995 par J. Capitan, P. Maingon, Y. Martin et E. Petit, cette très belle voie est légèrement moins exigeante que sa voisine de gauche (voie 28) à forte tendance « dalleuse ». À l'ombre l'après-midi.

© Philippe Mergnat

ACCÈS ROUTIER

Idem voie 28.
Point GPS parking: 43.719956, 6.991927

APPROCHE 35 MINUTES

Depuis le parking, remonter le Loup d'abord en rive gauche jusqu'au pont et continuer à remonter en rive droite environ 10 min. Au niveau d'un cairn signalant une sente qui monte sur la gauche vers les falaises, prendre cette sente raide avec quelques mains courantes par endroits. À une intersection marquée par un autre cairn, prendre le sentier de droite, dans les arbres en pied de falaises. Remonter quelques mètres pour arriver dans une sorte de grande cavité rocheuse formée par un très gros bloc adossé à la paroi. Continuer environ 150 m vers la droite vers l'amont pour croiser la base d'un éperon et les premiers points de L1, ainsi qu'une tête de mort gravée sur le rocher au pied de la voie.

ÉQUIPEMENT SPÉCIFIQUE

14 dégaines, sangles, matériel grande voie sportive.

Florence © Philippe Mergnat

ITINÉRAIRE

L1 (5b), 35 m : Commencer par un pilier assez simple pour sortir de la végétation assez abondante au départ, avant de partir un peu à droite lorsqu'on arrive au point avec une cordelette. Les points suivants ne sont pas visibles.
L2 (6a+), 40 m : Dalle verticale avant une traversée à gauche jusqu'au relais.
L3 (6a+), 40 m : Succession bombée puis dalle verticale avant une vire, relais sur arbre un peu sur la gauche.
L4 (3a), 15 m : Traversée facile sur vire herbeuse vers la gauche.
L5 (6a+), 35 m : Encore un peu de traversée vers la gauche avant section de dalle verticale jusqu'au relais.
L6 (6b+), 30 m : Bombé au départ et la suite en dalle, relais chaîné sur vire.
L7 (6a+), 30 m : Enchaînement bombé, dièdre et dalle jusqu'au dernier relais chaîné.

RETOUR 40 MINUTES

Idem voie 28.

© Philippe Mergnat

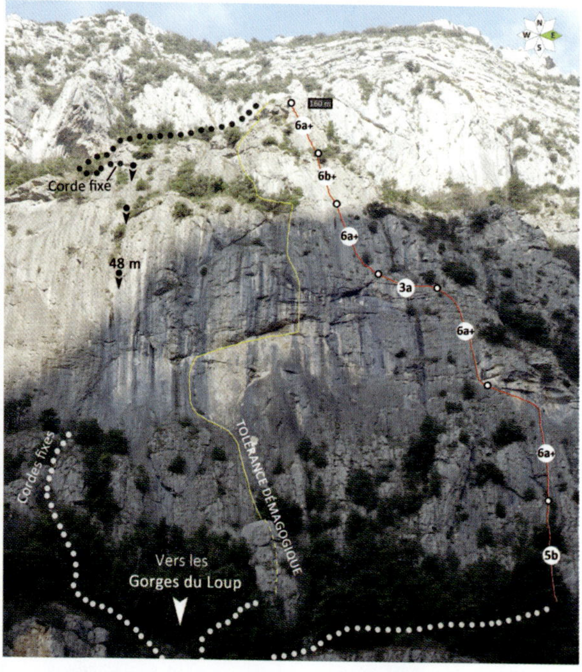

Osez un voyage à la verticale !
Venez découvrir avec nous les plus belles grandes voies de France.

BAOU SAINT-JEANNET

On se trouve presque aux portes de Nice, au tout début de l'arrière-pays niçois. D'ailleurs, le Baou Saint-Jeannet, qui a eu ses heures de gloire quelques décennies auparavant, est visible depuis de nombreux endroits de la région niçoise et de son littoral. Il marque un peu la limite de l'urbanisation, bien visible depuis le sommet. De nombreuses randonnées sont possibles au départ de Saint-Jeannet.

Dans son ouvrage *Les Alpes du soleil* (collection dirigée par Gaston Rébuffat, éditions Denoël, 1979), Jean-Marie Morisset raconte au sujet du Baou Saint-Jeannet : « Le Baou n'est pas une école d'escalade ordinaire, ses voies de 200 m de dénivellation, verticales et exposées, posent souvent des problèmes aux grimpeurs qui les sous-estiment ou qui se surestiment. Les cotations sont sévères, si bien que de nombreuses cordées ont passé la nuit dans la paroi à cause de la confiance un peu excessive que suscite l'environnement : mer, soleil… ». Si aujourd'hui sauf quelques exceptions, les cordées ne dorment pas ici en paroi ou sur des vires, tout le reste de cette citation reste bien d'actualité. L'engagement est souvent de rigueur pour parvenir à sortir au sommet du Baou. Restez vigilant aux rochers instables et aux éventuelles chutes de pierre.

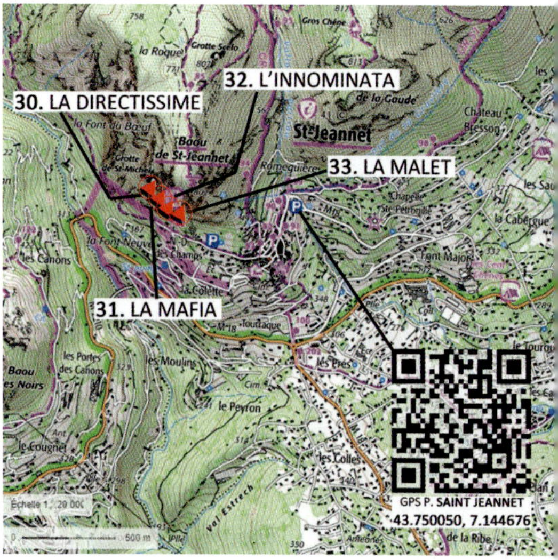

La face sud du Baou Saint-Jeannet

30 | LA DIRECTISSIME

220 m - TD 6a+ max, 6a obl./P2 Terrain d'av.

La Directissime du Baou Saint-Jeannet est un peu ce que la *Ula* est au Verdon : un mythe historique qui a traversé quelques décennies de grimpeurs, une longue ligne de fissure évidente mais qui demande efforts et persévérance pour être gravie.
La voie sera à l'ombre le matin et au soleil l'après-midi.

Relais aérien

ACCÈS ROUTIER

Depuis Nice, il faut remonter le Var par la rive droite et la M6202BIS puis prendre sur la gauche la M2210 direction Saint-Jeannet. A la bifurcation de la route de Saint-Jeannet, prendre à droite celle qui monte et se garer sur le grand parking René Veysi à gauche en contrebas à l'entrée du village.
Point GPS parking : 43.750050, 7.144676

Fissures et dièdres

APPROCHE 30 MINUTES

Traverser le village jusqu'à la petite chapelle Notre-Dame-des-Champs (ou Notre-Dame-des-Baous). Passer à sa droite et suivre des marques violettes sur un chemin bétonné jusqu'à un ressaut rocheux que l'on franchit pour aller vers la gauche. Au prochain croisement, prendre à gauche (à droite possible aussi), et continuer parallèlement à la falaise dix bonnes minutes jusqu'à remonter sur la droite au niveau de la pente raide à l'aplomb de la grande grotte (du *Péril Jaune*) que l'on aperçoit du chemin. Une fois arrivé à cette grotte, aller environ 50 m vers la droite. Le départ de la voie se situe au niveau d'un dièdre à gauche d'une autre grotte avec le nom gravé sur une petite plaquette en faïence.

ÉQUIPEMENT SPÉCIFIQUE

1 jeu complet de coinceurs (friends) du 0.3 au 3 (BD), câblés, sangles, 12 dégaines dont 4 rallongeables, équipement terrain d'aventure.

ITINÉRAIRE

L1 (5c) : Première longueur athlétique et patinée, dièdre, relais sur la gauche après 30 m.
L2 (6a) : Remonter la fissure, possibilité de compléter l'équipement en place.
L3 (6a+) : Très belle longueur soutenue, dièdre puis ascendance à gauche sous un surplomb puis un autre mur raide. On rejoint ici L4 du *Péril Jaune* pour une suite commune.
L4 (6a) : Grimper une zone fracturée pour rejoindre un dièdre légèrement déversant sur la droite.
L5 (5c+) : Gravir la cheminée pour arriver dans une petite grotte pour y faire le relais.
L6 (5c+) : Continuer tout droit puis franchir un petit surplomb prisu, dépasser un dièdre et le relais à sa base, au choix dalle sur la gauche (plus facile) ou tout droit jusqu'à la vire.
L7 (5c) : Monter le gradin à gauche pour rejoindre la végétation et la vire du « *Parc à moutons* ».
L8 (4a) : Traverser la vire vers la droite jusqu'au pied d'un gros chêne.
L9 (5a) : Tirer la dernière longueur jusqu'au sommet, plusieurs passages possibles au choix.

RETOUR 50 MINUTES

Du sommet, se diriger vers le nord en direction d'un sentier jaune qui croise le GR qui redescend jusqu'à Saint-Jeannet. Depuis le sentier jaune (quand il arrive sur le replat, environ 400 m après le sommet), possibilité de couper par la droite par une sente non balisée pour rejoindre le GR.

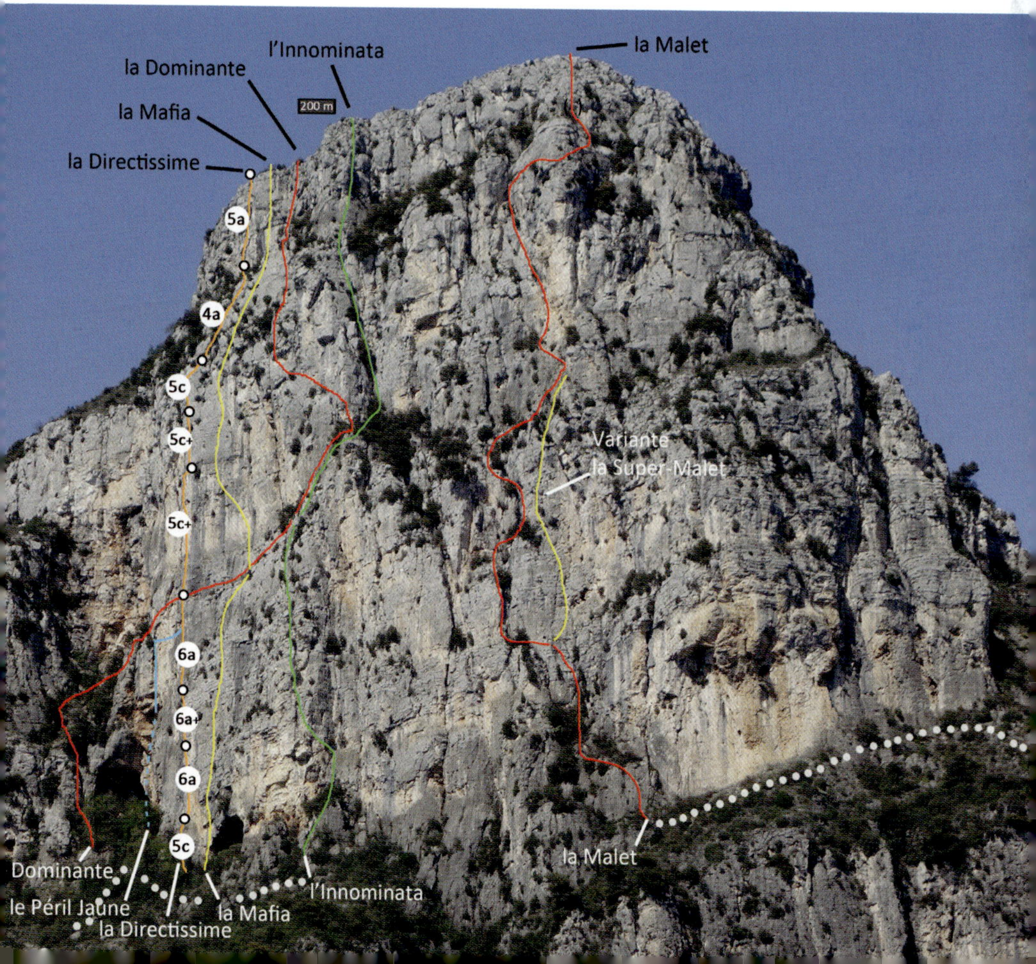

31 | LA MAFIA

220 m - ED- 7a max, 6b+ obl./P1

Une voie historique du Baou Saint-Jeannet, soutenue et exigeante, tant au niveau technique que physique. Même si le rocher peut être par endroits un peu « usé », l'ambiance est bien présente. L1 à L4 ouvertes par M. Dufranc, J.-L. Martinoty et R. Prangé, L5 à L8 par F. Ruggeri et D. Ughetto en 1963. Rééquipée fin 1990 et 2000 par P. Brizzi. Les cotations peuvent surprendre et sembler « tassées », témoin d'une époque.

Escalade soutenue et engagée

ACCÈS ROUTIER

Idem voie 30.
Point GPS parking: 43.750050, 7.144676

APPROCHE 30 MINUTES

Traverser le village jusqu'à la petite chapelle Notre-Dame-des-Champs (ou Notre-Dame-des-Baous). Passer à sa droite et suivre des marques violettes sur un chemin bétonné jusqu'à un ressaut rocheux que l'on franchit pour aller vers la gauche. Au prochain croisement, prendre à gauche (à droite possible aussi), et continuer parallèlement à la falaise 10 bonnes minutes jusqu'à remonter sur la droite au niveau de la pente raide à l'aplomb de la grande grotte (du *Péril Jaune*) que l'on aperçoit du chemin. Une fois arrivé à cette grotte, aller sur la droite, le nom de la voie est inscrit sur un petit carreau de faïence.

Envolée verticale

ÉQUIPEMENT SPÉCIFIQUE

14 dégaines, sangles, matériel grande voie sportive, quelques Friends moyens ou câblés pour les sections faciles.

ITINÉRAIRE

L1 (6b+), 30 m : Commencer par un dièdre sculpté pour finir en traversée vers la droite sous un surplomb.
L2 (7a+), 20 m : Longueur homogène avec des pas fins, d'abord sur la gauche puis tout droit, la fin en remontant une écaille vers la gauche. Relais sur pitons et chaîne dans une lunule.
L3 (6a+), 30 m : Possibilité d'enchaîner L3 + L4. D'abord tout droit, fissure raide et exigeante sur la fin.
L4 (6a+), 20 m : Monter dans du vertical au départ avant de rejoindre la *Dominante*, continuer sur la droite dans du plus facile.
L5 (7a), 30 m : Continuer droit au-dessus (ficelou puis plaquette) puis ascendance vers la gauche.
L6 (6b+), 20 m : Remonter la fissure déversante à bras, la suite est plus simple dans des gradins.
L7 (5b), 35 m : Suivre une fissure plus simple puis court ressaut à gravir.
L8 (6a), 30 m : Départ à gauche de deux petites colonnettes parallèles, grimper la fissure (très) exigeante puis le dièdre pour arriver au sommet, relais sur plaquette et lunule.

RETOUR 50 MINUTES

Idem voie 30.

32 | L'INNOMINATA

200 m - D+ 5c+ max, 5c obl./P2 Terrain d'av.

Ouverte en 1943 par J. Franco, K. Gurékian, M. Malet et P. Revel, c'est une belle classique de la grande face du Baou. D'un niveau intermédiaire entre la *Malet* et la *Directissime*, *l'Innominata* offre des belles sections grimpantes dans le pur style Saint-Jeannet.

ACCÈS ROUTIER

Idem voie 30.
Point GPS parking: 43.750050, 7.144676

APPROCHE

Traverser le village jusqu'à la petite chapelle Notre-Dame-des-Champs (ou Notre-Dame-des-Baous). Passer à sa droite et suivre des marques violettes sur un chemin bétonné jusqu'à un ressaut rocheux que l'on franchit pour aller vers la gauche. Au moment où le sentier croise sur la droite un couloir rocheux qui mène à la grande face, remonter ce couloir avec quelques pas d'escalade faciles (1 goujon) pour en sortir par la gauche. Le départ de la voie se situe à l'aplomb d'un mur orangé surmonté d'un bosquet à droite de la grotte du Jardin Suspendu.

ÉQUIPEMENT SPÉCIFIQUE

12 dégaines, sangles, matériel grande voie sportive, quelques Friends moyens (ou câblés) pour quelques passages.

ITINÉRAIRE

L1 (5a): Gravir le mur orangé pour arriver sur la terrasse avec le bosquet que l'on traverse par la gauche. Remonter le dièdre, rester vigilant au rocher sur la fin.
L2 (5c): Monter quelques mètres au-dessus du relais puis bifurquer bien à gauche sur la *Traversée de l'Y*, esthétique et aérienne même si le rocher est travaillé.
L3 (5a): Longueur assez facile en ascendance à gauche dans des gradins.
L4 (5a): Idem.
L5 (4c): Début commun avec la *Dominante*, traversée facile en ascendance à droite avant de remonter une écaille équipée. En sortir par la droite et traverser un bosquet à droite (ne pas continuer droit au-dessus) pour arriver au pied du *Pilier du Soleil*.
L6 (5c+) : Gravir le pilier sur quelques mètres puis passage célèbre de la *Fissure à la Rose* (patinée), il faut placer un coinceur (taille 2 BD possible) et passer en même temps un petit surplomb avec un réta physique avec coincements.
L7 (5b): Continuer sur le pilier puis succession de dalles pour arriver au sommet du pilier.
L8 (4a): Longueur facile, quelques ressauts à gauche, relais dans une niche.
L9 (5b): Quitter le relais par la gauche puis tout droit jusqu'au sommet.

RETOUR 50 MINUTES

Idem voie 30.

Tom dans la Traversée de l'Y

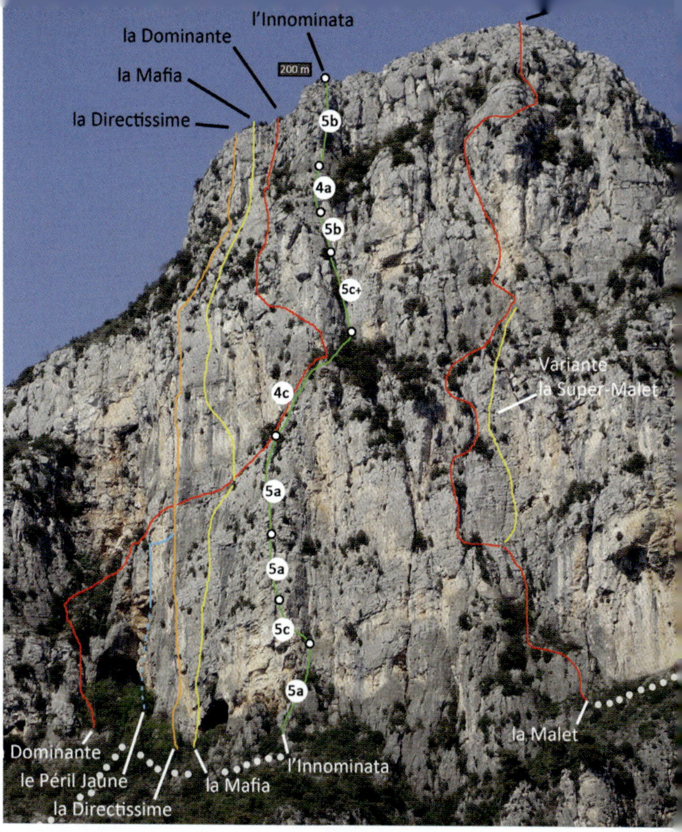

Escalade dans le pays niçois

33 | LA MALET

200 m - D+ 5c max, 5b obl./P2 Terrain d'av.

Ouverte en 1940 par G. Lentulo, M. Malet et B. Martin, *La Malet* constitue une très bonne entrée en matière pour quiconque souhaite découvrir et appréhender (en douceur) l'escalade et le rocher du Baou Saint-Jeannet. Il faut un certain sens de l'itinéraire pour bien rester sur le tracé, même si de nombreuses combinaisons sont possibles.

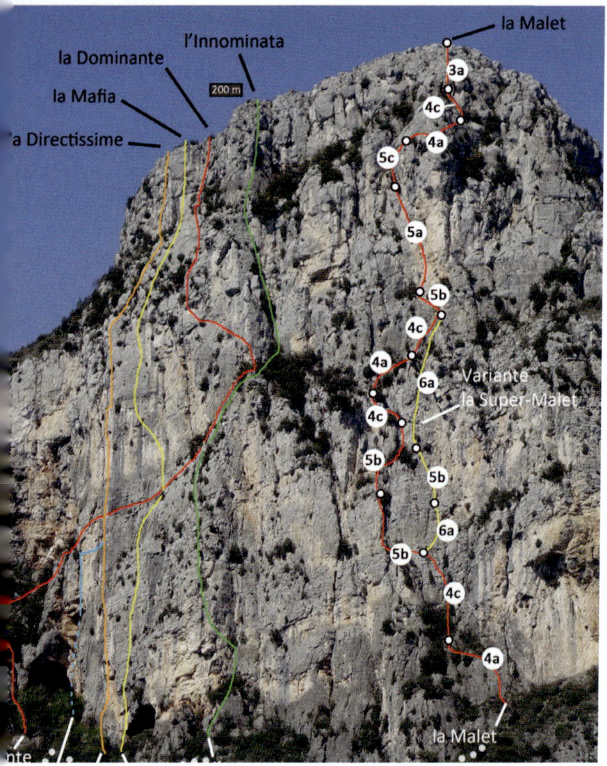

ACCÈS ROUTIER

Idem voie 30.
Point GPS parking:
43.750050, 7.144676

APPROCHE

Traverser le village jusqu'à la petite chapelle Notre-Dame-des-Champs (ou Notre-Dame-des-Baous). Passer à sa droite et suivre des marques violettes sur un chemin bétonné jusqu'à un ressaut rocheux que l'on franchit pour aller vers la gauche. Au moment où le sentier croise sur la droite un couloir rocheux qui mène à la grande face, remonter ce couloir avec quelques pas d'escalade faciles (1 goujon) pour en sortir par la droite. Rejoindre ensuite la cheminée de départ qui se trouve un peu à gauche de l'aplomb du grand toit. Un goujon avec peinture rouge se trouve à 6 m du sol.

ÉQUIPEMENT SPÉCIFIQUE

1 jeu complet de coinceurs (Friends) du 0.3 au 3, câblés, sangles, dégaines, équipement terrain d'aventure.

ITINÉRAIRE

L1 (4a) : Commencer par une courte cheminée avant de traverser vers la gauche sur la vire, puis continuer un petit mur facile jusqu'au relais.
L2 (4c) : Encore une cheminée avec végétation puis ascendance à gauche.
L3 (5b) : Traversée à gauche puis remonter par une cheminée.
L4 (5b) : Vague dièdre puis un pas athlétique en fissure (de la « *Boîte aux lettres* »).
L5 (4c) : Longueur qui louvoie un peu avant d'arriver sur une vire avec arbres.
L6 (4a) : Monter en traversée ascendante vers la droite puis traverser la vire *Vernet*.
L7 (4c) : Après le relais, grimper la « *Fissure aux Aiglons* », relais sur arbre et spit.
L8 (5b) : Rejoindre une belle fissure située sous la « *Proue du Navire* » (2 longueurs en 6b-6c) puis remonter vers la gauche la fissure patinée, relais aérien.
L9 (5a) : Continuer droit au-dessus puis aller vers un dièdre à gauche, relais sur spit + friend.
L10 (5c) : Remonter le « *Dièdre aux pitons* » équipé (mais patiné) avec un passage physique puis traversée à droite.
L11 (4a) : Continuer vers la droite au plus facile.
L12 (4c) : D'abord une écaille puis gravir les gradins au plus simple.
L13 (3a) : L'inclinaison faiblit jusqu'au sommet, relais sur lunules.

RETOUR 50 MINUTES

Idem voie 30.

Laure et Éric dans le Dièdre aux pitons

AIGLUN

À 1 h 30 de Nice, blotti dans la vallée de l'Estéron, le village d'Aiglun semble résister aux assauts du temps et de l'étalement urbain. Pas de nouvelles constructions et des falaises imposantes qui semblent là depuis toujours, voilà les caractéristiques notables de ce lieu ou le calme et la sérénité persistent et dominent.

Certains qualifieront Aiglun d'un « petit Verdon » : l'Estéron qui coule en contrebas, les hautes falaises de calcaire du mont Saint-Martin et un peu plus loin celles de *La Paroi Dérobée*, on peut effectivement y voir quelques points de ressemblance. Même si l'abondance de voies du Verdon est sans commune mesure avec Aiglun (tout comme la fréquentation), la raideur des falaises, la qualité du calcaire et le gaz bien présent pourraient effectivement rassembler ces deux sites incontournables. *La Paroi Dérobée*, appelée aussi « Fumée Blanche », non visible depuis le village d'Aiglun, ne se laisse pas apprivoiser facilement. Ce dévers hors de proportion régalera les grimpeurs de haut niveau (ou bien les amateurs de voies d'artif) en quête de grandes voies extrêmes dans un style « dévers » bien marqué.

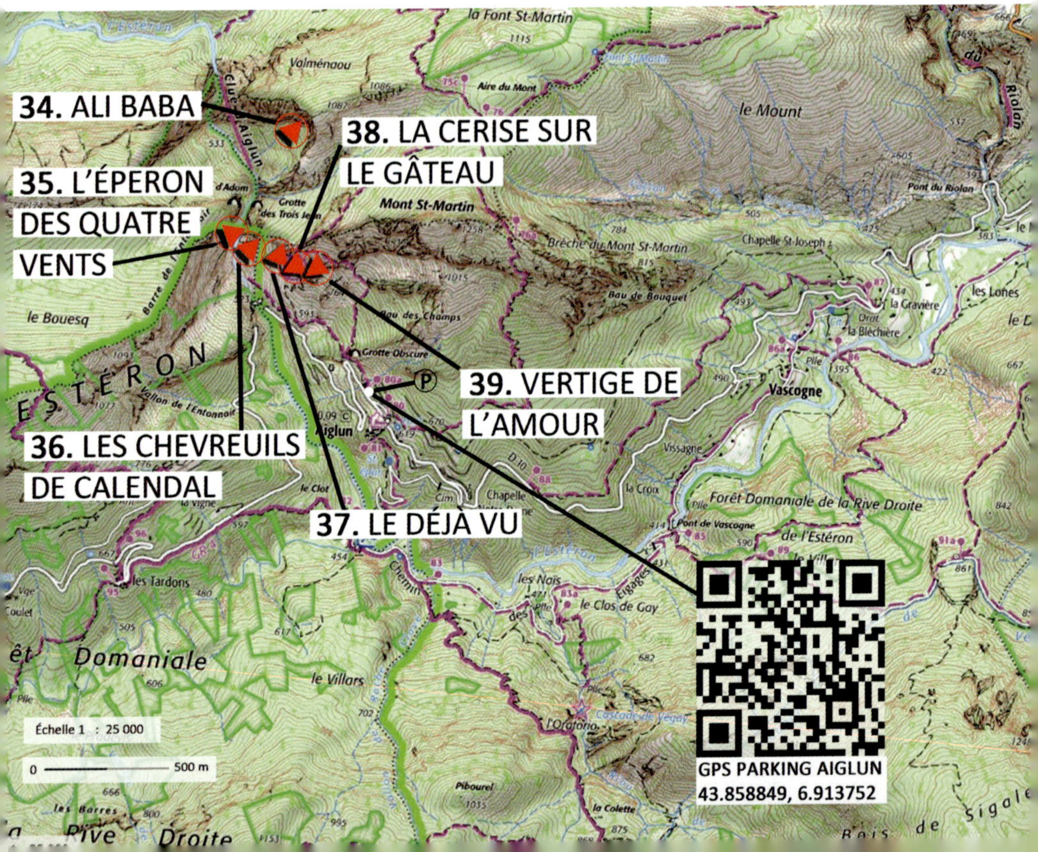

Florence et Gérôme, Paroi Dérobée, Ali Baba, L5 (8a+) © Sam Bié

Aiglun

Le mont Saint-Martin et la Paroi Dérobée

34 | ALI-BABA PAROI DÉROBÉE

250 m - ED+ 8a+ max, 7b obl./P1

Une voie extrême et exceptionnelle, un vrai chef-d'œuvre dans ce niveau, dont l'ouverture date de 2002. Son ouvreur, P. Mussato, accompagné de B. Peyronnand, parle d'un « gigantesque escalier à l'envers ». Si l'ouverture de grandes voies peut s'apparenter à une quête pour les ouvreurs, cette voie d'Ali-Baba pourrait aisément constituer un aboutissement à toutes ces années de recherche de belles lignes. Pour ceux qui connaissent la *Concave du Val Vierge* des calanques de Marseille, il faut imaginer l'équivalent sur 8 longueurs d'escalade déversante. Lorsque la qualité, la difficulté et la beauté convergent vers un sommet commun, on peut considérer avoir atteint un bel objectif.

ACCÈS ROUTIER

Le petit village d'Aiglun (06910), à ne pas confondre avec Aiglun (04510), peut s'atteindre par la D10 soit en venant de l'ouest depuis Marseille ou de l'est depuis Nice. En venant de Nice, se garer après avoir traversé le village, à proximité de l'héliport sur la gauche et le préau sur la droite, depuis lequel le chemin d'accès aux falaises commence.
Point GPS parking: 43.858849, 6.913752

APPROCHE 1 H

Pour le début, même approche que les voies 35 et 36. Une fois au pied de l'éperon, longer d'abord en descente la paroi qui se retourne. La sente remonte pour devenir un chemin « rando escalade », avec des cordes fixes. Baudrier et jumar indispensables. Après un peu de rando escalade avec quelques remontées au jumar, croiser une petite cascade (sol très glissant) toujours le long de la falaise (sur la droite) pour arriver sur un pierrier qu'il faut remonter.

Au pied de la Paroi Dérobée

ÉQUIPEMENT SPÉCIFIQUE

13 dégaines, quelques sangles, matériel grande voie sportive.

ITINÉRAIRE
(BASÉ SUR LA DESCRIPTION DE PHILIPPE MUSSATO)

L1 (8a) : Remonter une colo unique, puis de plus petites, sortie rési (8a sans l'arbre de gauche).
L2 (8a) : Enchaînement de petites colos et trous dans un grand mur déversant.
L3 (7b+) : La longueur croise la voie *Le Jeu de l'autruche*, rocher un peu moins bon puis rejoindre une zone de rocher marron et une vire suspendue (bivouac possible, relais de rappel à droite).
L4 (8a) : Dévers et colos à remonter.
L5 (8a+) : Grande longueur conti, succession de passages rési, puis bloc (court).
L6 (8a+) : Traversée à droite facile puis athlétique dans du dévers à 45° sur colos et trous.
L7 (8a+) : Plein gaz puis passage technique suivi d'un dièdre à sortir, exigeant techniquement et mentalement.
L8 (7c) : Remonter un mur vertical sur petites prises, à ne pas sous-estimer.

RETOUR 1 H 30

Depuis le sommet, remonter à travers les buis jusqu'au sommet et se diriger vers l'est pour rejoindre un col, continuer sur le sentier qui va vers le mont Saint-Martin et prendre assez rapidement vers la droite une sente peu marquée qui redescend au sommet de la paroi du mont Saint-Martin puis au village d'Aiglun. Attention à ne pas toucher les pieds toxiques de rue (plante urticante) tout le long du sentier de descente avant Aiglun.

Katherine et Solène © Mélanie Cannac

35 | L'ÉPERON DES QUATRE VENTS

200 m - TD- 6a+ max, 6a obl./P1

Située sur l'éperon du mont Saint-Martin (appelé aussi paroi du Giet), cette voie a été ouverte en 1974 par J. Mallaussène et J. Gounand. Il s'agit de la voie la plus à gauche de la face. Avec sa voisine *Les Chevreuils de Calendal*, ce sont les deux grandes voies les plus accessibles du site avec des cotes ne dépassant pas le 6a+. Homogène dans la difficulté avec une belle vue sur l'Estéron qui coule en contrebas, le rocher est excellent et bien sculpté.

Louis sur l'Éperon

ACCÈS ROUTIER

Idem voie 34.
Point GPS parking: 43.858849, 6.913752

APPROCHE 20 MINUTES

Passer devant le préau qui se trouve à droite de la route (avec Aiglun dans le dos), pour rejoindre une sente qui va vers la falaise. À la première intersection, prendre à gauche, à la deuxième à droite et après avoir longé un peu la falaise, prendre à gauche au troisième croisement. Viser l'éperon ouest de la paroi, celui le plus à gauche, qui nécessitera un peu de descente pour arriver au pied de la paroi sur une vire. Le départ originel de la voie se situe à droite de l'inscription en blanc partiellement effacée, des « *Chevreuils de Calendal* ». Il est possible de commencer par le début de L1 des *Chevreuils*.

ÉQUIPEMENT SPÉCIFIQUE

14 dégaines, sangles, matériel grande voie sportive.

ITINÉRAIRE

L1 (3c ou 5c): Départ originel 10 m à droite du départ des *Chevreuils*, L1 en 5c des *Chevreuils* convient bien aussi pour démarrer.
L2 (4b), (possibilité de faire L1+L2): Monter des gradins faciles.
L3 (6a): Démarrer par une dalle raide puis franchir un petit toit.
L4 (5c): Alternance dalle puis dièdre, sortie à droite.
L5 (5b): Continuer dans la dalle.
L6 (6a): Belle longueur, rocher bien sculpté et gouttes d'eau.
L7 (6a+) : Idem, longueur très classe, superbe calcaire compact avec encore des gouttes d'eau.
L8 (5b): Proche du fil de l'arête, bien gérer le tirage.
L9 (4c): Fin facile jusqu'au sommet puis relais sur arbre.

RETOUR 45 MINUTES

Du sommet, se diriger à droite (vers l'est) et remonter un peu, à une première intersection, ne pas monter vers la gauche mais continuer vers la droite pour atteindre après une quinzaine de minutes (depuis la sortie de la voie) la brèche qui ouvre vers la face sud et vers Aiglun. Prendre la sente bien marquée qui descend et rejoint en environ 30 minutes le village d'Aiglun. Attention à ne pas toucher les pieds de rue (plante urticante) tout le long du sentier de descente avant Aiglun.

Le mont Saint-Martin

200 m
4c
RETOUR AIGLUN
SENTIER
45 mn
5b
6a+
LES CHEVREUILS DU CALENDAL
6a
5b
5c
6a
4b
L1 variante
commune aux
Chevreuils...
(-)
L1 originelle
AIGLUN 25 mn
5c
3c

36 | LES CHEVREUILS DE CALENDAL

210 m - TD- 6a+ max, 6a obl./P1

Ouverte en 1987 par E. Petit et A. Thibault, très belle voie également comparable à *L'Éperon des Quatre Vents* mais cheminant moins sur le fil. De beaux passages de dalles, sur un rocher irréprochable, voici une bonne manière de découvrir le rocher d'Aiglun. Mais pour les autres grandes voies (hormis la précédente), il faudra monter d'une cotation globale supplémentaire, voire davantage. À noter qu'à deux cordées, il peut être très sympathique de grimper ces deux voies parallèles qui sortent au même endroit.

Greg, L7 (6a+)

ACCÈS ROUTIER

Idem voie 34.
Point GPS parking :
43.858849, 6.913752

APPROCHE

Idem voie 35.

ÉQUIPEMENT SPÉCIFIQUE

14 dégaines, sangles, matériel grande voie sportive.

ITINÉRAIRE

L1 (5c) : Remonter quelques gradins puis de la dalle un peu plus verticale.
L2 (6a+) : Dalle raide avec un pas de bloc bien difficile au niveau d'un bombé.
L3 (5c) : Continuer dans le prolongement, davantage de prises que dans L2.
L4 (5c) : Idem.
L5 (5c) : Idem.
L6 (5c) : Belle longueur aérienne avec fissures et gouttes d'eau avant d'arriver sur une vire.
L7 (6a+) : Superbe longueur raide avec gros trous et nombreux bacs, à bras.
L8 (4c) : Un pas après le relais, la suite est simple.
L9 (5c) : Remonter une belle dalle avec un petit pas à négocier avant la sortie. Relais possible sur l'arbre au sommet (possibilité de faire L8+L9 en gérant le tirage).

RETOUR 45 MINUTES

Idem voie 35.

37 | LE DÉJÀ VU

210 m - TD+ 6b max, 6a+ obl./P3 Terrain d'av.

Une superbe voie variée, assez soutenue dans le 6a en terrain d'aventure, rocher de grande qualité qui laissera des souvenirs. Déjà une classique dans ce genre. La première ascension date du 1977 et on la doit à J. Gounand et J.-P. Thaon. La voie a été nettoyée plus récemment par S. Benoist, N. Feraud et J.-P. Thaon.

ACCÈS ROUTIER

Idem voie 34.
Point GPS parking: 43.858849, 6.913752

APPROCHE 20 MINUTES

Depuis le parking, passer derrière le préau à droite de la route pour rejoindre la sente qui se dirige vers la falaise. Prendre à gauche à la première intersection pour arriver au pied de la paroi sur la partie gauche. Remonter un peu vers la droite (à droite des *Chevreuils de Calendal*), le départ de la voie se situe au niveau d'un dièdre jaune (à gauche) et gris (à droite) sur un petit ressaut (à droite se trouve la voie *Cocotte minute* et juste après à droite la *Cerise sur le gâteau*).

ÉQUIPEMENT SPÉCIFIQUE

1 jeu complet de coinceurs (friends) du 0.3 au 3, (on peut doubler 0.75-1-2 pour plus de confort) câblés, nombreuses sangles, lunules à changer, dégaines, équipement terrain d'aventure complet.

ITINÉRAIRE

L1 (6b), 30 m: Démarrer par le dièdre à protéger et remonter (1 pas de 6b), traversée à droite sur la fin pour arriver au relais commun à la *Cerise sur le Gâteau* sous un petit toit.

Rituel avant la grimpe

L2 (5c+), 25 m : D'abord à gauche puis tout droit, relais sur arbre.
L3 (5b), 20 m : Traverser la vire à droite, relais sur un spit et lunule.
L4 (6a), 35 m : Continuer tout droit en suivant les pitons, grosse ambiance.
L5 (6a), 40 m : Suivre les lunules en légère traversée à droite, croisement avec *Vertige de l'amour*, ne pas s'arrêter à la terrasse mais continuer quelques mètres à droite jusqu'au relais.
L6 (6a), 40 m : Traverser à droite jusqu'à un très beau dièdre à gravir. Relais sur lunules à compléter.
L7 (6a+), 30 m : Traverser de nouveau à droite puis tout droit, petit surplomb à passer et encore à droite en suivant des trous. Relais sur lunules.
L8 (5c), 50 m : Grande longueur, continuer tout droit et franchir le dièdre, relais à compléter (1 piton) à la sortie de ce dièdre.
L9 (4), 20 m : Vers la gauche, prendre au plus facile.

RETOUR 30 MINUTES

Depuis le sommet, remonter vers la droite au plus simple pour rejoindre la sente avec cairns. Suivre à droite pour arriver au petit col ou brèche puis continuer sur la sente bien marquée qui descend et rejoint en environ 30 minutes le village d'Aiglun. Attention à ne pas toucher les pieds de rue (plante urticante) tout le long du sentier de descente avant Aiglun.

38 | LA CERISE SUR LE GÂTEAU

210 m - TD+ 6c+ max, 6b obl./P1

Comme très souvent à Aiglun, on a affaire à un rocher superbement sculpté et un ensemble marqué par une raideur bien homogène. C'est une grande classique du site ouverte en 2000 par N. et A. Debernardy. Un voyage minéral dont l'aboutissement se mérite.

ACCÈS ROUTIER

Idem voie 34.
Point GPS parking : 43.858849, 6.913752

APPROCHE 20 MINUTES

Depuis le parking, passer derrière le préau à droite de la route pour rejoindre la sente qui se dirige vers la falaise. Prendre à gauche à la première intersection pour arriver au pied de la paroi sur la partie gauche. Remonter un peu vers la droite, dépasser les départs des voies *Déjà Vu* (voie 37) marqués par un dièdre lisse jaune et gris et *Cocotte minute* pour arriver au départ de la voie *Cerise* écrit au pied. À droite se trouve la voie *Goutte à goutte*.

ÉQUIPEMENT SPÉCIFIQUE

13 dégaines, sangles, matériel grande voie sportive.

ITINÉRAIRE

L1 (6c+) : Très bon rocher varié, réglettes, gouttes d'eau et autres. Les difficultés montent progressivement, ensemble soutenu.

L2 (6c) : Continuer dans le prolongement, physique et athlétique.
L3 (6a) : Traverser à gauche sur la vire pour rejoindre le dièdre qu'il faut remonter, puis mur gris à grosses gouttes d'eau.
L4 (6a+) : Longueur en légère ascendance à gauche, alternance gouttes d'eau, trous puis pilier, ensemble raide avec une belle ambiance.
L5 (6b+) : Continuer dans du raide, un pas pour arriver au surplomb, athlétique et bien prisue.
L6 (6c) : Bombé impressionnant mais avec des prises, le pas difficile est en fin de longueur.
L7 (6b) : Encore une superbe longueur, variété de gouttes d'eau et bonnes prises.
L8 (6a) : Dalle à remonter par la droite puis plus facile jusqu'au sommet.

RETOUR 30 MINUTES

Idem voie 37.

David © Thomas Wuyts

39 | VERTIGE DE L'AMOUR

210 m - TD+ 7a max, 6b obl./P1

Ouverte en 2008 par N. Feraud et B. Duterte, encore une pépite dans ce niveau sur un calcaire exceptionnel présentant une grande variété.

ACCÈS ROUTIER

Idem voie 34.
Point GPS parking : 43.858849, 6.913752

APPROCHE 20 MINUTES

Depuis le parking, passer derrière le préau à droite de la route pour rejoindre la sente qui se dirige vers la falaise. Prendre à gauche à la première intersection pour arriver au pied de la paroi sur la partie gauche. Remonter sur la droite et dépasser les voies *Cerise sur le Gâteau* (« Cerise » écrit au pied) et *Goutte à goutte* (« G à G » en partie effacé) pour arriver au pied de la première longueur qui démarre par un dièdre avec une sangle dans une lunule.

ÉQUIPEMENT SPÉCIFIQUE

16 dégaines, sangles, matériel grande voie sportive.

ITINÉRAIRE

L1 (6a) : Commencer par remonter le dièdre avec colonnettes puis dalle et fissure, relais sous l'arbre.
L2 (7a) (6b A0) : D'abord vers la gauche puis section raide tout droit, relais sur vire à droite.
L3 (6b+) : D'abord à gauche puis en traversée en ascendance à droite sous des surplombs.
L4 (6a) (Possibilité L3+L4, 16 points, gérer le tirage) : Monter en ascendance à gauche.
L5 (6c) : Traversée horizontale à gauche

Clara © Guillaume Pelissier

Guillaume © Clara Spitz

L5 6c © Thomas Wuyts

puis gravir le dièdre qui se termine par une dalle très technique sur la gauche.

L6 (6c) : Colonnettes à remonter tout droit puis mur raide à trous et finir par une traversée à droite qui permet d'éviter le toit.

L7 (6b) : Continuer à droite du relais, mur à passer et traverser à gauche vers un surplomb à passer par la gauche, puis tout droit jusqu'au relais.

L8 (5b) : Gravir les ressauts jusqu'au sommet en étant vigilant au rocher fragile.

RETOUR 30 MINUTES

Idem voie 37.

SÉRANON

Situées à une petite cinquantaine de kilomètres de la Palud-sur-Verdon, les falaises de Séranon, belles et « sans prétention », exposées au sud, raviront les grimpeurs en quête de quiétude dans cette vallée très ouverte. Les grandes voies ne sont pas nombreuses mais les deux classiques proposées ici sont de qualité, homogènes et intéressantes, sur un excellent calcaire gris bien adhérent. Avec 6 secteurs et plus de 130 voies désormais (les ouvertures continuent), majoritairement des couennes, on peut y grimper presque toute l'année. En plus des nombreuses randonnées, il y a aussi la possibilité de parcourir la via ferrata de Bauroux qui chemine sur une partie des falaises.

Les ânes de Séranon

Séranon au matin

40 | AYLAN

190 m - TD 6b max, 6a+ obl./P1

Faisant partie du secteur du Potager et ouverte en 2017 par D. Mattéoli, une très belle voie homogène au cheminement assez direct qui exploite parfaitement le superbe calcaire sculpté de la falaise.

PÉRIODE FAVORABLE

Mars à novembre mais la grimpe y est possible presque toute l'année.

ACCÈS ROUTIER

On rejoint Séranon par la D6805 (en arrivant de l'est ou de l'ouest). En venant de Nice, arrivé au grand rond-point central du village, prendre à droite en légère montée le chemin de Curnier sur environ 150 m pour se garer au niveau du cimetière sur la droite.
Point GPS parking:
43.776316, 6.695707

APPROCHE 15 MINUTES

Continuer à pied sur la route goudronnée, passer devant la chapelle (à gauche) et la bergerie (sur la droite) après le tournant à droite. Prendre le sentier communal qui passe au-dessus de la bergerie en direction des falaises. Suivre les cairns jusqu'au pied de la falaise, et également les panneaux de la Via Ferrata. Le départ de la voie se trouve 70 m avant le départ de la Via.

ÉQUIPEMENT SPÉCIFIQUE

16 dégaines, sangles, matériel grande voie sportive.

ITINÉRAIRE

L1 (5c), 40 m: Succession de mur, dièdre fissure et ressauts puis marche après le R1 jusqu'au pied du prochain pilier.
L2 (6a+), 35 m : Gravir un dièdre fissuré avec un pas technique pour enchaîner par une dalle fine et un bombé fin, passer soit tout droit soit à droite.
L3 (6a+), 30 m : Début physique puis continuer vers la gauche dans une fissure, une section déversante sur bonnes prises avant le relais.
L4 (6b), 30 m: Continuer droit au-dessus du relais puis passage en dalle fine, sortie à gauche en 4c ou un peu à droite en 6a.
L5 (5b+), 30 m : Escalader le pilier.
L6 (3c): Continuer au plus facile vers la gauche, suivre l'itinéraire de la Via Ferrata si besoin, jusqu'au sommet.
L7 (4a): Idem vers la droite jusqu'au sommet.

RETOUR 50 MINUTES

Du sommet, on peut tirer un premier rappel qui permet de rejoindre le deuxième rappel qui se trouve quelques mètres à droite du relais de L5. Descendre 45 m de rappel pour rejoindre une sente raide avec cordes fixes qui rejoint le pied de la falaise et le sentier d'accès.

190 m
4a
3c
45 m
5b+
6b
6a+
6a+
5c
VIA DEL PIERROT

Louis

Le calcaire de Séranon

41 | VIA DEL PIERROT

180 m - TD- 6b max, 5c obl./P1

Cette seconde grande voie (trois connues à ce jour avec *Djé* dans ce secteur) du *Potager* date de 2017 et a été ouverte par D. Mattéoli. Elle se nomme du même prénom que le berger qui s'occupe des ânes que vous pourrez sûrement croiser au départ du sentier d'accès. Suivant partiellement le fil d'une arête avec de très belles sections, un peu moins soutenue que sa voisine de gauche *Aylan*, l'escalade y est très plaisante (avec un seul passage soutenu dans L6).

Longueur clé L6 (6b A0) © Alexandre Cossonet

Sortie de la voie © Alexandre Cossonet

PÉRIODE FAVORABLE

Mars à novembre mais la grimpe y est possible presque toute l'année.

ACCÈS ROUTIER

Idem voie 40.
Point GPS parking: 43.776316, 6.695707

APPROCHE

Identique à la voie 40 jusqu'au dernier panneau de la Via Ferrata, une cinquantaine de mètres avant le bas de la falaise. À ce croisement, prendre la sente de droite pour trouver l'inscription VDP qui marque le départ de la voie.

ÉQUIPEMENT SPÉCIFIQUE

13 dégaines, sangles, matériel grande voie sportive.

ITINÉRAIRE

L1 (5a): Démarrer par une dalle et fissure jusqu'à une vire.
L2 (5c+) : D'abord une fissure en dalle sur la droite qui amène dans le beau dièdre qu'il faut remonter avec un pas physique, relais sur becquet + arbre.
L3 (5c): Passer un petit ressaut avant de monter proche du fil du pilier.
L4 (4c): Superbe longueur facile sur le fil, aérien.
L5 (4c): Idem.
L6 (6b/A0): Monter le pilier sur un mur compact avec un pas technique peu évident avant de tourner sur la gauche puis en traversée ascendante à gauche et gravir un autre pilier plus simple.
L7 (5a): Grimper le pilier facile puis l'arête jusqu'au sommet pour y faire le relais sur une vaste terrasse (corde fixe).
Transition : Section de marche à droite (vers l'est), d'abord en descente puis remonter un petit couloir avec corde fixe jusqu'à la base d'un superbe pilier.

L8 (5c): Rocher très sculpté, superbes passages qui deviennent de plus en plus faciles jusqu'au sommet.

RETOUR 45 MINUTES

Un rappel de 40 m depuis le sommet à la fin de L8 en se décalant un peu vers la gauche pour rejoindre la large vire de la fin de L7. De là, suivre les cordes fixes et vague sente raide qui descend au pied de la paroi et rejoint le sentier d'accès.

VERDON

On ne présente plus le Verdon, ses falaises et son calcaire hors-norme, ses canyons (et ses pédalos), son sentier Martel, et plus de 1 500 voies et grandes voies en tous genres… Depuis maintenant plus de deux générations de grimpeurs, le Verdon fait partie intégrante du patrimoine naturel et surtout minéral de la France et ses falaisistes. Ce que Chamonix représente pour l'alpinisme, le Verdon l'est pour l'escalade rocheuse : un temple, la mecque du calcaire et des envolées rocheuses. Avec sa profusion de grandes voies et également ses nouvelles lignes qui continuent de naître années après années, ce site grandiose a encore de belles heures et années de grimpe à vivre. Tous les (grands) noms de la grimpe sont passés par ici, des Fous du Verdon jusqu'à leurs contemporains, avec un désir intense d'y revenir dès que possible…

La sélection des voies présentées ici permet d'arpenter le Verdon en différents endroits avec chacun leurs propres spécificités : la rive gauche et droite à proximité du lac de Sainte-Croix, la falaise de Mayreste, plus proche du chalet de la Maline, celles du Moyen et Grand Eycharme et enfin sur la route des Crêtes, l'exceptionnelle falaise de l'Escalès.

Le canyon ainsi que toutes ses falaises font partie du Parc naturel régional du Verdon, un vaste territoire remarquable qu'il convient de respecter. Le Parc est signataire de la Charte Verdon 2008-2023 et en cours de révision pour celle de 2038, qui a pour objectif entre autres de protéger le territoire. Pour plus d'informations, consulter le site du Parc naturel régional du Verdon : www.parcduverdon.fr.

Le Grand Canyon du Verdon et sa route des Crêtes

Belvédère © Thomas Wuyts

Verdon, Alpes-de-Haute-Provence

42 | UNE PINCÉE DE KETCHUP

280 m - TD+ 6c max, 6a+ obl./P1

Dix longueurs pour 280 m de verticalité de toute beauté en rive gauche du Verdon à l'entrée des gorges (la sortie si l'on suit le sens du courant) et avant le lac de Sainte-Croix. On doit ce superbe itinéraire à P. Faudou de N. Salvagiot en 2016. C'est sur un calcaire très sculpté (à l'ombre l'après-midi) que l'on chemine dans ces longueurs homogènes autour du 6a. Tout est de grande qualité ici (rocher, ambiance, mouvements et techniques), et la voie prend déjà le chemin pour être une grande classique.

ACCÈS ROUTIER

En venant de l'est (Castellane, Nice), prendre la D952 qui passe par la Palud-sur-Verdon. Un peu avant d'arriver à Moustiers-Sainte-Marie, prendre sur la gauche la D957 sur un peu moins de 5 km pour dépasser le pont du Galetas. En arrivant depuis l'ouest (Aix-en-Provence) dépasser Moustiers-Sainte-Marie pour rejoindre sur la droite la D957 jusqu'au pont du Galetas. On peut se garer soit sur les parkings aménagés après le pont du Galetas (à droite ou à gauche de la route), soit un peu après sur la droite en montant juste avant le camping Le Galetas (près des poubelles).

Point GPS parking pont du Galétas: 43.800752, 6.248200

APPROCHE 45 MINUTES

Du parking près du pont, remonter le chemin puis la sente qui rejoint la crête de Vernis. Depuis le camping, dépasser ce dernier pour arriver sur la sente qui va en direction de la crête. Aux 2/3 de la crête, bien avant son sommet, au niveau de la grande vire, prendre la sente de gauche qui descend sur le versant situé dans les Gorges, quelques mains courantes pour arriver à une niche. De là, 2 rappels de 45 m, verticaux, permettent d'arriver au sol. En restant dos au Verdon, par la gauche, contourner un imposant pilier (descente puis montée) pour arriver au pied de la voie qui démarre par un mur raide, à gauche de ce pilier.

ÉQUIPEMENT SPÉCIFIQUE

15 dégaines, sangles, matériel grande voie sportive.

ITINÉRAIRE

L1 (6b) : Première longueur qui met bien dans l'ambiance, murs raides avec petites et assez bonnes prises.
L2 (6a+) : Dans le prolongement de L1 avec ascendance à droite vers la fin.
L3 (6a+) : Longueur un peu athlétique avec une fissure à remonter.
L4 (6a+) : En ascendance à gauche, assez fin, d'abord courte traversée puis ressauts à franchir.
L5 (5c) : Mur gris pourvu de bonnes prises à remonter.
L6 (6a) : Un pas bloc pour quitter la vire au départ, puis ascendance à droite.
L7 (6a+) : Superbe dièdre un peu déversant à gravir, avec sortie sur la droite.
L8 (6b) : Prolongement du dièdre, très belle escalade un peu plus physique que la précédente, sortie par une courte traversée en dalle à droite sur petites prises (aller au deuxième relais sur la vire).
L9 (6c) : Traversée ascendante à droite avec pas de 6c (A0 possible) en fin de traversée avant de remonter verticalement jusqu'à une vire.
L10 (6b) : Monter tout droit, excellent rocher, superbes prises, raide, homogène (et physique) jusqu'au relais final.

RETOUR 30 MINUTES

Depuis le dernier relais sommital, remonter le long de la crête une vingtaine de mètres pour tirer à droite et trouver le chemin de descente qui mène au camping Le Galetas puis au parking le long de la route.

Renaud

Le Verdon et le lac de Sainte-Croix © Thomas Wuyts

Rappels d'accès

43 | HISSAGE NOCTURNE

110 m - TD- 6a+ max, 5c obl./P1

Une belle voie au cheminement intéressant en rive droite à la sortie des gorges, proche de la voie « *Adieu Zidane* », plus connue. Avec 230 m de développé de grimpe, l'itinéraire exploite parfaitement la morphologie de la falaise et permet de la parcourir astucieusement avec de beaux points de vue liés à ces traversées.

ACCÈS ROUTIER

Depuis la Palud-sur-Verdon, prendre la D952 en direction de Moustiers-Sainte-Marie, rouler un peu plus de 11 km pour se garer sur la gauche de la route côté Verdon au Belvédère du Galetas. Depuis Moustiers en direction de la Palud, il faut rouler 8,2 km pour arriver à ce belvédère.
Point GPS parking belvédère du Galétas : 43.800961, 6.256304

APPROCHE 30 MINUTES

Depuis le parking, marcher à son extrémité (en direction du lac de Sainte-Croix) puis descendre sur une dizaine de mètres une petite ravine pierreuse et traverser quelques mètres à droite pour trouver le premier rappel.
Rappel 1 : 30 m
Rappel 2 : 45 m
Rappel 3 : 30 m
Une fois au sol, longer la paroi en descendant vers le lac de Sainte-Croix sur environ 100 m (vers l'ouest) HN gravé au pied de L1.

ÉQUIPEMENT SPÉCIFIQUE

14 dégaines, sangles, matériel grande voie sportive.

ITINÉRAIRE

L1 (5c) : Monter tout droit, assez raide.
L2 (5c+) : Belle dalle au rocher sculpté.
L3 (5c) : Idem L2 en ascendance à droite.
L4 (3a), marche : Arrivé sur la vire, la traverser par la gauche (vigilance aux cailloux posés), si L3+L4 en une longueur, bien gérer le tirage.
L5 (5c) : Longueur qui décrit un C sur la gauche, arbre confort au relais.
L6 (5c) : Belle traversée en ascendance à droite, suivre les points, gouttes d'eau et bon rocher.
L7 (6a+) : Départ aérien qui peut impressionner (les arbres peuvent aider), le pas soutenu est en traversée toujours vers la droite avec des pieds lisses.
L8 (5c+) : Continuer à traverser, toujours de belles gouttes d'eau.
L9 (6a) : Continuer droit au-dessus avec petits bombés à passer pour arriver au relais juste de l'autre côté du muret et de la route.

RETOUR 2 MINUTES

Du dernier relais, passer sur le muret pour arriver sur la route puis le parking à quelques mètres.

Alex dans L8 (5c+)

Alexandre dans L6 (5c)

Calcaire de grande qualité

44 | TARABISCOTAGE VERDONESQUE

180 m - TD 6b max, 6a obl./P1

Encore une très belle voie du secteur Mayreste que l'on découvre (partiellement) en descendant les 5 rappels d'accès. S'il n'est pas simple de définir le sens du mot « tarabiscotage », il suffira de se lancer dans cette voie pour mieux en comprendre la signification. Ce ne sont pas les « louvoiements » d'itinéraire, les passages techniques ou la variété du rocher et des passages qui pourront altérer la qualité de cette voie, bien au contraire ! On la doit à Bruno Clément, dit « Graou », le gardien (actuel) du temple...

Renaud dans L9 (5b)

ACCÈS ROUTIER

Depuis Moustiers-Sainte-Marie, rouler 12,6 km sur la D952 en direction de la Palud pour arriver au parking de Mayreste. Depuis la Palud-sur-Verdon vers Moustiers, il faudra rouler 7 km jusqu'au parking dans un grand virage. **Point GPS parking Mayreste : 43.776095, 6.282303**

APPROCHE 5 RAPPELS 1 H 15

Depuis le parking, suivre le petit panneau pour aller au belvédère de Mayreste, le dépasser et descendre la petite barre rocheuse pour suivre la sente cairnée. Se diriger vers la droite en descente sans repasser sous le belvédère. Encore vers la droite au sommet d'un pilier avec un bout de corde se trouve le premier des 5 rappels : **R1 : 30 m, R2 : 40 m, R3 : 40 m, R4 : 40 m et R5 : 50 m.**

ÉQUIPEMENT SPÉCIFIQUE

13 dégaines, sangles, matériel grande voie sportive.

L6 (5c) © Thomas Wuyts

ITINÉRAIRE

L1 (6a+), 35 m : Longueur en diagonale à droite avec un pas technique dans le premier tiers.
L2 (6b), 40 m : Début un peu sur la droite avant de remonter une belle dalle grise avec un bombé à passer à la fin.
L3 (6b), 40 m : Continuer dans l'axe, longueur athlétique et technique à la fin.
L4 (6a+), 35 m : Alternance fissure, dièdre puis ressaut bombé sur la fin vers la droite, physique et à bras.
L5 (5c), 25 m : Traversée horizontale vers la droite.
L6 (5c), 25 m : Prolongement de la traversée en passant dans un angle, très beau mur sculpté à gouttes d'eau.
L7 (6a+), 25 m : Traverser encore quelques mètres à droite avant de remonter un mur raide le long d'une cheminée, passage un peu aérien, revenir à gauche sur la fin.
L8 (5c+), 35 m : Remonter la dalle encore très sculptée.
L9 (5b), 30 m : Dans le prolongement de L8, un peu plus simple jusqu'au relais final.

RETOUR 10 MINUTES

Du sommet, rejoindre après quelques mètres la sente d'accès qui mène au parking.

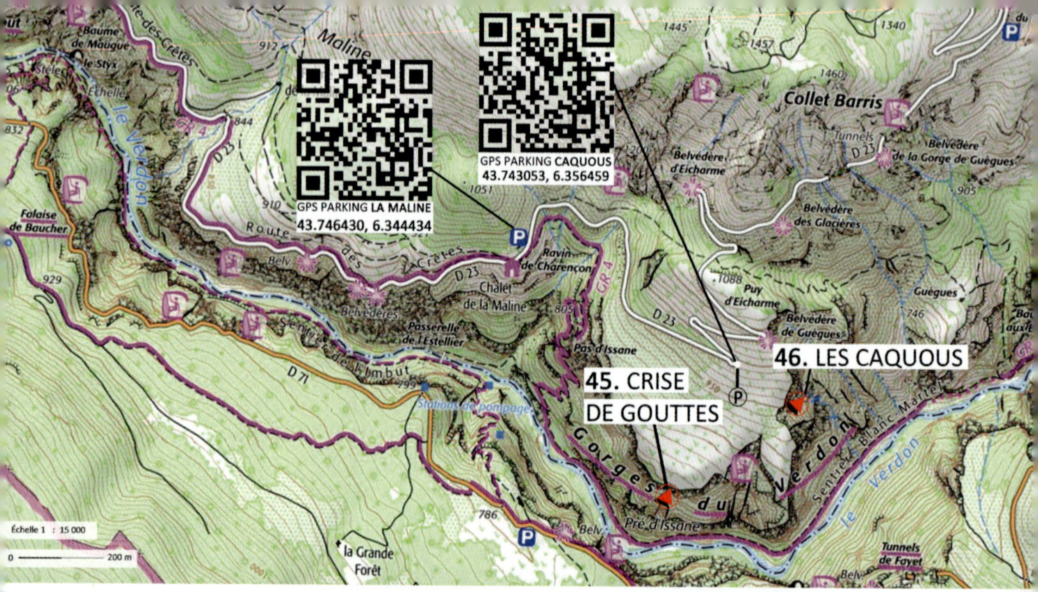

45 | CRISE DE GOUTTES

150 m - TD 6b+ max, 6a+ obl./P1

Voie ouverte en 2010 par Pascal Faudou, elle permet une nouvelle fois d'appréhender ce calcaire de qualité exceptionnelle et ses superbes gouttes d'eau (taille XXL) dans ce secteur du *Moyen Eycharme*. C'est dans L4 que le grimpeur comprendra la dénomination de cette voie, avec des gouttes plus proches de la taille de balles de golf (voire de tennis parfois). Le calcaire du Verdon ne finira pas de nous surprendre.

ACCÈS ROUTIER

Depuis la Palud-sur-Verdon, prendre la D23 vers l'ouest pendant 8 km pour arriver au chalet de la Maline (refuge du Club Alpin Français).

Point GPS parking chalet de la Maline : 43.746430, 6.344434

APPROCHE 30 MINUTES

Du chalet de la Maline, emprunter le sentier Martel qui descend vers l'est. Après une vingtaine de minutes de marche sur le sentier et lorsque les grands surplombs (de part et d'autre de L3) sont visibles, prendre une vague sente qui remonte sur la gauche jusqu'au pied de la falaise. Les premiers points se trouvent derrière un arbre contre la paroi. 20 m sur la droite en légère descente se trouve le début de la voie *Free Tibet*.

ÉQUIPEMENT SPÉCIFIQUE

13 dégaines, sangles, matériel grande voie sportive.

Gouttes de la taille de balles de golf

Jean au départ de L1 (6b+)

Olivier dans la traversée de L5 (5c) © Jean Maugein

ITINÉRAIRE

L1 (6b+) : D'abord tout droit, passer derrière l'arbre (6a+ si on l'utilise), pas difficile au début, puis en diagonale vers la droite.
L2 (5c+) : Longueur commune avec *Free Tibet* avec un pas difficile vers le milieu de la voie, continuer vers la gauche jusqu'au relais.
L3 (6a+) : Longueur de traversée parfois ascendante, parfois descendante vers la gauche.
L4 (6b) : De beaux passages techniques en légère ascendance à gauche, on croise de superbes gouttes d'eau et fissures.
L5 (5c) : Belle traversée horizontale vers la droite, plein gaz.
L6 (6b) : Un pas de bloc au départ, assez vertical comme l'ensemble de la longueur.
L7 (3b) : Remonter les derniers gradins.

RETOUR 45 MINUTES

Deux possibilités :
- Soit on remonte dans l'espèce de maquis, pas de réelle sente, pendant une bonne vingtaine de minutes jusqu'à la route qui rejoint vers la gauche le chalet de la Maline.
- Soit après le dernier relais, on descend au plus simple pour atteindre une sente cairnée vers l'ouest (vers le chalet de la Maline) qui ramène au sentier Martel et on rejoint ensuite le chalet de la Maline.

46 | LES CAQUOUS

200 m - ED- 6c max, 6b obl./P1

Située sur la falaise du Grand Eycharme et ouverte du bas (sur pitons) en style traditionnel par G. Abert, J.-M. Picou et J. Fabre en 1974, la voie a ensuite été équipée en 1993 par le même G. Abert et P. Bestagno, puis rééquipée en 2020 sur goujons par P. Faudou et J.-M. Roman mais en respectant l'espacement de 1993. L'équipement peut donc paraître « aéré ».

Rappel © Jérémie Hartman

ACCÈS ROUTIER

Depuis la Palud-sur-Verdon, prendre la D23 vers l'ouest pendant 8 km pour arriver au chalet de la Maline (refuge du Club Alpin Français). Le parking se trouve dans le premier grand virage 1,5 km après le chalet de la Maline. Attention, une portion de la route après le chalet de la Maline est à sens unique.

Point GPS parking les Caquous : 43.743053, 6.356459

APPROCHE 1 H 15, 5 RAPPELS

Depuis le parking (Caquous écrit en rouge sous la rambarde verte), prendre la sente qui descend à travers la garrigue vers l'est pour atteindre le sommet de la falaise du

P
1er grand virage 1.5 km après
le chalet de la Maline : **15 mn**
40 m
200 m
6b+
6a+
50 m
6c
( )
6c
40 m
6b+
25 m
6b
45 m
6a+
6a+
A0
5c
DÉDALES ET FANTAISIE
L'ESTAMPORNAÉE

Grand Eycharme. Pour la direction, depuis le parking, il faut viser sur l'autre rive du Verdon l'extrémité gauche des tunnels. Une fois au bord de la falaise, descendre un peu au sud jusqu'à un gros cairn pour trouver à proximité l'emplacement du premier des 6 rappels chaînés qui mènent à une vire avec des arbres 50 m au-dessus du bas de la paroi (on peut descendre en 5 rappels avec corde de 50 m).

ÉQUIPEMENT SPÉCIFIQUE

13 dégaines, sangles, matériel grande voie sportive, quelques friends de 0.5 à 2 peuvent aider et diminuer un peu l'engagement (mais pas indispensables).

ITINÉRAIRE

Le départ actuel de la voie se situe en haut du jardin vers la gauche. Le départ originel est en bas à droite en 5a.

L1 (5c et 6a+) : Gravir un mur jaune puis un toit à passer (A0) et tout droit. Pour éviter le passage d'artif, il est possible de commencer la voie à partir du bas de L2.

L2 (6a+) : Remonter la large fissure en ascendance à gauche.
L3 (6b) : Continuer à remonter la fissure.
L4 (6b+) : Remonter en suivant toujours cette fissure, traversée fine, descente et plusieurs mètres vers la droite jusqu'au relais.
L5 (6c) : Prolonger un peu la traversée à droite puis remonter pour atteindre vers la gauche (tout droit : variante en fissure de la voie *Surface*) une dalle à gouttes d'eau et tout droit jusqu'au relais, des pas techniques.
L6 (6c) : Grimper tout droit au-dessus du relais (la voie qui traverse ensuite à droite est encore la voie *Surface*) puis fissure à remonter jusqu'au relais.
L7 (6a+) : Suivre la fissure tout du long en passant un bombé par la gauche.
L8 (6b+) : En ascendance à gauche en suivant toujours la fissure avec un pas bloc à passer puis continuer jusqu'au relais final.

RETOUR 20 MINUTES

Du sommet de la voie, rejoindre rapidement le sentier d'accès cairné qui remonte au parking dans le virage en bord de route.

Les Caquous © Jérémie Hartman

Fin de L3 6b © Jérémie Hartman

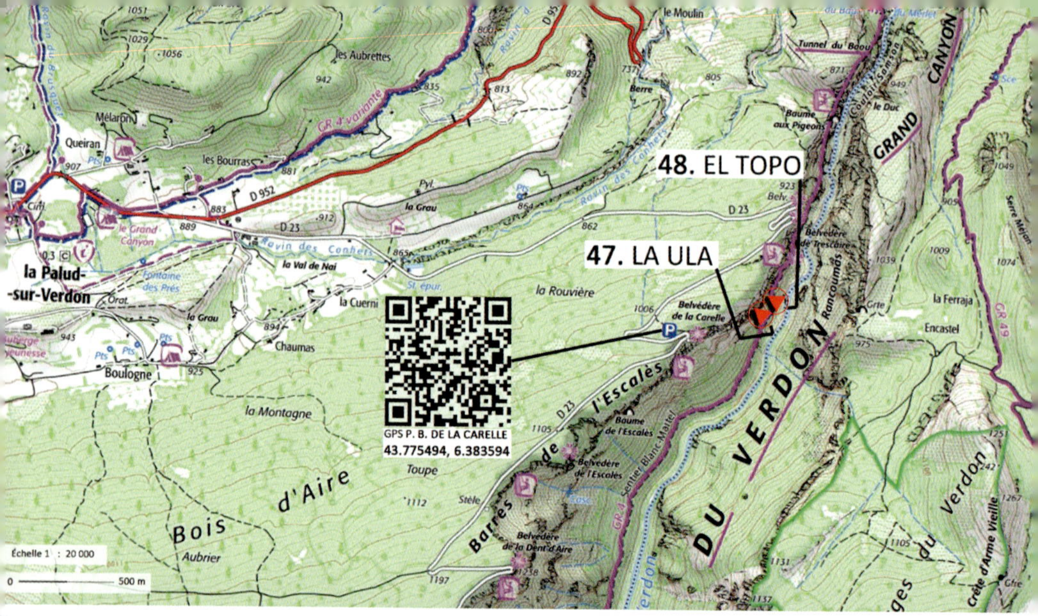

Verdon, Alpes-de-Haute-Provence

47 | LA ULA (L'ESCALÈS)

280 m - TD+ 6b max, 6a+ obl./P3 Terrain d'av.

Une voie mythique qui fait partie de l'histoire du Verdon. Voilà comment on pourrait qualifier la *Ula*, ouverte en 1972 par B. Bouscasse et M. Coquillat. Après un équipement en P1+ dans les années 90, un grimpeur (professionnel) avisé a déséquipé ces longueurs en 2011 pour redonner à la voie son aspect et engagement originel, hormis les relais et les passages non protégeables des premières longueurs. Le nom de « Ula » est celui de la chienne qui accompagnait les grimpeurs dans leur voiture lors de la première ascension.

Jérémie dans la soutenue L7 (6b)

ACCÈS ROUTIER

Depuis la Palud-sur-Verdon, prendre la D952 en direction de Castellane puis tourner rapidement sur la droite pour prendre la route des Crêtes, la D23. S'arrêter au parking du belvédère de la Carelle, 6 km après le point de départ de la Palud.
Point GPS parking belvédère de la Carelle : 43.775494, 6.383594

APPROCHE 1 H 15

Parmi les 3 approches possibles (*Jardin Secret*, sentier Martel), c'est celle par les rappels des *Dalles Grises* qui est décrite ici. Depuis le parking, prendre le sentier qui part dans l'extrémité du virage direction nord-est en longeant la falaise par le haut sur la droite. Après à peine 5 min de marche, on croise le premier relais chaîné des dalles grises sur un gros bloc. En 4 rappels, rejoindre le *Jardin des Écureuils*. Depuis la terrasse, descendre un peu vers la gauche (dos à la falaise) pour atteindre après une corde fixe le premier des 3 rappels du *Pilier des Écureuils* qui mènent jusqu'au sol. Penduler un peu vers la droite à l'avant pour arriver au dernier rappel. Une fois au sol, marcher 5 min vers la droite après la grande baume pour atteindre le pied de la voie, dalle grise-orangée.

ÉQUIPEMENT SPÉCIFIQUE

2 jeux complets de coinceurs (friends) du 0.3 au 4, une taille 5 aide bien, câblés, sangles, dégaines, équipement terrain d'aventure complet.

Départ L5, lire NO BOLT

ITINÉRAIRE

À noter que la partie de la *Ula* sur fissure commence à L5, et il est tout à fait possible de commencer à partir de cette longueur.

L1 (6a), 35 m : Commencer par une dalle raide un peu inconfortable en ascendance à droite, puis suivre la fissure jusqu'au relais.
L2 (6a), 50 m : Continuer dans la fissure jusqu'à un toit que l'on contourne par la droite, rocher fragile, relais sur vire au pied d'un arbre.
L3 (5b), 30 m : Traverser vers la gauche sur rocher fragile jusqu'au bout de la vire.
L4 (5c), 50 m : D'abord à gauche, tout droit puis sur la droite pour rejoindre le *Jardin des Écureuils*. Se déporter à sa droite (marche) jusqu'au pied de la longue fissure où se trouve un relais. Toutes les longueurs qui suivent en fissure sont superbes, athlétiques et bien protégeables.
L5 (6a), 45 m : Aucun doute possible sur l'itinéraire, suivre la fissure.
L6 (6a), 35 m : Idem, rester dans la fissure tout du long.
L7 (6b), 35 m : Idem avec un bombé en fissure à passer, athlétique.
L8 (6a), 35 m : Idem avec le passage du « laminoir », assez subtil.
L9 (6a), 45 m : Longue section avec des parties raides, bien gérer le tirage, dépasser le premier relais.
L10 (6a+), 50 m : Bien gérer le tirage également, grimper d'abord tout droit une fissure sur un mur jaune puis en ascendance à droite, dépasser le relais chaîné intermédiaire à 15 m et naviguer entre les arbres et genévriers jusqu'au sommet en passant à droite sous un toit sur la fin.

RETOUR 10 MINUTES

Du sommet, rejoindre la sente vers la gauche qui longe les falaises et rejoint rapidement le parking du belvédère de la Carelle.

Jérémie, L2 (6a)

Rappels jusqu'au pied de la voie

48 | EL TOPO (L'ESCALÈS)

280 m - ED+ 8a max, 7a+ obl./P1

Ouverte en 1981 d'abord comme voie d'artif, c'est en 2008 que toutes les longueurs ont été libérées individuellement, après rééquipement par Y. Courtes et S. Adlinger. C'est une grande voie équipée qu'on peut qualifier d'extrême et majeure dans ce niveau ; difficultés très soutenues tout du long sur un superbe rocher très sculpté et compact sur cette falaise de l'Escalès, parcourant le superbe pilier entre la *Ula* et la *Demande*. Dans ce style et niveau de voie, il ne faut pas hésiter à valoriser et monter sur de très petites aspérités du calcaire. Certaines cordées choisissent l'option de passer une nuit sur portaledge, car certaines longueurs mériteront d'être travaillées. La voie passe à l'ombre l'après-midi (d'abord le haut).

Caroline au repos © Maxime Poirier

VERS RAPPELS DALLES GRISES 5 mn
ET (P) BELVÉDÈRE DE LA CARELLE 8 mn

ACCÈS ROUTIER

Idem route 47.
Point GPS parking belvédère de la Carelle: 43.775494, 6.383594

APPROCHE 1 H

Idem voie 47, une fois au pied de la *Ula*, continuer une centaine de mètres plus à droite.

ÉQUIPEMENT SPÉCIFIQUE

16 dégaines, 2 crochets (gouttes d'eau) peuvent aider, matériel grande voie sportive.

ITINÉRAIRE

L1 (6c+) : Au départ de la voie, ne pas partir à droite mais en traversée ascendante vers la gauche pour atteindre une fissure physique à gauche d'un toit.
L2 (6b) : Traversée puis vers la gauche.
L3 (6c+) : Encore en traversée à gauche avant de remonter puis passer un dévers pour arriver sur une vire.
L4 (7b) : Longueur exigeante avec dévers à passer puis remonter une rampe à trous vers la gauche avec le pas dur sur la fin de cette traversée.
L5 (7a) : Début du grand pilier. Dalle fine et technique à doigts et sur micro-prises pour les pieds, d'abord vers la droite puis tout droit.
L6 (7b+) : En diagonale à droite sur prises très fines dans du rocher gris, à doigts.
L7 (7b+) : Un pas bloc au départ et sous le relais, mur compact à trous à remonter ensuite.
L8 (6c) : Longueur exigeante.
L9 (7a) : Courte longueur à l'équipement un peu exposé.
L10 (7b+) : Départ technique, ensemble raide voire déversant et surtout physique.
L11 (7c) : Longueur encore exigeante avec mouvements amples souvent sur des trous, un crux à passer dans le dernier tiers.
L12 (6c+) : Courte longueur, d'abord en traversée à droite avec un pas à négocier au départ du relais puis remontée un peu plus simple jusqu'à une vire.
L13 (8a) : La longueur la plus difficile de la voie, crux dans le premier mur avant une traversée à droite puis remonter dans du raide avec très peu de pieds.
L14 (6c+) : Dernière longueur pour laquelle il faut garder un peu d'énergie, un peu plus d'engagement car plus simple comparée aux autres.

RETOUR 15 MINUTES

Du sommet, rejoindre la sente vers la gauche qui longe les falaises et rejoint rapidement le parking du belvédère de la Carelle.

© Maxime Poirier

MERCANTOUR
(ERPS, PÉLAGO, COUGOURDE, MADONE)

Le Parc national du Mercantour, qui a déjà 44 ans d'existence en 2023, s'étend sur une superficie de 679 km^2 pour le cœur du parc et 1 083 pour l'aire d'adhésion, ce qui représente un total de 1 762 km^2. À ce jour, 23 communes adhérent à la charte du Parc. Son point culminant est la cime du Gélas à 3 143 m d'altitude, les zones les plus basses se situent dans la vallée de la Bévéra à 480 m d'altitude. Ce vaste espace reçoit l'influence de deux climats, méditerranéen et alpin, ayant pour conséquence une flore très abondante.
Pour plus d'informations : www.mercantour-parcnational.fr

Les trois sites du Mercantour présentés ici sont assez regroupés au-dessus du village de Saint-Martin-Vésubie et de la petite station du Boréon et du sanctuaire de la Madone de Fenestre. Si la Cougourde est un peu le rocher symbolique de ce massif, il ne se limite pas à cela et les possibilités sont très nombreuses tant en escalade rocheuse qu'en alpinisme, à ski de randonnée et bien sûr en randonnée…

On a affaire ici à des voies montagnes avec tout ce que cela implique (température, marche d'approche, gestion de l'horaire, parfois recherche de l'itinéraire…). Au final, ces ascensions rocheuses (estivales, préférez de juin à septembre pour l'escalade rocheuse) dans le Mercantour en font des sorties montagnes très complètes. De vraies marches d'approche avec dénivelé, des descentes parfois longues à gérer et donc un timing à respecter seront au menu des ascensions de ces grandes voies. On se trouve ici dans un style bien différent de celui des Calanques ou du Cap Canaille…

Mercantour

Mercantour, lac de Vens

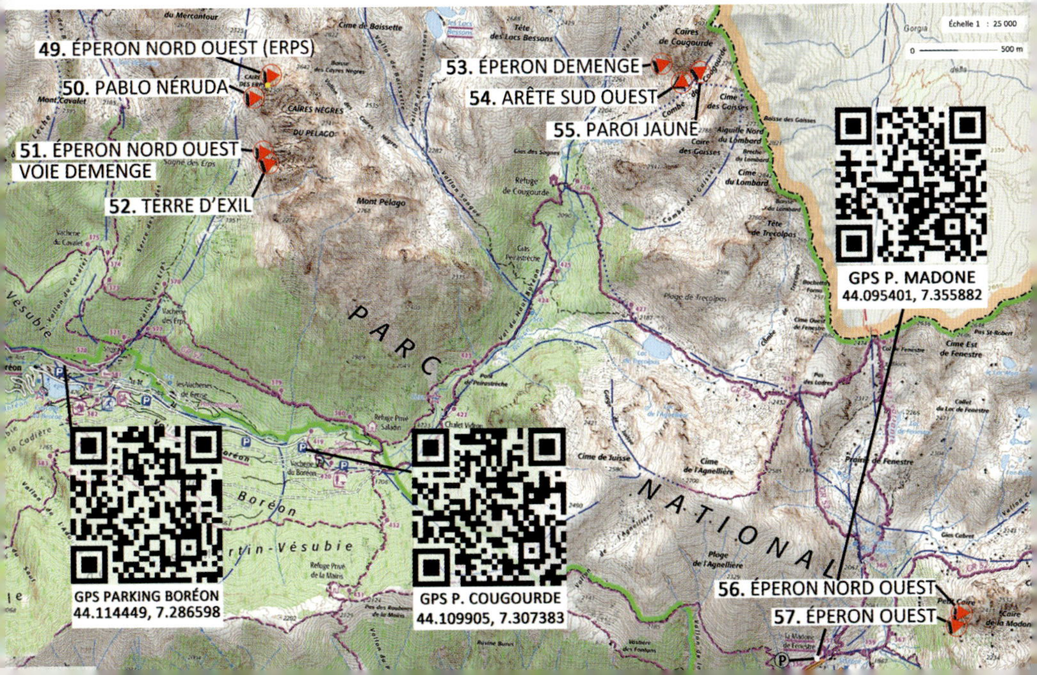
49. ÉPERON NORD OUEST (ERPS)
50. PABLO NÉRUDA
51. ÉPERON NORD OUEST
VOIE DEMENGE
52. TERRE D'EXIL
53. ÉPERON DEMENGE
54. ARÊTE SUD OUEST
55. PAROI JAUNE
56. ÉPERON NORD OUEST
57. ÉPERON OUEST
GPS P. MADONE
44.095401, 7.355882
GPS PARKING BORÉON
44.114449, 7.286598
GPS P. COUGOURDE
44.109905, 7.307383
PARC
NATIONAL
Échelle 1 : 25 000
500 m

PELAGO, CAYRE DES ERPS ET TRIANGLE DU PELAGO

49 | ÉPERON NORD-OUEST (CAYRE DES ERPS)

200 m - TD- 5c max, 5b obl./P2+ Terrain d'av.

Il s'agit d'une très belle voie (très partiellement équipée) idéale pour s'initier à l'escalade traditionnelle sur coinceurs et au style voie montagne. Ouverte pour la partie inférieure en 1953 par G. Chabert et G. Meunier et pour la partie supérieure en 1952 par J. Mari et J.-M. Morisset, elle fait partie du vaste massif rocheux du Pélago.

PÉRIODE FAVORABLE

Voie montagne et en altitude, privilégier mai à septembre pour l'escalade rocheuse. (Nombreuses possibilités pour l'alpi hivernal).

ACCÈS ROUTIER

Depuis Nice, remonter la plaine du Var et s'engager dans la vallée de la Vésubie par la M2565 (route de la Vésubie). Dépasser Saint-Martin-Vésubie pour continuer à monter au nord par la M89 pendant 9 km. Juste après le parc animalier Alpha, prendre sur la gauche la route du Col de Salèse sur quelques centaines de mètres et se garer sur le bord droit, juste à côté de la route qui monte au gîte du Boréon (200 m plus loin). Compter 80 km depuis le centre-ville de Nice et 1 h 40 de trajet.
Point GPS parking du Boréon : 44.114449, 7.286598

APPROCHE 800D+, 2 H

Depuis le parking, remonter à pied la route goudronnée qui passe devant le gîte du Boréon et rapidement prendre le sentier qui remonte le vallon des Erps. (Le gîte du Boréon est à 1 530 m d'altitude et le pied de la voie est à 2 300 m). Au niveau de la vacherie des Erps, continuer tout droit sur la petite sente qui monte pendant encore une bonne heure. À l'altitude 2 200 m environ, sur un replat, se diriger dans le pierrier vers le Cayre des Erps visible sur la droite, tour au sommet effilé qui se détache du Pélago. Viser la partie gauche du Cayre, au nord-ouest. Le départ de la voie est signalé par un reste de cairn et démarre dans un dièdre peu marqué sous des surplombs.

ÉQUIPEMENT SPÉCIFIQUE

1 jeu complet de coinceurs (friends) du 0.3 au 3, câblés, sangles, 12 dégaines, équipement terrain d'aventure.

ITINÉRAIRE

L1 (5c), 30 m : Démarrer en remontant des dalles aux protections pas évidentes à placer, puis section herbeuse avant un dièdre avec 1 point assez haut. Un mur raide sur la gauche avant le relais.
L2 (5c), 30 m : Succession de dalles, 1 point, dièdre vertical, 2 points puis relais sur la gauche.

Face ouest du Cayre des Erps

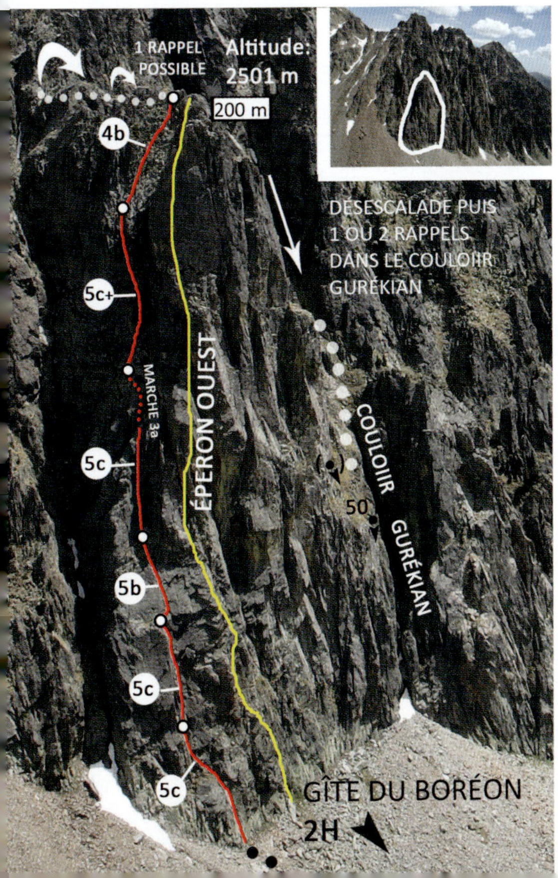

Dernier rappel proche du couloir Gurékian

L3 (5b), 20 m : Une belle fissure en dalle peu inclinée à remonter, ascendance à gauche avec zone herbeuse puis relais.
L4 (5c), 40 m : Gravir un dièdre avant de traverser sur la gauche, passer 2 petits ressauts puis relais sur becquet.
L5 (5c+), 35 m : Remonter une fissure assez athlétique mais large avec des blocs coincés à l'intérieur et en sortir par la gauche avant de remonter un dièdre fissure, 1 point sous le relais.
L6 (4b), 40 m : Gradins herbeux et rocheux faciles, rester vigilant au rocher et faire le relais final sur un becquet au sommet.

RETOUR 1 H 30

Du sommet, continuer sur l'arête (vers le sommet du Pélago) jusqu'à un becquet sur la droite avec sangles et anneaux de corde. Faire un rappel de 50 m pour continuer la descente du couloir à pied (pente herbeuse assez raide avec pierres). Au niveau d'un coude sur la droite, on peut suivre une vire avec cairns, remonter un peu et descendre en 2 rappels de 30 et 40 m. On peut aussi descendre en 1 seul rappel de 50 m, ce dernier se trouve une quinzaine de mètres sous celui de 30 m, non visible depuis la terrasse herbeuse. Se pencher pour l'apercevoir.

Antoine au sommet du Cayre des Erps

50 | PABLO NÉRUDA (CAYRE DES ERPS)

220 m - TD+ 6b+ max, 6b obl./P3 Terrain d'av.

Portant le nom d'un illustre poète, écrivain et homme politique du Chili de la première moitié du XXe siècle, cette voie ouverte par P. Berhault et P. Brizzi est un incontournable du Mercantour dans ce niveau et en terrain d'aventure.

Tom dans la longueur clé, L2 (6b+)

PÉRIODE FAVORABLE

Voie montagne et en altitude, privilégier mai à septembre.

ACCÈS ROUTIER

Idem voie 49.

APPROCHE 800D+, 2 H

Idem voie 49, en se rapprochant du Cayre, il faut viser sa partie droite vers le sud-ouest, en remontant l'éboulis. Le départ commence dans un couloir herbeux se terminant par un dièdre fermé.

ÉQUIPEMENT SPÉCIFIQUE

2 jeux complets de coinceurs (friends) du #0.3 au #3, câblés, sangles, 12 dégaines, équipement terrain d'aventure complet (quelques pitons en place).

ITINÉRAIRE

L1 (5b), 30 m : Remonter des dalles herbeuses jusqu'à buter sur un dièdre, 1 piton.
L2 (6b+), 30 m : Très belle longueur en dièdre et fissures, l'ensemble très athlétique. Après le dièdre, basculer à droite et monter jusqu'au relais.

COUGOURDE
CAYRE DES ERPS
TRIANGLE DU PÉLAGO
220 m
Altitude 2501 m
5c+
6b
6a
50 m
6b+
5b
ÉPERON OUEST
LES BARBUS
PILIER SW
COULOIR GUREKIAN
GÎTE DU BORÉON 2H

L3 (6a), 55 m : Continuer au-dessus du relais en suivant des fissures pour arriver à une vire, la dépasser et zigzaguer un peu pour sortir par la gauche à travers un petit toit avec un piton visible au dernier moment, puis remonter une dalle par la gauche jusqu'au relais.
L4 (6b), 30 m : Remonter le fil du pilier au-dessus du relais, 2 pitons, sortir à gauche après la fissure large et continuer jusqu'à la vire, relais sur becquet.
L5 (5c+), 50 m : Rejoindre la voie SW, monter dans la belle dalle fissurée assez physique, passer une grosse écaille pour arriver à un relais chaîné un peu sous le sommet (qu'on peut rejoindre à pied à 15 m).

RETOUR 1 H30

Du sommet, on pourra descendre en deux rappels (ceux de la SW) jusqu'au relais de L2 puis marcher à peine 20 m en descente pour accéder au troisième rappel de 50 m (celui qui se trouve en contrebas de la pente herbeuse), qui se termine en bas du couloir Gurékian.

Tom à l'approche du Cayre des Erps

L3 (6a)

51 | ÉPERON NO, VOIE DEMENGE

(Triangle du Pélago)

200 m TD- 5c+ max, 5c obl./P1+

Située sur l'arête nord-ouest du Triangle du Pélago, cette voie a été ouverte par G. Demenge et J.-L. Martinoty en 1962. Son équipement a été revu en 1999 avec des goujons et l'ajout de deux nouvelles longueurs. À l'origine, l'itinéraire menait au sommet du Pélago par une longue arête, soit 600 m d'escalade en tout. Aujourd'hui, la grande voie s'arrête au sommet du Triangle du Pélago à l'altitude 2 370 m, ce qui représente tout de même 200 m d'ascension. Au soleil en toute fin de matinée.

PÉRIODE FAVORABLE

Voie montagne et en altitude, privilégier mai à septembre.

ACCÈS ROUTIER

Idem voies 49 et 50.
Point GPS parking du Boréon : 44.114449, 7.286598

APPROCHE 700D+, 1H30

Depuis le parking, remonter à pied la route goudronnée qui passe devant le gîte du Boréon et rapidement prendre le sentier qui remonte le vallon des Erps. Le gîte du Boréon est à 1 530 m d'altitude et le début de la voie est à 2 300 m. Au niveau de la vacherie des Erps, continuer la petite sente qui monte raide pendant encore 30 minutes. À l'altitude 2 100 m environ, quitter la sente vers la droite, traverser le vallon et le torrent en direction de la base du Triangle du Pélago bien visible, en passant par le vaste pierrier. Sur la gauche du Triangle (à sa base), il y a deux voies équipées voisines, prendre celle la plus à gauche. Compter 700 m de dénivelé pour l'approche jusqu'au départ de la voie.

© Alexandre Cossonet

ÉQUIPEMENT SPÉCIFIQUE

12 dégaines, sangles, matériel grande voie sportive, friends de #0.5 à #1 peuvent aider (mais pas indispensables).

ITINÉRAIRE

L1 (5c+), 48 m : Démarrer par une belle dalle en légère ascendance à gauche.
L2 (5c), 45 m : Dès le premier point au-dessus du relais, traverser à gauche puis remonter une dalle, relais sur la droite après un petit toit à contourner.
L3 (5b) : Gravir une courte dalle avant de basculer à gauche du fil de l'arête pour remonter un dièdre. Rejoindre le fil de l'arête par une dalle.
L4 (4a) : Continuer sur l'arête, passages faciles, jusqu'à une vire confortable au pied d'un ressaut, relais à construire.
L5 (5c+) : Grimper la fissure oblique puis revenir vers une cheminée rampe vers la gauche, passer derrière le fil et remonter une dalle peu inclinée.
L6 (5a) : Continuer sur le fil jusqu'au dernier relais sur une bonne vire.

RETOUR 5 RAPPELS, 1 H 15

La descente, même si elle est possible, est déconseillée dans la ligne. Il est préférable de suivre les 5 ou 6 rappels de l'*Envol du Destin*. Pour cela, traverser quelques mètres à l'horizontale vers la droite et gravir une cheminée facile avec un arbre (cotée 3, non équipée). À la sortie de cette cheminée, redescendre un peu à droite pour trouver le relais du rappel. Il est conseillé de ne pas sauter les premiers rappels, uniquement les deux derniers. Du sol, reprendre le chemin d'accès.

Départ de la voie © Alexandre Cossonet

52 | TERRE D'EXIL (Triangle du Pélago)

200 m - TD 6a max, 5c+ obl./P1+

Cette voie parcourt la face du Triangle du Pélago, presque au niveau de sa médiatrice. Elle a été ouverte en 1999 et 2000 par T. Beunard, M. Carle, D. François, M. Guillerot et P. Petitjean. Homogène dans les difficultés avec un équipement parfois un peu aéré, témoin d'une époque où les points étaient moins nombreux dans les longueurs. L'escalade y est très belle sur un excellent gneiss.

PÉRIODE FAVORABLE

Voie montagne et en altitude, privilégier mai à septembre.

ACCÈS ROUTIER

Idem voies 49, 50 et 51.
Point GPS parking du Boréon : 44.114449, 7.286598

APPROCHE 700D+, 1H30

Idem voie 51, le départ de la voie se situe juste à gauche du point le plus bas de la face, cairn au pied.

ÉQUIPEMENT SPÉCIFIQUE

12 dégaines, sangles, matériel grande voie sportive, quelques friends peuvent aider (mais pas indispensables).

ITINÉRAIRE

L1 (6a) : Commencer par un petit surplomb à passer puis longue dalle, faire un crochet à droite (et pas à gauche) dans le dernier tiers.
L2 (5c) : Section facile avant une cheminée « renfougne ».
L3 (5c) : En ascendance à gauche puis très belle dalle fine.
L4 (5b) : Cheminée avec blocs coincés puis dalle vers la droite.
L5 (4a) : Traversée horizontale sur la droite avec un pas de désescalade (possibilité d'enchaîner L4 et L5 en gérant le tirage).
L6 (6a+) : Départ en traversée à droite puis dalle technique très belle.
L7 (5c) : Prolongement dalle technique et fissure.
L8 (5c) : Succession fissure puis dièdre-cheminée, final en dalle sur la gauche.

RETOUR 5 RAPPELS, 1H15

Idem voie 51.

© Philippe Mergnat

Approche finale du Triangle du Pélago

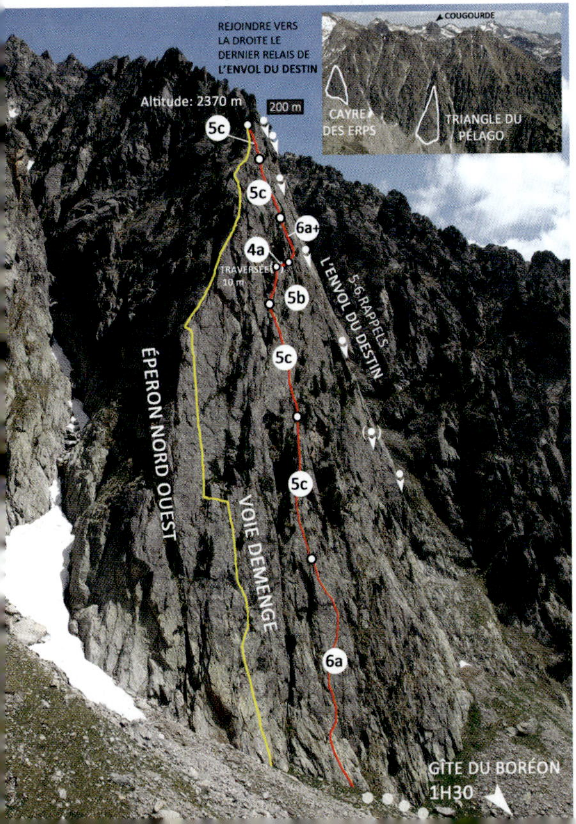

Éric

Éric au sommet

COUGOURDE

Sommet emblématique du Mercantour, La Cougourde se dresse un peu tel « un phare rocheux » sur son promontoire, point de repère de la vallée de la Vésubie, accessible depuis le Boréon et un peu au-dessus lorsque la route est ouverte.

53 | ÉPERON DEMENGE (Cougourde)

360 m - TD- 6a max, 5c obl./P2, TA

Dans leur topo *Les plus belles courses des Alpes de la Méditerranée*, Nicolas Féraud et Jean-Claude Raibaud écrivent que l'*Éperon Demenge* est un peu à la Cougourde ce que la *Demande* est au Verdon ou l'*Arête de Marseille* aux Calanques : une voie d'ampleur remarquable et historique avec équipement à compléter dès que le rocher le permet. L'itinéraire louvoie astucieusement sur cet excellent gneiss alternant dièdres, dalles sculptées et traversées. Même si des points parsèment la voie tout du long, il faut avoir un sens de l'itinéraire et du timing pour gérer cette voie montagne. Ne pas sous-estimer la descente du sommet, deux bonnes heures seront nécessaires pour rejoindre le refuge de la Cougourde. (Du refuge, il faudra encore 1 h 15 pour rejoindre le parking au-dessus du Boréon).

PÉRIODE FAVORABLE

Voie montagne et en altitude, privilégier mai à septembre.

ACCÈS ROUTIER

Depuis Nice, remonter la plaine du Var et s'engager dans la vallée de la Vésubie par la route de la Vésubie (M2565). Dépasser Saint-Martin-Vésubie pour continuer à monter au nord par la M89 pendant 9 km. Juste après le parc animalier Alpha, prendre sur la droite la D189 et se garer tout au bout, à proximité du parking du restaurant l'Alpage (altitude 1 700 m).

Point GPS parking Cougourde : 44.109905, 7.307383

APPROCHE : DU PARKING (1 700 M) JUSQU'AU REFUGE DE LA COUGOURDE (2 110 M) 410 D+ 1 H 45, DU REFUGE JUSQU'AU DÉPART DE LA VOIE (2 530 M) 420D+ 1 H 30

Depuis le refuge, suivre le sentier cairné qui monte en direction de La Cougourde. À l'altitude 2 470 m, quitter la sente pour passer un autre ressaut en suivant des cairns. Traverser vers la gauche dans le pierrier en suivant la face ouest qui reste éloignée. Descendre sous un ressaut rocheux, la voie démarre derrière un promontoire et une cinquantaine de mètres à droite du grand couloir séparant les cimes 3 et 4.

ÉQUIPEMENT SPÉCIFIQUE

1 jeu complet de coinceurs (friends) du 0.3 au 3, câblés, sangles, 10 dégaines dont rallongeables, équipement terrain d'aventure.

La Cougourde, fin de l'hiver

ITINÉRAIRE

L1 (4c), 40 m : Remonter en légère ascendance à gauche une fissure puis vers la gauche.
L2 (5b), 45 m : Continuer par un dièdre puis une rampe et un petit pilier toujours vers la gauche.
L3 (5b), 25 m : Gravir la dalle vers la gauche.
L4 (5a), 40 m : Traverser quelques mètres à gauche, dièdre au départ puis dalle.
L5 (6a), 30 m : En oblique vers la droite, remonter des écailles fragiles jusqu'au dièdre avec un passage en 6a.
L6 (5c), 45 m : Remonter le dièdre.
L7 (4a), 50 m : Finir dans le dièdre pour aller vers la droite (15 m) jusqu'au pied d'une dalle colorée.
L8 (5c+), 25 m : Gravir la dalle en revenant vers la gauche.
L9 (4c), 50 m : 2 m de traversée à gauche puis remonter un pilier.
L10 (5c), 30 m : Grimper vers la droite jusqu'à une fissure.
L11 (4c), 30 m : Revenir vers la gauche en traversée horizontale proche du fil de l'éperon et passer un dièdre noir.
L12 (4b), 30 m : Quelques ressauts à franchir, proche de l'éperon, le final devient plus facile jusqu'au sommet.

RETOUR REFUGE 1 H 30

Depuis la cime 4, faire un rappel (chaîne) de 25 m amenant à la brèche des cimes 3-4, rejoindre en escalade et désescalade facile la brèche entre les cimes 3-2 pour emprunter le couloir de descente. Prendre à gauche lorsque le couloir se divise en deux, en suivant des cairns. Plusieurs rappels sur anneaux de corde en place possible, descente assez exposée. Une fois au pied de la face est, rejoindre le bas de l'arête sud-ouest et passer versant ouest pour redescendre au refuge de la Cougourde. Le temps à prévoir pour l'ensemble de cette descente n'est pas à négliger (frontale indispensable).

Louis Demange dans l'Éperon Demenge

Le gneiss de la Cougourde

54 | ARÊTE SUD-OUEST (Cougourde)

300 m - AD+, 4c max, 4c obl./P2, Terrain d'av.

Cette voie constitue l'itinéraire d'escalade le plus simple pour arriver au sommet de la Cougourde, en cheminant à proximité du fil de l'arête. Elle bénéficie des premiers rayons du soleil. Ouverte en 1927 par P. Jeannel de Thiersant, P. Rouyer, J. Tordo, R. Tourmayeff, J. de Villeroy, elle est adaptée pour emmener des apprentis grimpeurs/alpinistes. Attention toutefois à bien rester vigilant au rocher, des blocs peuvent devenir instables avec le réchauffement climatique et les évolutions météo au fil des années. Dans le style voie montagne, la gestion et recherche d'itinéraire seront à bien prendre en compte.

PÉRIODE FAVORABLE

Voie montagne et en altitude, privilégier mai à septembre.

ACCÈS ROUTIER

Idem voie 53.
Point GPS parking Cougourde : 44.109905, 7.307383

APPROCHE : DU PARKING (1 700 M) JUSQU'AU REFUGE DE LA COUGOURDE (2 110 M) 410 D+ 1 H 45, DU REFUGE JUSQU'AU DÉPART DE LA VOIE (2 600 M) 540D+ 1 H 30

Depuis le refuge, suivre le sentier cairné qui monte en direction de la Cougourde. À l'altitude 2 470 m, quitter la sente pour passer un autre ressaut en suivant des cairns. Continuer sur une sente et contourner par la droite la base du promontoire rocheux. Le départ de la voie se situe au niveau de l'épaule rocheuse séparant le versant ouest du versant sud.

ÉQUIPEMENT SPÉCIFIQUE

Petit jeu de coinceurs (friends) du #0.3 au #2, câblés, sangles, 8 dégaines, équipement terrain d'aventure.

ITINÉRAIRE

L1 (3c) : Depuis la base de l'arête, traverser vers la gauche pour dépasser un pilier et arriver au pied d'un dièdre.
L2 (4c) : Remonter la fissure dièdre pour en sortir vers la droite.
L3 (4c) : Continuer en ascendance à gauche en dépassant un vieux relais,

Arête sud-ouest © Philippe Mergnat

Arrivée au sommet de la Cime IV © Philippe Mergnat

remonter fissure et écailles pour arriver sur une vire à gauche.
L4 (3c) : Rampe herbeuse puis dalle à remonter.
L5 (3c) : Continuer dans les dalles.
L6 (4b) : Monter jusqu'à un petit surplomb à dépasser pour arriver sur la terrasse de l'*Épaule de l'arête sud-ouest*.
L7 (4b) : Rejoindre l'arête, soit en ascendance à gauche depuis la vire, soit tout droit puis suivre le fil qui se couche, au plus simple jusqu'au sommet de la cime 4.

RETOUR REFUGE 5 RAPPELS 1 H30

Deux options sont possibles :
- Soit en 5 rappels chaînés (différents de ceux de la montée) depuis l'épaule.
- Soit idem voie 53.

55 | PAROI JAUNE (Cougourde)

250 m - TD 6a+ max, 6a obl./ P2, Terrain d'av.

Moins connue que la face ouest de la Cougourde, cette face présente des intérêts certains. Sa raideur, son exposition et son aspect sont ses principales caractéristiques. Son ouverture date de 1957 par F. Cravoisier, G. Demenge, M. Dufranc et É. Isch-Wall. On doit sa couleur jaune assez vive au lichen qui couvre une bonne partie de la roche, mais qui, par chance, ne vient pas nuire à l'adhérence des chaussons.

Vue sur la face est du Pélago

PÉRIODE FAVORABLE

Voie montagne et en altitude, privilégier mai à septembre.

ACCÈS ROUTIER

Idem voie 53.
Point GPS parking Cougourde: 44.109905, 7.307383

APPROCHE: DU PARKING (1 700 M) JUSQU'AU REFUGE DE LA COUGOURDE (2 110 M) 410 D+, 1 H45 DU REFUGE JUSQU'AU DÉPART DE LA VOIE (2 600 M) 550D+, 1 H30

Depuis le refuge, suivre le sentier cairné qui monte en direction de La Cougourde. À l'altitude 2 470 m, quitter la sente pour passer un autre ressaut à proximité du pied de l'arête sud-ouest. Le départ de la voie se situe à une cinquantaine de mètres à droite, versant sud.

Le lichen de la Paroi Jaune © Mathieu Stephan

ÉQUIPEMENT SPÉCIFIQUE

Petit jeu de coinceurs (friends) du #0.3 au #2, câblés, sangles, 8 dégaines, équipement terrain d'aventure.

ITINÉRAIRE

L1 (4c) : Remonter des dalles claires en ascendance à droite.
L2 (6a ou 5b) : Continuer par un dièdre peu incliné puis continuer à gauche jusqu'à une vire et ensuite une section avec écailles raides et dalle. Possibilité de variante en 5b en faisant un crochet par la droite.
L3 (5c) : Traverser à gauche vers une écaille puis remonter un dièdre bien équipé.
L4 (6a+/A0) : Continuer vers la droite avec un petit surplomb et un pas de bloc à passer ainsi qu'un dièdre raide.
L5 (4c) : En ascendance à droite par une petite vire, puis vers la gauche par des blocs jusqu'à la grande terrasse.
L6 (3c) : Marche puis 3c. Suivre le cheminement de l'arête sud-ouest jusqu'au sommet.

RETOUR REFUGE 1 H 30

Idem voie 54.

CIME IV
2892 m
250 m
CIME III
2904 m
CIME II
2921 m
DESCENTE
RAPPELS
ARÊTE SW
25 m
3c
MARCHE
DESCENTE
PLUSIEURS
RAPPELS POSSIBLES
SUR BECQUETS
4c
6a+/A0
5c
5b
6a
4c
4c
REFUGE DE
LA COUGOURDE 1H30

MADONE DE FENESTRE

Les vallées de la Vésubie et du Boréon ont été lourdement touchées en octobre 2020 par la tempête Alex. Elles ont depuis su se relever au prix d'immenses efforts mais les cicatrices sont encore visibles. Le sanctuaire de la Madone est quant à lui resté intact et constitue toujours le point de départ de nombreuses excursions dans cette vallée, été comme hiver.

56 | PILIER NO (Petit Cayre de la Madone)

180 m - TD- 6a max, 5c obl./ P2, TA

Ce beau pilier sur le petit Cayre de la Madone a été ouvert en 1956 par C. Barillier, J. Botton, J. Chabrier, F. Cravoisier, G. et N. Dufour. La voie a été rééquipée en 2000 en goujons inox. À l'ombre la majeure partie du temps, idéale pour les journées chaudes d'été, sur un gneiss de qualité et parcourant astucieusement la ligne de faiblesse et les aspérités du rocher de cette tour, c'est une classique qui ne se démode pas.

PÉRIODE FAVORABLE

Voie montagne et en altitude, privilégier mai à septembre.

ACCÈS ROUTIER

Depuis Nice, remonter la plaine du Var et s'engager dans la vallée de la Vésubie (route de la Vésubie) par la M2565 jusqu'à Saint-Martin-Vésubie. Du centre-ville, prendre sur la droite en montée le chemin de la Madone-de-Fenestre (suivre les panneaux), M94 et rouler 11,4 km jusqu'au sanctuaire pour s'y garer.
Point GPS parking sanctuaire de la Madone de Fenestre: 44.095401, 7.355882

APPROCHE 1 H

Du sanctuaire de la Madone, prendre le GR52 qui passe derrière la chapelle. (On peut aussi le rejoindre en se garant un peu en contrebas et en passant devant la vacherie). Après environ 40 minutes de marche et à l'altitude 2170 m environ, quitter le GR pour prendre à droite une sente en direction du couloir menant à la brèche entre le Petit et le Grand Cayre. Arrivé au pied de la face nord du petit Cayre, traverser à droite pour arriver au pied de la première longueur sur l'Éperon nord-ouest.

ÉQUIPEMENT SPÉCIFIQUE

1 jeu de coinceurs (friends) du 0.3 au 3, sangles, dégaines, équipement terrain d'aventure.

ITINÉRAIRE

L1 (4a), 15 m: Traverser à droite, aérien mais facile, pour arriver au pied du dièdre.
L2 (5c), 30 m: Superbe dièdre à remonter.
L3 (5a), 25 m: Continuer par de la dalle vers la gauche et une rampe menant juste sous l'arête.
L4 (5c), 20 m: Basculer versant nord pour

180 m
Altitude: 2413 m
5b
6a
5c
6a
5a
5c
4a
DESCENTE DU PETIT CAYRE
ÉPERON OUEST
APPROCHE 1h
APPROCHE 45 mn
VERS GR52 PUIS SANCTUAIRE DE LA MADONE DE FENESTRE

remonter un très beau dièdre raide qui se protège très bien et en sortir par la droite sur le fil.
L4' (6a), 20 m : Cette variante consiste à continuer tout droit au-dessus du relais, avec un pas un peu engagé.
L5 (6a), 30 m : Mur vertical puis dièdre jaune avec fissures, un pas de bloc.
L6 (5b), 45 m : Monter d'abord un petit couloir rocheux puis des ressauts et un petit mur vers la droite jusqu'à l'arête. Continuer sur l'arête jusqu'au sommet.

RETOUR 1 RAPPEL (FACULTATIF) 50 MIN

Il y a plusieurs possibilités. Celle décrite ici consiste à rejoindre le sommet par quelques pas d'escalade facile, puis désescalader quelques mètres côté est jusqu'à un arbre avec anneau de rappel. Descendre par un rappel de 50 m dans la brèche puis dans un couloir au nord pour rejoindre le couloir de descente. Rejoindre ensuite en descendant l'itinéraire d'accès.

Éric à l'approche du petit Cayre de la Madone

Le petit Cayre dominant le sanctuaire de la Madone

Dans L6 juste avant la pluie

57 | ÉPERON OUEST (PETIT CAYRE DE LA MADONE)

180 m - D+ 5c+ max, 5b obl./P2 TA

Comparable au *Pilier nord-ouest* en un peu plus facile, ouvert en 1961 par J.-L. Otto-Bruc et P. Roux, l'*Éperon ouest* constitue un bon itinéraire pour pratiquer l'initiation en voie montagne et terrain d'aventure. L'escalade y est plaisante sans être trop soutenue, l'équipement en place est à compléter pour apprendre ou perfectionner le maniement et la pose des coinceurs, le tout dans un superbe cadre.

PÉRIODE FAVORABLE

Voie montagne et en altitude, privilégier mai à septembre.

ACCÈS ROUTIER

Idem voie 56.
Point GPS parking sanctuaire de la Madone de Fenestre : 44.095401, 7.355882

APPROCHE 45 MINUTES

Idem voie 56, ne pas remonter jusqu'au pied de la face nord mais dans le pierrier obliquer à droite, vers le pied de la face ouest. Le départ de la voie commence sur un pilier à droite d'un dièdre jaune facilement identifiable depuis l'accès, il s'agit du « *Dièdre des Parisiens* ».

ÉQUIPEMENT SPÉCIFIQUE

1 jeu de coinceurs (friends), sangles, dégaines, équipement terrain d'aventure.

ITINÉRAIRE

L1 (3b) : Pilier à remonter en ascendance générale à droite.
L2 (5c+) : Continuer par une grande dalle fissurée puis mur raide.
L3 (4c) : Remonter une dalle en ascendance à gauche, relais caché dans un dièdre.
L4 (5b) : Continuer à progresser sur la dalle.
L5 (4c) : Dans le prolongement de L4 en plus facile avec des blocs coincés.
L6 (5b) : Longueur commune avec le *Pilier nord-ouest*, petit couloir puis ressaut raide et vers la droite pour rejoindre le fil de l'arête jusqu'au sommet.

RETOUR 1 RAPPEL (FACULTATIF) 50 MIN

Idem voie 56.

Tom au sommet © Alexandre Cossonet

Proche du sommet © Philippe Mergnat

CÉÜSE

Souvent appelée « la reine des falaises », Céüse est l'incarnation d'une falaise majestueuse, trônant au sommet d'un mont telle une couronne exposée au sud et dont les falaises vont d'ouest en est sur près de 4 km. On l'aperçoit aisément depuis la vallée avant d'arriver à Gap et même depuis la sortie de l'autoroute A51. Cela ne fait qu'attiser la convoitise de la découvrir, la parcourir et atteindre son plateau, vaste prairie herbeuse que l'on pourrait comparer à celle du Mont Aiguille en beaucoup plus étendue. L'appellation « paroi de légende » n'est pas usurpée ; le plateau culmine à 2016 m d'altitude et permet d'admirer tous les massifs montagneux alentour.

Avec plus de 600 voies à ce jour, l'escalade a commencé à se développer sur la falaise dans les années 75-80, et aura vu passer jusqu'à aujourd'hui : Jean-Christophe Lafaille, Patrick Edlinger, Chris Sharma, Dave Graham, Arnaud Petit, Enzo Oddo, Seb Bouin et bien d'autres encore… qui n'ont pas fini d'y retourner ! Si la falaise est réputée pour ses couennes de haut niveau, elle ne se limite pas à ces voies extrêmes et les possibilités existent dans tous les niveaux avec de belles voies jusqu'à 4-5 longueurs. Les voies récentes ne sont plus aussi engagées que celles de l'époque. Avec le camping des Guérins (essentiellement rempli de grimpeurs) situé au départ de la marche d'approche, toutes les commodités sont réunies pour passer un parfait séjour de grimpe sur cet écrin minéral de calcaire massif.

Céüse, reine des falaises

Céüse

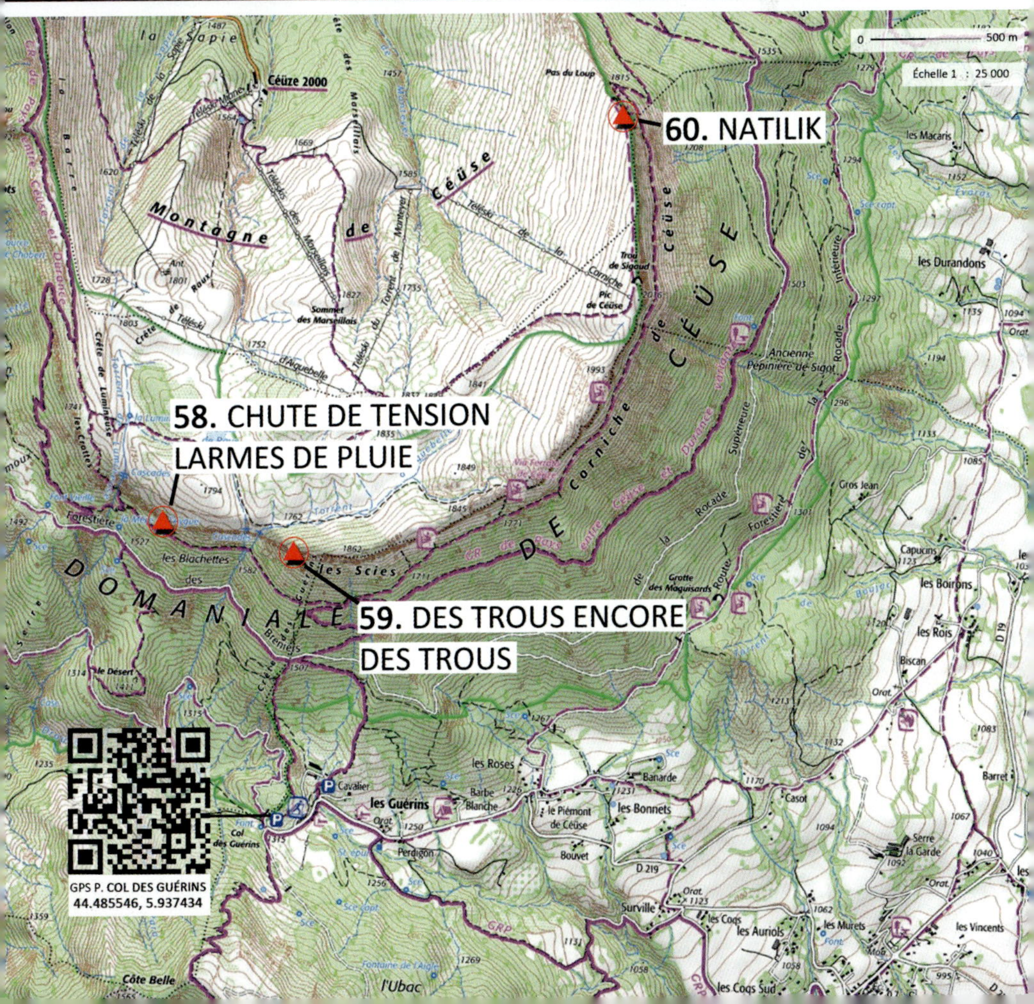
0 500 m
Échelle 1 : 25 000
Céüse 2000
Montagne de Céüse
60. NATILIK
58. CHUTE DE TENSION
LARMES DE PLUIE
59. DES TROUS ENCORE
DES TROUS
DOMANIALE DE CÉÜSE
les Guérins
GPS P. COL DES GUÉRINS
44.485546, 5.937434

Lucien, Run Away (8b), Céüse © Sam Bié

58 | CHUTE DE TENSION + LARMES DE PLUIE

100 m - D+ 6b max, 6a obl./ P1

Plusieurs voies de quatre longueurs présentées ici méritent un réel intérêt. Il s'agit d'un secteur ouest à tendance dalle, accessible en niveau, équipement type moderne, le rocher y est excellent et les voies de qualité pour de petites envolées. Pour ceux qui découvrent Céüse pour la première fois et qui seraient impressionnés par les dévers ou le mur imposant de *Biographie*, il s'agit d'un secteur très adapté pour se familiariser au rocher ainsi qu'au style de grimpe.

PÉRIODE FAVORABLE

Avec une altitude de 2016 m au sommet du plateau, la neige est très souvent présente au pied des voies en hiver. Printemps et automne sont agréables. En été, privilégier les voies à l'ombre.

ACCÈS ROUTIER

La falaise est située à une vingtaine de kilomètres de Gap et est bien visible depuis la sortie de l'autoroute A51 avant Tallard en remontant vers le nord. Depuis la N85 (après l'autoroute A51), il faudra prendre sur la gauche vers la falaise la D219, dépasser le petit village de Sigoyer et rejoindre soit le camping, soit le col des Guérins 4,3 km après Sigoyer. Depuis Gap, prendre la D994 puis D19 et enfin D219 jusqu'au col des Guérins.

APPROCHE 1 H

Les voies présentées ici font partie des secteurs *Golots à Gogo* et *Larmes de pluie* sur la face ouest de la falaise.

Depuis le col des Guérins et le parking, prendre la piste forestière au fond à gauche jusqu'à ce qu'elle coupe un torrent. Prendre à ce niveau la sente qui monte raide jusqu'à couper de nouveau une piste forestière plus haute. La prendre vers la gauche et assez rapidement tourner à droite via une sente qui monte au secteur *Golots à Gogo*.

ÉQUIPEMENT SPÉCIFIQUE

15 dégaines, matériel grande voie sportive.

ITINÉRAIRES

***Chute de tension* (6a+, 6a, 5b) :** Ouverture de P. Borel et R. Poudou en 1983, rééquipement en 2018.
***Golots à Gogo* (6b, 6a, 5c) :** Ouverture de D. Badaroux et C. Renchet en 1983.
***On ira tous au paradis* (5a, 6a, 6a+, 5a) :** Ouverture de L. Giambiasi et L. Girousse en 1989 et L2 en 1987.
***C'est Buffé* (5b+, 5b+)** puis ***Larmes de pluie* (6a+, 5b)** : Ouverture *C'est Buffé* de Y. Armand et J.-C. Lafaille en 1983.
***Larmes de pluie* (5b, 6b, 6a+, 5b) :** Ouverture de L. Giambiasi et L. Girousse en 2015.

RETOUR 3 RAPPELS, 1 H

Trois rappels mènent au pied de la falaise, prendre l'itinéraire d'accès pour un retour au parking. Possibilité de prendre en descente depuis le chemin de ronde l'itinéraire d'approche de la voie 59.

Rémy, Marie-Laure et Carole au relais

Carole

59 | DES TROUS ENCORE DES TROUS

100 m - D+ 6a max, 5c obl./ P1

Située dans le secteur de la *Cascade*, cette voie permet de parcourir la falaise davantage horizontalement que verticalement et a été ouverte par J.-C. Lafaille, P. Maestracci et D. Badaroux. Ce très bel itinéraire, accessible, sur un calcaire d'exception, chemine vers la gauche de la paroi. Trous et gouttes d'eau abondent sur ce rocher qui ne peut laisser indifférent.

PÉRIODE FAVORABLE

Avec une altitude de 2016 m au sommet du plateau, la neige est très souvent présente au pied des voies en hiver. Printemps et automne sont agréables. En été, privilégier les voies à l'ombre.

ACCÈS ROUTIER

Idem voie 58.

APPROCHE 1 H

Depuis le col des Guérins et le parking, remonter le GR dans la forêt jusqu'au chemin de ronde, le prendre vers la gauche sur quelques centaines de mètres et continuer en remontée sur la droite pour arriver à l'aplomb de la cascade. Remonter en direction de l'est vers la droite le long de la falaise pour arriver au pied de la première longueur qui démarre à gauche d'un dièdre qui traverse toute la falaise.

Jonathan et Rolland dans L3 (5b) © Sam Bié

ÉQUIPEMENT SPÉCIFIQUE

12 dégaines, sangles, matériel grande voie sportive.

ITINÉRAIRE

L1 (5b) : Démarrer à gauche du dièdre sur une sorte de pilier.
L2 (5b) : Traverser à gauche, avec quelques pas de descente au départ.
L3 (5b) : Continuer à traverser à gauche, itinéraire évident.
L4 (5b) : Idem, passage sous le toit.
L5 (6a+) : Départ sur une vire puis une strate oblique à remonter avec un pas athlétique, rétablissement sur une dalle cannelée. Prendre le relais le plus haut pour se rétablir sur le plateau.

RETOUR 2 RAPPELS, 1 H

À l'ouest de la cascade, deux rappels permettent de descendre au pied de la falaise (voie *Roman Nose*). Emprunter ensuite le sentier d'accès.

Seb dans L2 (5b)

60 | NATILIK

100 m - TD+ 6b+ max, 6a+ obl./ P2+ Terrain d'av.

Natilik est un véritable chef-d'œuvre de Céüse que l'on doit à J.-C. Lafaille (qui avait 16 ans à l'époque) et P. Macle en 1981, ouverte du bas et rééquipée en 2015 par A. Petit avec l'équipe grande voie PACA. 120 mètres de dièdres, fissures, cheminée, dalles, ramping, réta et cannelures vous emmèneront sur le plateau de Céüse. Pour information, « Natilik » était le nom du chien de P. Macle.

Symon et Manon dans L2 (6b+) © Sam Bié

PÉRIODE FAVORABLE

Avec une altitude de 2016 m au sommet du plateau, la neige est très souvent présente au pied des voies en hiver. Printemps et automne sont agréables. En été, privilégier les voies à l'ombre.

ACCÈS ROUTIER

Idem voie 58.

APPROCHE 1 H 15

Depuis le col des Guérins et le parking, remonter le GR dans la forêt jusqu'au chemin de ronde, prendre vers la droite, vers l'est, jusqu'au pied de la falaise. La longer jusqu'à voir le toit de *Natilik*. Le long de la falaise un peu avant l'aplomb du toit, dépasser une zone protégée clôturée (grillage abîmé), le départ se situe juste après au pied d'un grand dièdre sur la gauche.

ÉQUIPEMENT SPÉCIFIQUE

1 jeu complet de coinceurs (friends) du #0.3 au #4, doubler du #1 au #3, sangles, dégaines, équipement terrain d'aventure complet.

Sortie sur le plateau

ITINÉRAIRE

L1 (5c), 25 m : Dièdre évident à remonter (protections pas si faciles à placer), arriver au gros bloc, le contourner par la gauche par un passage aérien.
L2 (6b+), 25 m : Fissure large, parfois dièdre ou cheminée, athlétique, prévoir les grosses tailles (cotée 5+ à l'époque de l'ouverture !).
L3 (6a), 15 m : D'abord tout droit avec un pas de bloc sur une petite strate horizontale, puis en ascendance à gauche.
L4 (6b), 30 m : Commencer par un ramping mémorable (5c), en sortir pour passer le bombé vers la droite à protéger, pas très athlétique et pied très haut, puis relais sur la droite.
L5 (5c), 25 m : Remonter les grosses cannelures (un peu engagé) jusqu'à la vire, traversée à gauche pour remonter la dalle cannelée jusqu'au relais final.

RETOUR 2 RAPPELS, 1 H

Depuis le plateau, marcher le long de la falaise 200 m vers l'ouest pour tomber sur le premier rappel chaîné juste après une petite dalle. Descendre bien 45 à 50 mètres le premier rappel pour tomber sur le second chaîné, et ainsi descendre en deux rappels uniquement. Du pied de la paroi, prendre le sentier d'accès en descente jusqu'au col des Guérins.

Arnaud dans le passage clé de L4 (6b)

ORPIERRE

Avec plus de 550 voies réparties sur 7 secteurs, les possibilités de grimpe sont nombreuses à proximité de ce petit village authentique. Orpierre a fait tout son possible dès les années 80 pour promouvoir l'escalade et développer le potentiel des falaises environnantes. Beaucoup de commodités sont réunies ici : des approches relativement courtes, des voies de tous niveaux avec toutes les orientations. Orpierre fait partie du Parc naturel régional des Baronnies Provençales à cheval entre le Vercors, la Drôme et les Hautes-Alpes, et adhère donc à la charte du Parc.

Une ambiance très sereine et paisible domine ici, venir faire un séjour escalade à Orpierre est un excellent moyen de s'imprégner de cette atmosphère si spécifique et sympathique des Baronnies Provençales.

Pour plus d'informations : https://www.baronnies-provencales.fr/

Dièdre sud © Philippe Mergnat

N'importe où hors du monde © Philippe Mergnat

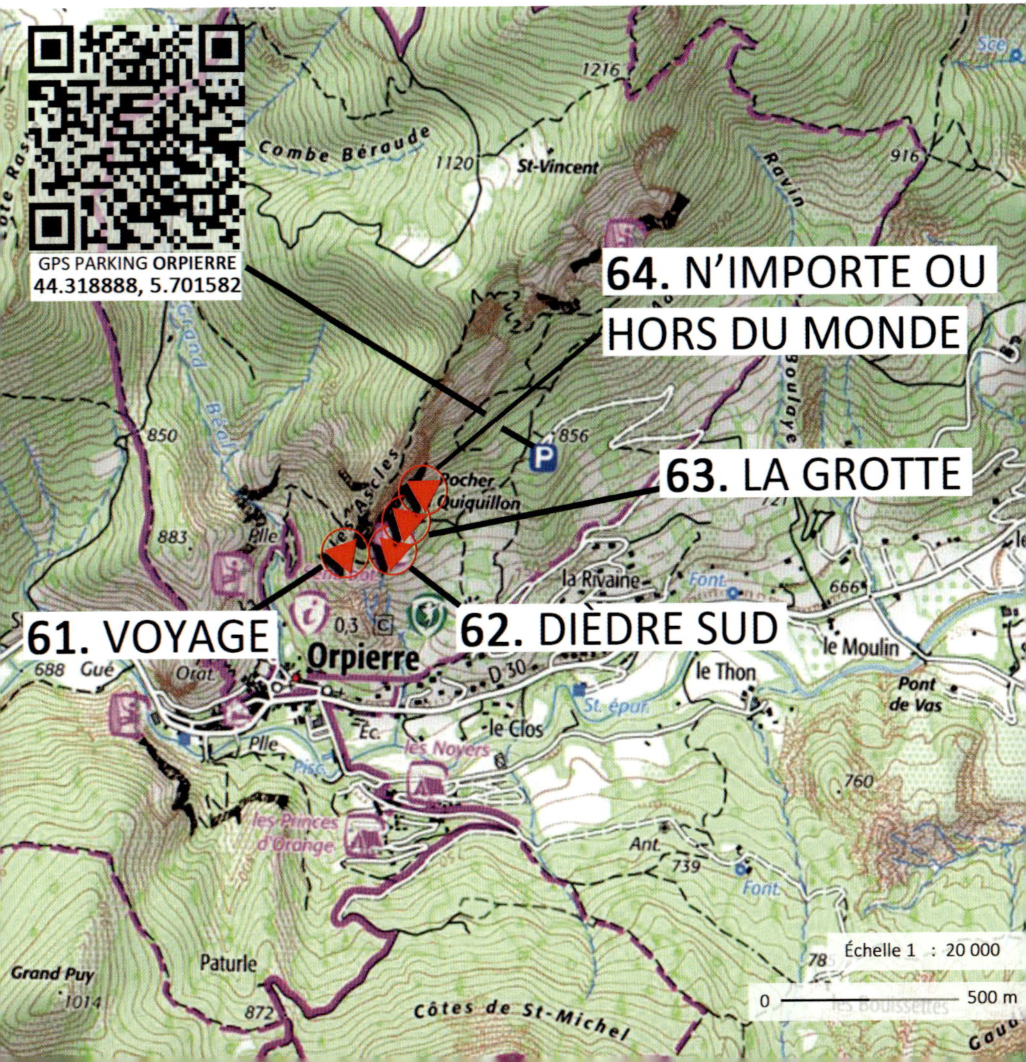

61 | VOYAGE

150 m - TD- 6a max, 5c obl./ P1

Cette grande classique du secteur *Quiquillon* permet de cheminer sur ce bel éperon caractéristique culminant à 1 080 m d'altitude, bien visible depuis le village. Avec une grimpe qui alterne dièdres, fissures et dalles, vous ne serez pas déçu par la variété de ce très joli itinéraire.

PÉRIODE FAVORABLE

Possibilité de grimper presque toute l'année, printemps et automne agréables, altitude d'Orpierre : 600 m.

ACCÈS ROUTIER

Situé à 31 km au nord-ouest de Sisteron par lequel passe l'autoroute A51 (à 125 km de Grenoble et 133 km d'Aix-en-Provence), Orpierre se trouve le long de la D30 avec les villages de Laborel à l'ouest et Garde-Colombe à l'est. (Possibilité d'accès par le parking de l'Ardech à droite vers le sud).

Point GPS parking Orpierre : 44.31375, 5.693437

Point GPS parking de l'Adrech, Orpierre : 44.318888, 5.701582

APPROCHE 30 MINUTES

Depuis le village d'Orpierre et le chemin central, suivre les panneaux Quiquilion en direction de l'éperon qui surplombe le village. Au niveau de l'éperon, aller à gauche au départ d'un dièdre pour le début de la voie. (Possibilité d'accès par le parking de l'Ardech à droite vers le sud, idem voie 62).

© Stéphanie Wojnarowski

ÉQUIPEMENT SPÉCIFIQUE

14 dégaines, sangles, matériel grande voie sportive.

ITINÉRAIRE

L1 (5c) : Remonter le dièdre et la fissure.
L2 (6a) : Idem un peu plus soutenu.
L3 (5c+) : Continuer dans le dièdre, passer les 2 points pour faire relais sur chaîne.
L4 (6a) : Très belle longueur avec dalle puis dièdre-fissure raide athlétique à passer.

RETOUR 3 RAPPELS 1 H

Faire un rappel de 35 m depuis le dernier relais pour atteindre la vire du *Grand Jardin*. Remonter un peu à droite (face à la paroi) puis redescendre jusqu'à un gros cairn et main courante menant au premier rappel de la vire. Deux rappels de 30 m chacun permettent d'arriver au pied de la paroi. Longer le bas de la falaise vers l'ouest et le départ de la voie (suivre des marques bleues) puis reprendre l'itinéraire d'accès.

Dièdre © Stéphanie Wojnarowski

62 | DIÈDRE SUD

150 m - D+ 5c max, 5c obl./ P1

Bien homogène dans le niveau, le *Dièdre sud* sur la face de Quiquillon permet de bien se familiariser avec le style de grimpe et le rocher de ce secteur. Il faudra passer outre la patine du début pour apprécier à sa juste valeur cette voie à tendance dalleuse. L'équipement est irréprochable.

PÉRIODE FAVORABLE

Possibilité de grimper presque toute l'année, printemps automne agréables, altitude d'Orpierre : 600 m.

ACCÈS ROUTIER

Situé à 31 km de au nord-ouest de Sisteron par lequel passe l'autoroute A51, Orpierre se trouve le long de la D30 avec les villages de Laborel à l'ouest et Garde-Colombe à l'est. Le parking de l'Adrech se trouve à 2,3 km du centre d'Orpierre, à 15 min à pied depuis le village, accessible aussi en voiture. Depuis le centre d'Orpierre, rouler sur la D30 350 m vers l'est (vers la A51) puis tourner à gauche et rouler 2 km et après 3 lacets, se garer sur le parking en bout de route.

Point GPS parking de l'Adrech, Orpierre : 44.318888, 5.701582

APPROCHE 25 MINUTES

Du parking, suivre le sentier avec les marques bleues en direction de la falaise. Rester sur le sentier balisé sans monter directement au pied de la falaise mais viser vers la gauche le pilier sud puis rejoindre le bas de la falaise, nom écrit en blanc au pied.

ÉQUIPEMENT SPÉCIFIQUE

15 dégaines, sangles, matériel grande voie sportive.

ITINÉRAIRE

L1 (5c) : Longueur un peu plus physique à cause de la patine, remonter une fissure.
L2 (5c) : Continuer par un dièdre puis vers la droite, rocher un peu « usé » par endroits.
L3 (5b) : Tendance à la dalle pour la suite vers la droite.
L4 (5c) : Franchir un petit ressaut au départ puis dalle plus simple.
L5 (5b) et marche : Traverser encore vers la droite sans descendre sur la vire, puis marche dans le prolongement sur la vire entre les buis jusqu'à trouver l'inscription « Dièdre » au pied du mur.
L6 (5b) : Dalle assez verticale à gravir vers la droite.
L7 (5b) : Continuer par de la dalle avec un petit surplomb aisé à franchir.

RETOUR MARCHE 30 MINUTES, (3 RAPPELS, 50 MINUTES)

Descente à pied (quelques pas de désescalade) par la crête de Quiquillon vers l'est tout le long en suivant les marques bleues puis rejoindre à droite le sentier qui descend jusqu'au parking (30 min).

Possibilité de faire un rappel de 40 m à gauche du dernier relais pour atteindre la vire du *Grand Jardin*. Remonter un peu à droite (face à la paroi) puis redescendre jusqu'à un gros cairn et une main courante menant au premier rappel de la vire. Deux rappels de 30 m chacun permettent d'arriver au pied de la paroi. Reprendre ensuite l'itinéraire emprunté à l'aller.

Florence © Philippe Mergnat

63 | LA GROTTE

150 m - D+ 5c max, 5c obl./ P1

Une belle ligne du secteur Quiquillon assez directe et de niveau homogène avec de beaux passages en dalle et fissure, la patine est gérable. Cette voie convient bien pour de l'initiation à la grande voie. (À ne pas confondre avec « la Grotte » de Presles).

PÉRIODE FAVORABLE

Possibilité de grimper presque toute l'année, printemps automne agréables, altitude d'Orpierre : 600 m.

ACCÈS ROUTIER

Idem voie 62.
Point GPS parking de l'Ardech, Orpierre : 44.318888, 5.701582

APPROCHE 20 MINUTES

Du parking, suivre le sentier avec les marques bleues en direction de la falaise. Passer un passage avec des barreaux, puis continuer une cinquantaine de mètres après un pilier accolé à la falaise et un filet retenant des pierres pour arriver au départ de la voie avec le nom inscrit au pied.

ÉQUIPEMENT SPÉCIFIQUE

14 dégaines, matériel grande voie sportive.

ITINÉRAIRE

L1 (5b+) : Un peu de patine gérable, un pas un peu plus soutenu vers la fin.
L2 (5c) : Belle longueur continue avec grands mouvements, équipement un peu plus aéré.
L3 (5b) : Continuer et contourner la grotte par la gauche.
L4 (5c) : Passer au-dessus de la grotte avec un rétablissement à gérer et dalle verticale ensuite.
L5 (5a) : Suite facile sur mur faiblement incliné.
L6 (5b) : Dalle pour finir.

RETOUR MARCHE 30 MINUTES, (3 RAPPELS 50 MINUTES)

Idem voie 62.

© Philippe Mergnat

Florence © Philippe Mergnat

64 N'IMPORTE OÙ HORS DU MONDE

160 m - TD- 6a+ max, 5c obl./ P1

Cette ligne a été ouverte par D. Jugy et rééquipée par N. Janin, un peu plus soutenue que la précédente.

Florence © Philippe Mergnat

PÉRIODE FAVORABLE

Possibilité de grimper presque toute l'année, printemps et automne agréables, altitude d'Orpierre : 600 m.

ACCÈS ROUTIER

Idem voie 62.
Point GPS parking de l'Ardech, Orpierre : 44.318888, 5.701582

APPROCHE 20 MINUTES

Idem voie 63, nom inscrit au pied.

ÉQUIPEMENT SPÉCIFIQUE

14 dégaines, matériel grande voie sportive.

ITINÉRAIRE

L1 (5c+) : Dalle athlétique pour démarrer.
L2 (6a) : Un pas au départ puis de la dalle raide.
L3 (4b) : Bien traverser à droite puis tout droit dans du facile.
L4 (6a+) : Attaquer dans un dièdre-fissure puis mur déversant bien physique et technique.
L5 (5c) : Petit surplomb à passer puis dalle.
L6 (5c) : Continuer par de la dalle sculptée puis un peu vers la droite.
L7 (5b) : Dernière longueur dans la dalle pourvue de bonnes prises.

RETOUR MARCHE 30 MINUTES, (3 RAPPELS 50 MINUTES)

Idem voie 62.

Philippe © Florence Mergnat

40 m
150 m
Descente à pied
crête de Quiquillon
5b
5c
5c
6a+
4b
6a
5c+
35 m
35 m
DIÈDRE SUD
LA GROTTE
MUR
DU CHAMOIS
Vers vallon de
Belleric et Orpierre
45 mn
Vers parking de
l'Ardech 15 mn

Mont Aiguille
Vercors

La France est particulièrement privilégiée niveau montagnes et falaises tant par sa diversité que la qualité de ses sites. Si Chamonix peut être qualifiée de capitale mondiale de l'alpinisme, c'est au Mont Aiguille que la paternité de cette discipline doit être attribuée. En effet, avec une première ascension remontant au 26 juin 1492 par Antoine de Ville, seigneur de Lorraine et capitaine de Charles VII (trois mois avant la découverte de l'Amérique par Christophe Colomb pour situer l'époque et le contexte historique), la discipline naît sur cet imposant monolithe perché sur son promontoire culminant à 2086 m d'altitude.

Les quatre grandes voies proposées ici prennent place sur les quatre faces du mont. Les approches, ascensions et descentes seront longues dans un style montagne, tout comme le cheminement dans la voie et la grimpe. Rester très vigilant aux chutes de pierres dans chaque ligne de descente et éviter de suivre une cordée dans une même voie pour éviter ces mêmes potentiels risques de chutes de rochers. Pour la plupart des voies, il faudra compléter l'équipement « à l'ancienne » pitons et autres. Les classiques ont vu passer de nombreuses cordées, ne pas être surpris si le rocher peut paraître par endroits « usé », il faut faire avec.

Situé à une cinquantaine de kilomètres de Grenoble, le Mont Aiguille fait partie du Parc naturel du Vercors et il est situé dans la zone Réserve naturelle nationale des Hauts-Plateaux du Vercors. C'est un espace sensible qui mérite la plus grande attention. À proximité se trouve le Grand Veymont, point culminant du Vercors côté Isère, culminant à 2341 m d'altitude. Pour plus d'informations : www.parc-du-Vercors.fr

Mont Aiguille, face est

Antonin et Gaétan dans la face NE © Sam Bié

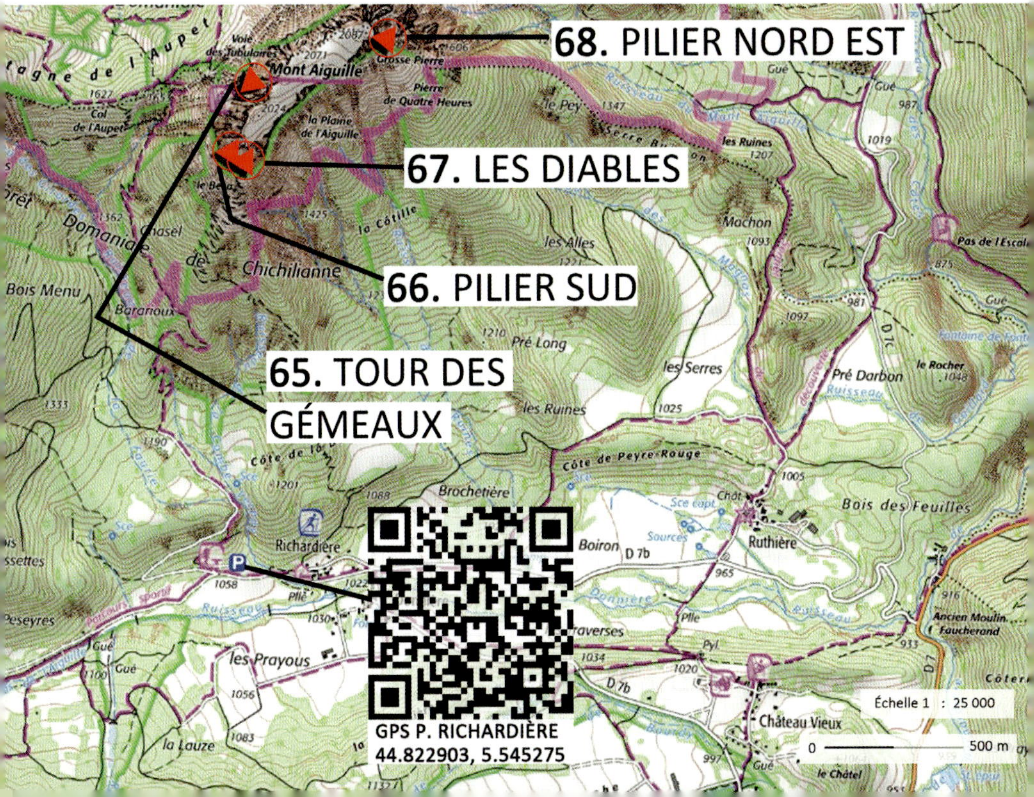

65 | TOUR DES GÉMEAUX

250 m - D 6a max, 5b obl./ P2 Terrain d'av.

Une grande classique de la face nord-ouest dont la première ascension remonte à 1963 par B. Clunet et J.-C. Planchon. Pour cette voie comme pour les autres du Mont Aiguille, le style montagne est omniprésent, tant aux niveaux de l'approche et du retour, du style et de l'équipement ainsi que de sa durée globale. Il faudra bien gérer tous ces paramètres pour faire de l'ascension une réussite et un plaisir au bout de l'effort.

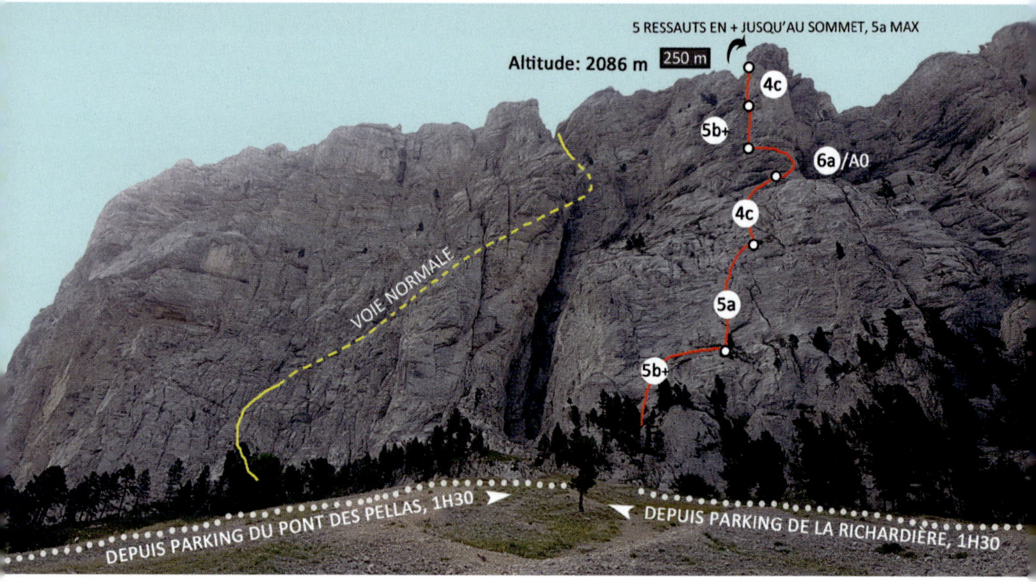

PÉRIODE FAVORABLE

Voie montagne culminant à 2086 m d'altitude avec de la neige en hiver, privilégier printemps, été et automne.

ACCÈS ROUTIER

Situé à un peu moins de 60 km au sud de Grenoble, le Mont Aiguille se trouve à proximité du petit village de Chichilianne. (On peut aussi y accéder de l'autre côté depuis le parking du pont des Pellas). Depuis Grenoble, en se dirigeant vers le sud et après avoir quitté la A51, il faudra prendre la D1075, puis la D7 vers la droite et la D7B et suivre la direction de la Richardière. Dépasser sur la droite le chalet-foyer de Ski de Fond pour trouver quelques centaines de mètres plus loin sur la droite en montée une aire de parking. (Si la route est ouverte, possibilité de se garer un peu plus loin sur la piste qui monte).

Point GPS parking Richardière : 44.822903, 5.545275

APPROCHE 1 H30

Du parking de la Richardière, prendre un sentier sur la droite en direction du col de l'Aupet. Une fois au col, remonter vers l'est par une sente jusqu'au pied de la face nord-ouest. Contourner le gros bloc avec la plaque commémorative par la gauche pour atteindre une vire et le pied de la voie juste après une grosse écaille.

ÉQUIPEMENT SPÉCIFIQUE

Équipement grande voie sportive à compléter par quelques friends : #0.75 à #3 et plusieurs sangles.

ITINÉRAIRE

L1 (5b+), 25 m : Commencer par une dalle puis traverser vers la droite.
L2 (5a), 40 m : Dalle puis fissure à remonter, premier relais facultatif et relais sur terrasse au pied d'un dièdre.
L3 (4c), 35 m : Remonter un dièdre puis sortir vers la droite sur vire, relais à droite (ne pas prendre le relais à gauche de la grotte).
L4 (6a/A0), 20 m : Démarrer vers la droite (6a patiné possible A0) puis traversée aérienne vers la gauche jusqu'au pied d'un dièdre.
L5 (5b+), 30 m : Grimper le dièdre puis sortie vers la gauche sur terrasse.
L6 (4c), 30 m : Passer un relais puis dalle vers la gauche, et finir vers la droite au sommet de la tour.

R6 jusqu'au plateau sommital :
5 ressauts 5a max pour 100 m de dénivelé, corde tendue possible. Suivre l'arête au plus simple, atteindre une vire herbeuse puis un dernier ressaut rocheux pour arriver au plateau sommital.

RETOUR 2 H 30 PAR LA VOIE DES TUBULAIRES, 2 RAPPELS AU MOINS

Du plateau sommital, rejoindre une sente côté nord-ouest, passer un premier cairn et 50 m plus loin, un deuxième cairn. Désescalader une cheminée (10 m) pour rejoindre un couloir évident. Ne pas partir à droite mais continuer à désescalader un passage dans le couloir et suivre une sente menant au-dessus d'un verrou. Faire un premier rappel de 35 m. Remonter quelques mètres à droite vers des pins et une bonne vire. Faire un deuxième rappel de 45 m dans une faille. Descendre la faille puis soit désescalade (4c, 7 m) soit court rappel puis une cheminée à descendre qui rejoint le sentier d'accès au bas de la voie normale. Reprendre ensuite le sentier d'accès jusqu'au parking.

Possibilité de descendre par la voie normale sans rappel obligatoire (nécessite d'être habitué au « terrain montagne »).

© Florence Mergnat

Florence © Philippe Mergnat

Philippe © Florence Mergnat

66 | PILIER SUD

220 m - TD- 6a max, 5c obl./ P2 Terrain d'av.

Une autre grande classique de Mont Aiguille dont la première ascension en 1952 par la face sud est à mettre au crédit de S. Coupé et A. Cornaz, et la sortie directe en 1958 par S. Coupé et M. Mariet. L'itinéraire peut se diviser en deux parties: une première moitié assez facile composée de longueurs qui serpentent sur la face, puis une deuxième moitié plus directe et davantage grimpante. Rester vigilant aux pierres et rochers instables. Éviter de suivre une autre cordée (risque de chute de pierres).

PÉRIODE FAVORABLE

Voie montagne culminant à 2086 m d'altitude avec de la neige en hiver, privilégier printemps, été et automne.

ACCÈS ROUTIER

Idem voie 65.
Point GPS parking Richardière: 44.822903, 5.545275

APPROCHE 1 H30

Du parking de la Richardière, prendre un sentier sur la droite en direction du col de l'Aupet (1627 m). Repérer un gros cairn à la fin d'une longue traversée dans les bois pour prendre la sente partant à droite et menant au pied du pilier sud. Le départ de la voie se situe quelques mètres sur la gauche 15 m avant le fil du pilier. Possibilité d'accès également par le col de l'Aupet, arriver au pied de la falaise, la longer vers la droite.

ÉQUIPEMENT SPÉCIFIQUE

Équipement grande voie sportive à compléter par quelques friends, câblés, et sangles.

ITINÉRAIRE

L1 à L5 peuvent se faire en corde tendue.
L1 (4a), 40 m: Commencer par une rampe cheminée en ascendance à droite, peu équipée.
L2 (4a), 30 m: Continuer la rampe vers la droite.
L3 (3), 15 m: Rejoindre la vire vers la gauche jusqu'à un pin et y faire le relais.

Alex

La prairie sommitale du Mont Aiguille

Descente par la voie normale

L4 (4a), 20 m : Dépasser le pin quelques mètres vers la gauche puis reprendre une rampe vers la droite.
L5 (4a), 30 m : Continuer la rampe jusque sous un surplomb.
L6 (5c), 30 m : Poursuivre un peu sur la droite avant de remonter et dépasser un relais, puis belle traversée en ascendance à gauche (rocher fragile) jusqu'à une petite vire.
L7 (6a), 30 m : Continuer à traverser vers la gauche puis passer un bombé suivi d'un mur qui se redresse avant le relais dans une niche.
L8 (4a), 35 m : Aller à droite du relais jusqu'à une vire, dépasser un premier relais pour atteindre une grande vire, continuer vers la droite, relais au pied d'un dièdre raide.
L9 (5c+), 30 m : Gravir ce dièdre jusqu'à une vire au-dessus d'un surplomb.
L10 (5c+), 35 m : Traverser un peu à gauche puis remonter un dièdre droit au-dessus sous un gros surplomb, faire le relais ici pour éviter les chutes de pierres ensuite.
L11 au sommet (3c max) : Contourner le surplomb par la droite puis traverser vers la droite, passer dans un entonnoir avec pierres instables, continuer en corde tendue jusqu'à une prairie, une dernière barre rocheuse à grimper toujours en corde tendue sur une trentaine de mètres dans du facile pour arriver sur le plateau sommital.

RETOUR 2 H 30

PAR LA VOIE DES TUBULAIRES, 2 RAPPELS AU MOINS

Idem voie 65.

67 | LES DIABLES

220 m - TD+ 6a+ max, 5c obl./ P2 Terrain d'av.

Une voie historique du versant sud ouverte par C. Baudet, H. Desmoulins, F. Diaféra et J. Durand en 1970. Rester vigilant à ne pas faire tomber des pierres. On est bien dans le style montagne, cette voie peut constituer une bonne alternative s'il y a des cordées dans le *Pilier sud*, à condition d'être expérimenté dans les « voies montagnes », la lecture d'itinéraire et la pose de coinceurs.

PÉRIODE FAVORABLE

Voie montagne culminant à 2086 m d'altitude avec de la neige en hiver, privilégier printemps, été et automne.

ACCÈS ROUTIER

Idem voie 65.
Point GPS parking Richardière : 44.822903, 5.545275

APPROCHE 1 H40

Idem voie 66, au pied du pilier sud, continuer à droite jusqu'à un arbre et un dièdre avec rocher jaune/orangé qui vient buter sous un toit.

ÉQUIPEMENT SPÉCIFIQUE

1 jeu complet de coinceurs (friends du #0.3 au #3), câblés, sangles, dégaines, équipement terrain d'aventure complet.

ITINÉRAIRE

L1 (5c) : Attaquer par un dièdre facile non équipé, puis arriver sur une vire et continuer à droite, dépasser le fil d'un pilier, traverser encore à droite jusqu'au bas d'un dièdre.
L2 (5b) : Gravir le dièdre et en sortir par la gauche (tout droit « *L'associé du Diable* »).
L3 (3b) : Tirer à gauche avec un peu de descente jusqu'au pied d'un dièdre.
L4 (6a+/5c A0) : Grimper le dièdre (rocher friable) jusqu'à une terrasse sur la gauche (dépasser un relais intermédiaire sur 2 pitons) et monter tout droit jusqu'à une vire sur la droite.
L5 (5b) : Continuer à droite vers un dièdre au départ un peu athlétique, le remonter jusqu'à un relais intermédiaire sur la gauche, continuer à gauche puis tout droit un peu moins de 10 m.
L6 (5b) : Remonter un peu le pilier et rapidement traverser horizontalement vers la droite, rocher moyen puis vire jusqu'à un arbre.
L7 (6a+/5c A0) : Monter en ascendance à droite et traverser dans la dalle au niveau d'une corde blanche (un pas 5c A0 possible) puis remonter un long dièdre avec sortie à gauche (ne pas sortir à droite vers les points blancs).
L8 (5c) : Continuer vers la gauche puis tout droit jusqu'à une vire et tirer à droite jusqu'au bas d'un dièdre.
L9 (6a+/5c A1) : Remonter le dièdre et enchaîner par une cheminée.
L10 (5b) : Grimper en oblique vers la droite puis un dièdre (ou prendre ligne de pitons vers la droite sous un grand toit).
L11 (4b) : Continuer au plus facile jusqu'au plateau sommital.

RETOUR 2 H30 PAR LA VOIE DES TUBULAIRES, 2 RAPPELS AU MOINS

Idem voie 65.

Chloé et Benjamin dans L3 © Sam Bié

Chloé et Benjamin dans L6 (5b) © Sam Bié

68 | PILIER NORD-EST

250 m - TD 6a max 5c obl./ P2 Terrain d'av.

Il s'agit là d'un très bel itinéraire à tendance fissure et cheminée. On doit la première ascension à A. Barbezat, E. Barral, R. Duplat et G. Vignes en 1950. La voie reste parsemée de nombreux pitons vieillissants, le style comme la grande majorité des voies du Mont Aiguille est montagne « à l'ancienne ». Même si le rocher est globalement bon, la vigilance doit rester de mise, éviter de suivre une autre cordée (risque de chute de pierres).

PÉRIODE FAVORABLE

Voie montagne culminant à 2086 m d'altitude avec de la neige en hiver, privilégier printemps, été et automne.

ACCÈS ROUTIER

Idem voie 65.
Point GPS parking Richardière: 44.822903, 5.545275

APPROCHE 2 H

Idem voie 66 (ou 65 depuis le col de l'Aupet), une fois le *Pilier sud* dépassé, continuer à longer l'imposante face est par une petite sente jusqu'à l'extrémité nord. Dépasser un gros bloc pour arriver au pied de la voie marqué par une fissure large très haute.

ÉQUIPEMENT SPÉCIFIQUE

1 jeu complet de coinceurs (friends du #0.3 au #3 et quelques micros), câblés, sangles, dégaines, équipement terrain d'aventure.

ITINÉRAIRE

L1 (5b), 40 m : Démarrer par la large fissure cheminée qu'il faut remonter (relais sur pitons).
L2 (5c), 35 m : Après quelques mètres, gravir la cheminée du « *Sandwich* », assez inconfortable.

Antonin dans le pilier nord-est © Sam Bié

Antonin et Gaëtan dans le pilier nord-est © Sam Bié

L3 (5b), 45 m : Monter quelques ressauts qui se redressent, dépasser le relais sur goujons et faire le relais plus haut sur 3 pitons.
L4 (5c), 50 m : Grimper la fissure-cheminée exigeante et athlétique, ne pas s'arrêter au relais sur 3 points mais plutôt à celui au niveau d'une rampe sur goujons.
L5 (3), 50 m : D'abord vers la droite puis en ascendance à gauche, dépasser un ancien relais à mi-longueur, poursuivre jusqu'au pied d'un dièdre, relais sur goujons.
L6 (5c), 35 m : Grimper le dièdre puis vers la gauche jusqu'à une vire caillouteuse, relais sur la droite de cette vire.
L7 (5b), 30 m : Aller sur la gauche de la vire, remonter un petit ressaut pour rejoindre une profonde faille.
L8 (6a), 45 m : Gravir la faille d'abord à droite puis à gauche, assez athlétique, et atteindre le fil du pilier qu'il faut remonter.
L9 (5c+), 45 m : Contourner le surplomb par la droite et se diriger vers un dièdre (ne pas prendre le goujon sur la dalle de droite), le gravir puis rejoindre une vire sur la droite sous un dévers et la passer par la droite.
L10 (5c+), 50 m : Passer un petit surplomb au-dessus du relais par la gauche (ne pas continuer dans la dalle raide) et traverser à droite pour remonter un dièdre-cheminée soutenu jusqu'en haut.
L11 (3), 15 m : Terminer par des gradins faciles jusqu'au plateau sommital.

RETOUR 2 H 30 PAR LA VOIE DES TUBULAIRES, 2 RAPPELS AU MOINS

Idem voie 65.

Archiane
Vercors

Le Vercors regorge de trésors naturels à forte tendance minérale. Le cirque d'Archiane en fait partie. On se sent un peu privilégié la première fois que l'on découvre ce lieu, un peu à la manière de son homologue pyrénéen le cirque de Gavarnie. Le site et la falaise sont majestueux, sauvages et grandioses, avec leurs imposantes parois de près de 400 m. Ces falaises de calcaire appartenant au massif du Glandasse semblent défier la personne qui les contemple depuis le petit village d'Archiane en contrebas. Un peu à la manière du Mont Aiguille ou de l'Aiguille de la Dibona, gravir les falaises d'Archiane revient un peu à gravir « un monument » entièrement naturel (hormis quelques ancrages). Avec un plateau sommital culminant à 1 774 m d'altitude, on est assez proche du cadre « voie montagne » avec tout ce que cela implique. La plupart des itinéraires classiques ont été ouverts dans les années 1960. Une bonne partie des itinéraires est à classer dans la catégorie terrain d'aventure, où le terme « aventure » prend tout son sens… Plus de cinquante itinéraires cohabitent sur la falaise. Des grandes voies sportives ont aussi vu le jour dans les années 90 et après. Pour se lancer dans ces grandes envolées, il est souvent préférable d'avoir un peu de marge pour sortir dans les temps sur le plateau (sous peine de finir à la frontale), la grimpe étant soutenue et longue. Deux grandes classiques et historiques, qui n'ont rien perdu de leur superbe, sont présentées ici : le *Pilier Livanos* et le *Levant*.

Rocher et cirque d'Archiane © Manu Ibarra

Depuis la vire intermédiaire

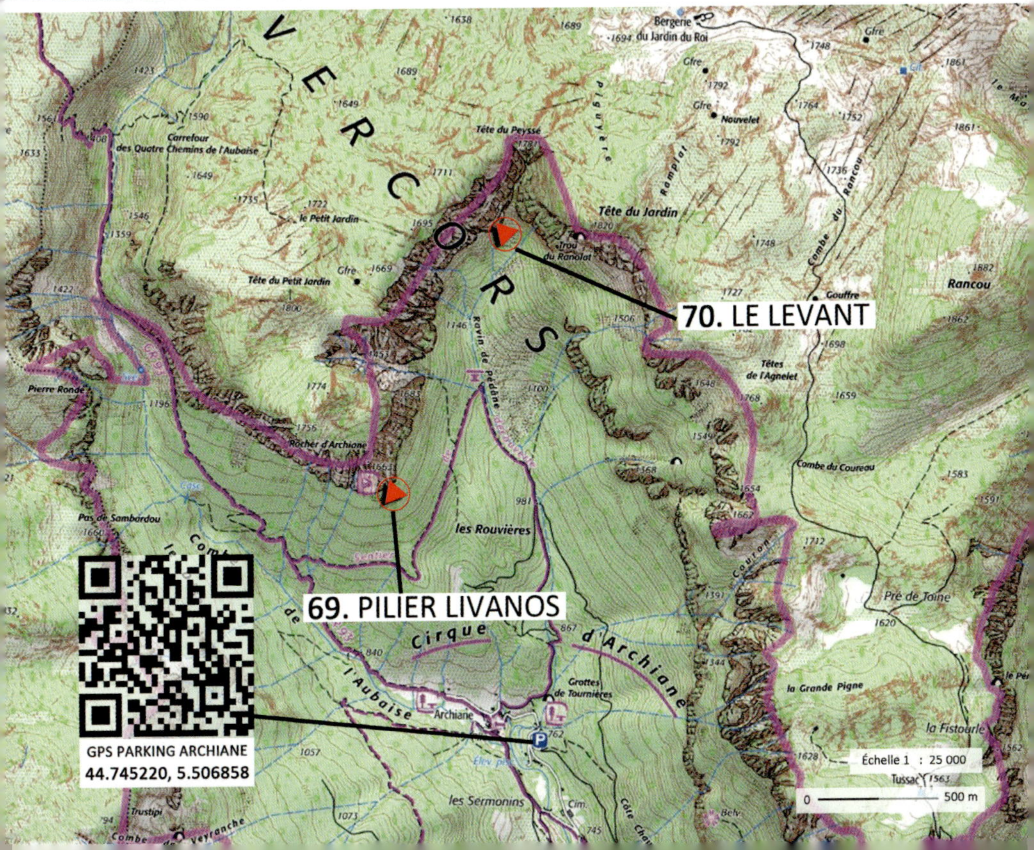

69 | PILIER LIVANOS

400 m - TD+ 6b+max, 6a obl./ P2 Terrain d'av.

Une des grandes classiques du massif à ne pas sous-estimer. Ouverte en 1959 par R. Lepage, G. et S. Livanos, et M. Vaucher, la voie parcourt le pilier presque central de la falaise en suivant des fissures (un peu à la manière du *Nose* sur *El Capitan*), seulement interrompues par une grande vire intermédiaire. Il faudra déjà être expérimenté dans la pose des coinceurs et également dans la lecture ou la recherche d'itinéraire, et grimper efficacement pour venir à bout de cette grande entreprise rocheuse.

PÉRIODE FAVORABLE

Voie de 400 m culminant à 1 774 m d'altitude, privilégier les périodes sans neige.

ACCÈS ROUTIER

Situé à 86 km de Grenoble et 51 km du Mont Aiguille, arriver au petit village d'Archiane par la D224. Se garer sur le parking obligatoire avant le village.

Point GPS parking Archiane : 44.745220, 5.506858

APPROCHE 1 H 15

Du parking, rejoindre à pied le village d'Archiane et prendre à droite au niveau de la Buvette d'Ulysse. Suivre le sentier et à la première intersection quelques centaines de mètres après un grand lacet à gauche, prendre à droite en direction de la falaise et sa partie est à droite. Arrivé au pied, longer la paroi vers le sud, vers la gauche, jusqu'à la base du pilier sud caractéristique, cairn à la base.

ÉQUIPEMENT SPÉCIFIQUE

1 jeu complet de coinceurs (friends) du #0.3 au #4, 1 jeu de câblés, sangles, dégaines, équipement terrain d'aventure complet.

ITINÉRAIRE

L1 (5c), 50 m : Débuter par des gradins faciles puis traverser à gauche en croisant des pitons. Dépasser un relais optionnel après un dièdre, traversée à gauche jusqu'à un dièdre à remonter.

L2 (5c+), 30 m : Sur la gauche puis gravir le dièdre.

L3 (5c+), 40 m : Monter en suivant les pitons et traverser à gauche pour passer sous l'écaille puis gravir le dièdre avec fissure vers la droite.

L4 (6c/A0), 20 m : Rejoindre la traversée *Livanos*, traversée horizontale vers la droite sur de très petites prises de pied, puis descente et fissure verticale très athlétique à remonter (6c>A1 ficelou vert).

L5 (5c), 50 m : Traversée à droite puis dièdre à remonter.

L6 (6a+), 35 m : Continuer tout droit mur raide avec écailles et fissures.

L7 (5b), 40 m : Passer deux vires successives et traverser vers la gauche (à la deuxième) jusqu'à une fissure noire à remonter. Relais sur gros bloc sur vire à gauche.

L8 (5c), 40 m : Passer le pilier vers la gauche en croisant un tronc d'arbre puis remonter un dièdre. Marche de transition.

L9 (4b), 20 m : Un mur facile à passer avant de rejoindre la vire médiane. Sur la vire, aller vers la falaise au pied d'une fissure verticale.

L10 (6a), 40 m : Remonter la fissure avant de prendre une rampe vers la gauche puis un dièdre-cheminée.

Vue depuis le Pilier Livanos du Rocher d'Archiane

L11 (5c), 35 m : Gravir le dièdre-cheminée, traverser un peu à droite puis franchir des gradins faciles. Revenir sur la gauche et grimper un dièdre.
L12 (6a), 25 m : Tout droit au-dessus dans la fissure large.
L13 (6a+), 40 m : Vers la gauche puis passer un dévers physique puis à droite vers un dièdre à remonter.
L14 (5a), 35 m : En ascendance à droite vers un couloir puis une arête.
L15 (5b), 35 m : Continuer sur l'arête jusqu'au plateau, rocher fragile sur les deux dernières longueurs.

RETOUR 2 RAPPELS 2 H 30, COULOIR EST

Du plateau, traverser la clairière d'abord vers l'ouest puis vers le nord et viser un col. Puis au niveau d'un gros cairn, prendre une sente vers la droite, vers l'est. Depuis la vire, aller vers le fond du couloir. Premier rappel de 40 m sur un arbre un peu sous le sentier. Après le deuxième rappel de 40 m, rejoindre le couloir (ravine remplie de pierres) qui mène à un sentier traversant la forêt et rejoignant le sentier de l'aller.

Possibilité de rentrer par la gauche vers le sud puis vers l'est par le plateau d'Archiane (pas de rappel) jusqu'au village d'Archiane.

Pierrot dans la longueur clé en 6c A0 après la traversée Livanos

70 | LE LEVANT

400 m - TD 6b+ max, 5c obl./ P2 Terrain d'av.

Une autre grande classique de la falaise, légèrement moins soutenue que le *Pilier Livanos*, ouverte en 1965 par J. Brunet, C. Deck, F. Hess, B. Mevel et A. Pellgrand. Ici aussi, la recherche et la gestion de ce long itinéraire seront deux éléments clés pour la réussite de cette ascension, bien typée voie montagne. Le cadre et le rocher sont superbes et grandioses.

PÉRIODE FAVORABLE

Voie de 400 m culminant à 1 774 m d'altitude, privilégier les périodes sans neige.

ACCÈS ROUTIER

Idem voie 69.
Point GPS parking Archiane : 44.745220, 5.506858

APPROCHE 1 H

Du parking, rejoindre à pied le village d'Archiane et prendre à droite au niveau de la Buvette d'Ulysse. Suivre le sentier et à la première intersection quelques centaines de mètres après un grand lacet à gauche, prendre à droite en direction de la falaise et sa partie est à droite. Arrivé au pied, longer 100 m vers la gauche pour arriver à un grand dièdre, à droite d'un pilier et à l'aplomb d'un très grand surplomb. Le nom est inscrit au pied.

ÉQUIPEMENT SPÉCIFIQUE

1 jeu complet de coinceurs (friends) du #0.3 au #3, 1 jeu de câblés, sangles, dégaines, équipement terrain d'aventure.

ITINÉRAIRE

L1 (5a), 45 m : Remonter le dièdre puis suivre une fissure à gauche en contournant le pilier, passer le relais facultatif, grimper un dièdre jusqu'à une vire à droite d'une cheminée.
L2 (5c), 30 m : Gravir la cheminée facile (ne pas prendre les points qui vont à gauche), après une vire avec arbre, continuer sur la dalle à droite.
L3 (6a), 45 m : Traverser à droite (pendule possible avec la cordelette en place), passer un relais facultatif et continuer par le dièdre et fissure jusqu'à une vire et y faire le relais à droite. Marche vers la droite sur environ 30 m.
L4 (6a), 30 m : Passer un petit surplomb puis traverser à droite, grimper un mur raide, dépasser la deuxième vire dans la grande baume du Levant et traverser encore à droite.
L5 (5b), 40 m : Continuer à droite jusqu'à l'extrémité de la vire puis descendre des gradins et un petit dièdre, traverser encore sur la droite environ 10 m puis monter vers la droite.

Pierrot à la descente couloir est

Livanos
Le Levant
Altitude: 1774 m
400 m
5b
5c+
6a
5c
5b+
6b+/A0
5b
6a
6a
5c
5a

L6 (6b+/A0), 30 m : Grimper la dalle tout droit au-dessus (A0 possible) et enchaîner par un dièdre, passer un relais facultatif et un autre relais optionnel à la fin du dièdre, continuer vers la gauche, passer des gradins et rejoindre la vire médiane, relais sur arbre. Échappatoire possible par la vire médiane, vers la droite, face à la paroi. Marche de 45 m sur la vire médiane pour rejoindre la base d'une cheminée, 1 point à droite.
L7 (5b+), 45 m : Gravir la cheminée (rocher délité) jusqu'à la vire supérieure, relais sur arbre sur la gauche.
L8 (5c), 50 m : Remonter vers la droite les fissures puis la cheminée, passer un relais optionnel et gravir une cheminée pour aboutir sur une vire, relais tout à droite.
L9 (6a), 30 m : Monter en ascendance à gauche une fissure jusqu'à une vire que l'on traverse par la gauche pour atteindre un couloir à gauche d'un éperon à remonter, relais sur becquet en haut de l'éperon avant un mur raide avec pitons.
L10 (5c+), 30 m : Continuer dans une fissure en ascendance vers la droite puis revenir à gauche dans une cheminée à remonter, en sortir à droite sur une vire.
L11 (5b), 60 m : Contourner un surplomb par la droite puis gravir une fissure qui permet de rejoindre le couloir qui mène au plateau d'Archiane.

RETOUR 2 RAPPELS 2 H 30, COULOIR EST

Idem voie 69 (en arrivant plus à droite que le *Pilier Livanos* sur le plateau à la sortie de la voie).

Le Levant © Rémy Helmer

Presles
Vercors

C'est en 1953 qu'a démarré l'histoire de l'escalade à Presles avec l'ouverture de la voie des *Buis* par M. Pourtier et B. Taillefer. Avec seulement une grande voie en 1953 et près de 350 en 2022 (auxquelles il faut ajouter plus de 400 voies sportives), les grimpeurs-ouvreurs de Presles n'ont pas chômé et continuent d'exploiter le très vaste potentiel de ces barres rocheuses qui dominent les gorges de la Bourne. Un calcaire urgonien de belle qualité (même s'il peut devenir patiné sur les voies historiques), une orientation dominante au sud qui permet de grimper presque toute l'année et une réserve de grandes voies assez importante, Presles est un site majeur de l'escalade dans le Vercors et en France. Sous l'impulsion de Bruno Fara, Bruno Béatrix, Dominique Duhaut, entre autres, et des topos de grande qualité, ce site exigeant pour la raideur et la longueur de la grande majorité de ses voies n'a pas fini de voir défiler des grimpeurs en quête de nouveaux défis.

Pour plus d'informations, consulter le site du Parc naturel régional du Vercors : www.parc-du-vercors.fr

Au moment où nous publions ce livre, suite au déconventionnement, une grande partie de la falaise de Presles est interdite (3 km). Renseignez-vous sur les évolutions de la réglementation.

Gégé arrivant sur une vire

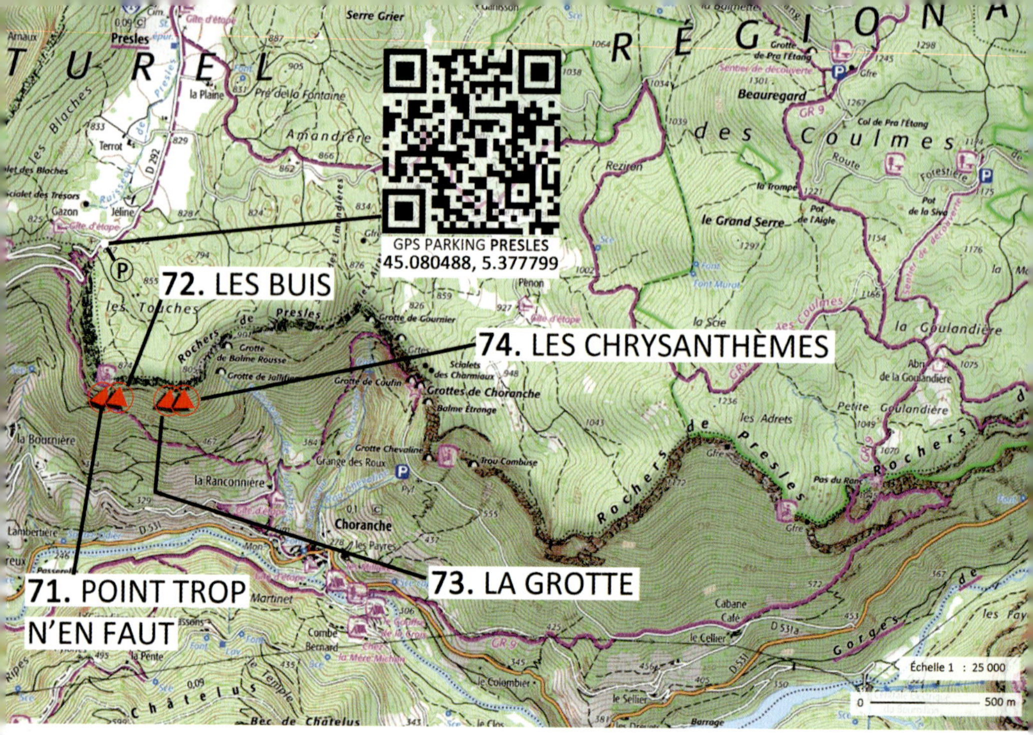

Presles © Cristol Bellissent

71 | POINT TROP N'EN FAUT

220 m - TD 6a max, 6a obl./ P2 Terrain d'av.

Une belle voie homogène partiellement et astucieusement équipée (uniquement aux emplacements non protégeables) et dont la première ascension remonte à 1992 par M. Debernardy, J.-M. Leroux et J. Papin. L'ensemble est continu et assez soutenu sur du bon rocher dans un style se rapprochant des « voies montagnes ». Idéal pour se perfectionner à la pose des coinceurs.

Nico à l'observation

PÉRIODE FAVORABLE

On peut grimper pratiquement toute l'année à Presles même s'il peut y neiger. Pour la face sud, privilégier le printemps et l'automne pour plus de confort.

ACCÈS ROUTIER

Situé entre Valence et Grenoble, à environ 60 km de chacune des deux villes. Il faudra prendre la D31 puis la D292 en venant du nord ou la D292 en arrivant du sud pour aller jusqu'au village de Presles qui se trouve sur le plateau au-dessus des falaises. Depuis Presles, rouler 1,4 km sur la D292 en direction du sud et du haut des falaises (vers Pont-en-Royans), pour trouver le parking sur le côté gauche de la route, en face de la route « le Gazon ».

Point GPS parking Presles (38) D292 : 45.080488, 5.377799

APPROCHE 20 MINUTES

Du parking, continuer à pied sur la D292 qui descend. Après le premier virage à droite et avant le tunnel, prendre une sente qui descend sur la gauche, traverser la route au-dessus d'un virage pour rejoindre la route juste en dessous. Continuer quelques dizaines de mètres sur la droite pour croiser un sentier à gauche vers le sud avec un panneau « Les Falaises ». Prendre ce sentier sur 500 m et au niveau d'un croisement, aller à gauche vers le pied des falaises pour arriver au niveau de la vire aux *Chèvres*. Aller environ 200 m vers la gauche, dépasser le départ de la voie des *Buis* ainsi que quatre autres grandes voies. Le nom est peint au départ (partiellement effacé) et se trouve à droite de la voie *Béatrix*.

ÉQUIPEMENT SPÉCIFIQUE

1 jeu complet de coinceurs (friends) du #0.3 au #3, 1 jeu de câblés, sangles, dégaines.

ITINÉRAIRE

L1 (6a) : Commencer par une fissure peu commode, bien protéger pour éviter le retour au sol, un peu de patine mais pas trop gênant, relais près d'un arbre sur la droite.

L2 (5c+) : Continuer dans le prolongement d'abord via une écaille, dalle avec points puis fissure.

L3 (5c+) : Gravir la dalle tout droit puis passage par un dièdre qui contourne un petit surplomb par la droite suivi d'une belle fissure à remonter.

L4 (5c) : Cheminée puis un peu vers la droite dans une dalle.

L5 (6a) : Remonter la fissure au-dessus du relais et continuer par celle sur la gauche sur le fil d'un pilier, enchaîner en ascendance à droite jusqu'au pied d'un dièdre.

L6 (5c+) : Grimper une fissure athlétique.

L7 (2) : Arête à remonter, vigilance au rocher, viser la grosse fissure.

L8 (5c) : Continuer tout droit puis vers la gauche jusqu'au sommet, vigilance au rocher, relais sur arbre.

RETOUR 15 MINUTES

Du sommet, rejoindre un peu vers la droite le sommet de la voie des *Buis* et continuer vers le nord (direction opposée aux falaises) sur la sente qui ramène à une clairière avec cairn, puis jusqu'au parking le long de la D292 en 10-15 minutes.

Nico remontant des fissures

72 | LES BUIS

220 m - D+ 5c max, 5b obl./ P1+

C'est la première voie ouverte de la falaise, une vraie classique chargée d'histoire que l'on doit à M. Pourtier, ancien membre du GHM (dont les cendres ont été déposées au sommet de la voie par sa famille en 2008) et B. Taillefer. Même si la voie et le rocher ont été un peu victimes des très nombreux passages, il est toujours possible de réaliser une belle ascension malgré la patine.

PÉRIODE FAVORABLE

Grimpe possible presque toute l'année (hors neige et pluie), privilégier le printemps et l'automne pour la face sud.

ACCÈS ROUTIER

Idem voie 71.
Point GPS parking Presles (38) D292 : 45.080488, 5.377799

APPROCHE 20 MINUTES

Du parking, continuer à pied sur la D292 qui descend. Après le premier virage à droite et avant le tunnel, prendre une sente qui descend sur la gauche, traverser la route au-dessus d'un virage pour rejoindre la route juste en dessous. Continuer quelques dizaines de mètres sur la droite pour croiser un sentier à gauche vers le sud avec un panneau « Les Falaises ». Prendre ce sentier sur 500 m et au niveau d'un croisement, aller à gauche vers le pied des falaises pour arriver au niveau de la vire aux *Chèvres*. Aller une centaine de mètres vers la gauche, nom de la voie écrit sur une pierre au-dessus du sol.

Nicolas dans la voie historique des Buis
© Cristol Belissent

ÉQUIPEMENT SPÉCIFIQUE

12 dégaines, sangles, matériel grande voie sportive, quelques friends moyens optionnels pour plus de confort.

ITINÉRAIRE

L1 (4b) : Démarrer par un court mur puis en ascendance vers la gauche, dépasser un relais d'une autre voie et continuer 10 m sur la vire à gauche pour arriver au pied d'un dièdre (« R1 Buis » écrit en bleu).
L2 (4c) : Remonter un dièdre un peu physique (« R2 Buis » écrit en bleu), le pilier dans l'axe du dièdre en 6a appartient à la voie *Kit ou double*.
L3 (5c) : Gravir le dièdre soutenu (patiné mais pas gênant) jusqu'à sa sortie sur la droite.
L4 (4b) puis marche : Monter jusqu'à la vire médiane et tirer à gauche sur une vingtaine de mètres jusqu'à un dièdre ouvert gris.
L5 (5c) : Grimper le dièdre athlétique.
L6 (5c) : Remonter quelques gradins faciles puis dalle fissurée et cheminée raide à passer.
L7 (5c) : Fissure athlétique et un peu patinée.
L8 (5c) : Continuer en effectuant un léger crochet par la droite.
L9 (4b) : Remonter au-dessus du couloir de buis, pas d'équipement (sangles et becquets) puis en ascendance à gauche jusqu'au sommet.

RETOUR

Idem voie 71.

Nicolas © Cristol Belissent

73 | LA GROTTE

220 m - TD 6b max, 6a obl./ P1+

Ouverte par S. Péguy, P. Alphonse, A. Guirado et M. Pichot en 1970, c'est une grande classique de la falaise et du secteur *Chrysanthèmes* lui appartenant. Malgré un peu de patine dans les passages difficiles, la voie est homogène avec un bel itinéraire dont le passage par la grotte mérite le détour.

PÉRIODE FAVORABLE

Grimpe possible presque toute l'année (hors neige et pluie), privilégier le printemps et l'automne pour la face sud.

ACCÈS ROUTIER

Idem voie 71.
Point GPS parking Presles (38) D292 : 45.080488, 5.377799

APPROCHE 30 MINUTES

Du parking, continuer à pied sur la D292 qui descend. Après le premier virage à droite et avant le tunnel, prendre une sente qui descend sur la gauche, traverser la route au-dessus d'un virage pour rejoindre la route juste en dessous. Continuer quelques dizaines de mètres sur la droite pour croiser un sentier à gauche vers le sud avec un panneau « Les Falaises ». Prendre ce sentier sur 500 m et au niveau d'un croisement, aller à gauche vers le pied des falaises pour arriver au niveau de la vire aux Chèvres. Continuer sur la droite en longeant la falaise jusqu'à arriver à un grand surplomb bombé à 5 m du sol et large de plus de 20 m. Le départ de la *Grotte* se trouve à droite avec le nom écrit en bleu. Après deux longueurs à droite, on tombe sur le départ de la *Directe de la Grotte* (deux longueurs).

ÉQUIPEMENT SPÉCIFIQUE

12 dégaines, sangles, matériel grande voie sportive, quelques friends petits et moyens pour compléter l'équipement qui peut être aéré par endroits.

ITINÉRAIRE

L1 (6b), 30 m : Passer le petit surplomb (A0 possible) puis remonter une fissure et en sortir par la droite dès que possible sur la vire (ne pas prendre les plaquettes qui montent droit dans la fissure, voie *Nosferatu*).
L2 (5c), 35 m : Quelques pas de descente sur la vire puis continuer vers la droite, passer un relais facultatif, et remonter un dièdre patiné pour en sortir à droite.
L3 (4c), 30 m : En ascendance à droite dans du rocher moyen jusque sous un gros surplomb en rocher orangé.
L4 (6a+), 20 m : Traverser et crochet sur la droite, puis fissure à remonter avant de revenir vers la gauche.
L5 (6b), 30 m : Remonter une dalle à trous avec un pas en sortie dans une fissure patinée puis tout droit et à droite.
L6 (5b+), 25 m : D'abord en ascendance à droite avant de remonter un dièdre dont il faut sortir par la gauche (ne pas suivre les points partant à droite au milieu de ce dièdre).
L7 (5c), 20 m : Remonter un pilier puis traverser vers la gauche jusqu'à la vire 10 m à gauche de la grotte.

L8 (6a+), 40 m : Grimper le plus à gauche au-dessus du relais pour rejoindre une fissure patinée et athlétique en ascendance à droite, équipement assez espacé. Relais final sur arbre.

RETOUR 20 MINUTES

Du sommet, prendre la sente vers le nord qui s'éloigne des falaises. Au premier croisement, prendre à droite puis lorsque le chemin s'élargit, aller vers la gauche pour rejoindre le sentier de retour du secteur des *Buis* qui mène au parking le long de la D292.

74 | LES CHRYSANTHÈMES

200 m - TD- 6a+ max, 6a obl./ P1

Cette classique, qui a donné son nom au secteur, a été ouverte en 1969 par F. Hamon et G. Nominé. La patine n'y est pas trop gênante. On peut également visiter la grotte lors du passage au relais de l'avant-dernière longueur vers la gauche. C'est la voie la plus accessible du secteur, elle exploite parfaitement la variété du rocher pour éviter les difficultés.

PÉRIODE FAVORABLE

Grimpe possible presque toute l'année (hors neige et pluie), privilégier le printemps et l'automne pour la face sud.

ACCÈS ROUTIER

Idem voie 71.
Point GPS parking Presles (38) D292: 45.080488, 5.377799

APPROCHE 30 MINUTES

Du parking, continuer à pied sur la D292 qui descend. Après le premier virage à droite et avant le tunnel, prendre une sente qui descend sur la gauche, traverser la route au-dessus d'un virage pour rejoindre la route juste en dessous. Continuer quelques dizaines de mètres sur la droite pour croiser un sentier à gauche vers le sud avec un panneau « Les Falaises ». Prendre ce sentier sur 500 m et au niveau d'un croisement, aller à gauche vers le pied des falaises pour arriver au niveau de la vire aux *Chèvres*. Continuer sur la droite en longeant la falaise jusqu'au sommet du sentier avant la descente menant au *Pilier du Souvenir*. Le départ se situe le plus à droite au point haut du sentier (nom écrit au pied de la voie).

ÉQUIPEMENT SPÉCIFIQUE

12 dégaines, sangles, matériel grande voie sportive, quelques friends moyens et gros pour compléter l'équipement qui peut être aéré par endroits.

ITINÉRAIRE

L1 (5b): Monter tout droit (premier point haut). Possibilité d'enchaîner L1-L2 en une seule longueur avec corde de 50 m et en gérant le tirage.
L2 (5b): Continuer dans l'axe de l'arbre, vigilance au rocher.
L3 (5c+) : Remonter un dièdre (patiné dans le haut avec des résurgences humides possibles) pour en sortir par la gauche.
L4 (3): Traversée à gauche sur la vire médiane, dépasser un premier relais (*Topomaniak*), « Chrysanthèmes » écrit sur le deuxième relais.
L5 (6a+) : Gravir une dalle raide en ascendance à gauche, dépasser un premier relais en continuant quelques mètres vers la gauche.
L6 (6a+) : Passer un dièdre puis grimper vers la gauche en dépassant un relais sur la droite.
L7 (5a): Traverser vers la gauche pour trouver un relais à l'entrée de la grotte. Visite de la grotte possible. Monter à droite vers un genévrier avec une chaîne.

Claire et Philippe dans L5 (6a), Les Chrysanthèmes © Sam Bié

L8 (5a): Remonter en ascendance à droite.
L9 (6a+) : Gravir un pilier un peu physique jusqu'à une vire et enchaîner par un dièdre patiné (un pas) jusqu'au sommet.

RETOUR 20 MINUTES

Idem voie 73.

Philippe et Claire dans L3 (5c+) © Sam Bié

LA DIBONA

Pour tout grimpeur en quête de montagne ou sommet insolite, la Dibona constitue un passage ou une *Visite Obligatoire*. Avant l'ascension du 27 juin 1913 par le guide italien des Dolomites, Angelo Dibona, accompagné de Guido Mayer par la voie normale, ce pic élancé de granite compact portait le nom de Pain de Sucre du Soreiller. L'accès à la Dibona se mérite. Il faut d'abord passer par le refuge du Soreiller, bien calé au pied de la face sud de l'aiguille ; 1 150 mètres de dénivelé, depuis le parking situé au petit village des Étages, seront à gravir avec l'équipement, avant de se lancer dans une ascension de plus de 300 m.

Le premier contact avec la Dibona survient dans le sentier de montée, au détour d'un virage. Elle est effilée, élégante, majestueuse et imposante. Plus on s'en rapproche et plus le désir d'en accomplir l'ascension monte. Souvent, il faudra attendre le lendemain, après une journée de route et d'approche, pour gravir cette aiguille de granite, et composer avec les nombreuses cordées présentes au départ et dans les voies. Dans les alentours directs, le superbe cirque du Soreiller offre de nombreuses possibilités d'escalade, d'alpinisme, de randonnée et de ski de randonnée…

La Dibona est située à 80 km au sud-est de Grenoble, dans l'Oisans et le massif du Soreiller, dans l'aire d'adhésion du Parc national des Écrins avec la Meije au nord-est et la barre des Écrins à l'est.

Pour plus d'informations, consulter le site du Parc national des Écrins :
www.ecrins-parnational.fr

La Dibona

L'aiguille et son versant nord

75 | LES SAVOYARDS

350 m - TD 6a max, 5c obl./ P2+ Terrain d'av.

Ouverte (en grosses) par P. Chapoutot et B. Wyns en 1967, cette très belle classique parcourt la face sud puis ouest avant d'arriver au sommet. Peu équipée (surtout dans le facile) et essentiellement sur pitons comme à son origine, elle croise d'autres itinéraires tout du long. Le granite est excellent.

PÉRIODE FAVORABLE

Voie montagne qui culmine à plus de 3000 m d'altitude. Pour l'escalade rocheuse, privilégier juin à septembre.

ACCÈS ROUTIER

Situé à 80 km de Grenoble, il faudra prendre depuis Grenoble la D1091 vers l'est puis un peu après Bourg-d'Oisans, sur la droite, la D530 et s'arrêter à l'entrée du petit village des Étages un peu avant la Bérarde. Depuis Bourg-d'Oisans, compter environ 1 heure.

Point GPS parking les Étages, (accès refuge du Soreiller) : 44.937354, 6.255043

APPROCHE : DU PARKING JUSQU'AU REFUGE (1150 D+) 3H, DU REFUGE JUSQU'AU PIED DE LA VOIE 5-10 MINUTES

Du parking, remonter le sentier vers la gauche et en lacets jusqu'au refuge du Soreiller qui se trouve à 2719 m d'altitude au pied de l'aiguille de la Dibona. (Approche assez longue surtout avec l'équipement à monter). Du refuge, remonter au milieu gauche du pied de l'aiguille en moins de 10 minutes.

ÉQUIPEMENT SPÉCIFIQUE

1 jeu de coinceurs (friends) du #0.3 au #2, doubler du #05 au #1, câblés, sangles, dégaines, équipement terrain d'aventure.

ITINÉRAIRE

Face Sud

L1 (5b) : Le départ se situe à peu près au milieu gauche de la base de la face sud, en ascendance à droite.
L2 (4b) : Dans le prolongement, monter des ressauts.
L3 (5b) : Remonter une cheminée.
L4 (5c+) : Continuer tout droit puis rapidement traverser à gauche vers un piton et remonter un peu toujours vers la gauche.
L5 (5c+) : Poursuivre en traversée ascendante à gauche jusqu'à arriver sous la zone de toit.
L6 (6a) : Traversée fine et aérienne sous la zone de toits, rester bas pour arriver au pied du grand dièdre cheminée qui remonte verticalement et vers la droite.
L7 (5a) : Gravir ce dièdre.
L8 (5b) : Continuer dans le dièdre.
L9 (4c) : Enchaîner par une dalle facile qui mène au pied du *Couloir Boell*.
L10-11 (4a) : Monter le *Couloir Boell* en 2 longueurs faciles, grand dièdre couché.

Une approche physique

Face Ouest

L12 (5b) : À l'extrémité du *Couloir Boell*, continuer à traverser à gauche sur 25 mètres avec un ressaut à gauche à passer de 2 m en fissure avec sangle blanche, poursuivre quelques mètres sur la gauche pour faire relais sur pitons récents.
L13 (5c) : Remonter la fissure de gauche après avoir passé une grosse écaille vers la gauche et partir à droite au niveau d'une autre écaille. Relais sur pitons.
L14 (5c) : Traverser à droite sur une dalle lisse avec piton, puis remonter un dièdre plus simple.
L15 (6a) : Remonter le dièdre vertical, assez physique.
L16 (5c) : Arriver sur le fil de l'arête, continuer jusqu'au sommet avec quelques blocs à passer.

RETOUR REFUGE, 2 RAPPELS, 1 H 15

Redescendre par la voie normale par l'arête nord, tirer deux rappels de 25 mètres sur relais chaînés pour rejoindre la brèche des clochetons puis descendre face ouest par le sentier cairné qui traverse des amas de blocs rocheux, névés et pierrier jusqu'au refuge.

Pierrot

Olivier © Pierre Pattier

76 | VISITE OBLIGATOIRE

370 m - TD 6a+ max, 6a obl./ P1

Un granite de rêve, des 6a à la pelle qui se succèdent, une aiguille mythique : cela mérite bien une *Visite Obligatoire*. On doit ce chef-d'œuvre de l'Oisans à P. Junique, accompagné de L. Belluard et W. Legrand, pour les 3 premières longueurs en 1988, rééquipée en 2000 par P. Junique. La voie est victime de son succès et il n'est pas rare d'y faire la queue ou de croiser d'autres cordées. L'ensemble reste soutenu et athlétique dans le niveau tout en étant très homogène dans la difficulté et varié dans les styles de grimpe, équipement un peu aéré.

PÉRIODE FAVORABLE

Voie montagne qui culmine à plus de 3000 m d'altitude. Pour l'escalade rocheuse, privilégier juin à septembre.

ACCÈS ROUTIER

Idem voie 75.

Point GPS parking les Étages, accès refuge du Soreiller : 44.937354, 6.255043

APPROCHE : DU PARKING JUSQU'AU REFUGE (1150 D+), 3H DU REFUGE JUSQU'AU PIED DE LA VOIE 5-10 MINUTES

Du parking, remonter le sentier vers la gauche et en lacets jusqu'au refuge du Soreiller qui se trouve à 2719 m d'altitude, au pied de l'aiguille de la Dibona. (Approche assez longue surtout avec l'équipement à monter.) Du refuge, remonter au bas de la face sud un peu sur la droite, et démarrer à droite du triangle jaunâtre qui descend au pied de l'aiguille.

ÉQUIPEMENT SPÉCIFIQUE

12 dégaines, matériel grande voie sportive (quelques friends moyens peuvent réduire l'exposition de certains passages).

ITINÉRAIRE

L1 (6a+) : Gravir la dalle en ascendance à gauche jusqu'à une vire sur la gauche.
L2 (6a+) : Continuer dans le prolongement par de la dalle.
L3 (6a) : La suite (avec des cannelures) fait un léger crochet gauche puis droite.
L4 (6a) : Traverser à gauche et deux surplombs à passer.
L5 (6a+) : Remonter tout droit puis légèrement vers la gauche avec quelques fissures.
L6 (5a) : Continuer dans du plus facile.
L7 (5c) : Rejoindre la vire *Boell* après une traversée facile. Passer le relais intermédiaire et croiser la voie « *Coup de Bambou* » (plaquette dorée) qui part à droite. Basculer à gauche de l'angle face ouest et remonter quelques mètres le dièdre couché du *Couloir Boell*. Remonter un ressaut en 5c pour atteindre le relais sur une vire à droite.
L8 (6a) : Grimper de belles écailles.
L9 (6a) Passer à droite des cannelures Stöffer et remonter une fissure.
L10 (6a) : Gravir la suite en dalle.
L11 (6a) : Remonter un dièdre puis un mur raide qui amène sur le fil de l'arête.
L12 (5b) : Après un bref passage en fissure large, continuer sur l'arête jusqu'au sommet.

RETOUR REFUGE 2 RAPPELS, 1 H 15

Idem voie 75.

Pierrot au sommet

Descente

77 | VERSION ORIGINALE (TÊTE DU ROUGET)

340 m - D+ 5c max, 5b obl./ P1

Si l'Aiguille de la Dibona et sa face sud sont trop encombrées, il s'agit là d'une très bonne alternative pour une grande voie sportive, certes un peu plus éloignée du refuge du Soreiller, mais sur un excellent granite dans un niveau abordable. L'ouverture date de 1993 par P. Junique et M. Turc. La grimpe y est très belle, homogène et l'équipement un peu aéré.

PÉRIODE FAVORABLE

Voie montagne qui culmine à plus de 3 400 m d'altitude. Pour l'escalade rocheuse, privilégier juin à septembre.

ACCÈS ROUTIER

Idem voie 75.
Point GPS parking les Étages, (accès refuge du Soreiller) : 44.937354, 6.255043

APPROCHE : DU PARKING JUSQU'AU REFUGE (1150 D+) 3H, DU REFUGE JUSQU'AU PIED DE LA VOIE 1H30

Du parking, il faudra remonter le sentier vers la gauche et en lacets jusqu'au refuge du Soreiller qui se trouve à 2719 m d'altitude au pied de l'aiguille de la Dibona. (Approche assez longue surtout avec l'équipement à monter.) Du refuge, aller en direction de la base de la Tête du Rouget en visant le couloir de la voie normale à gauche du sommet. Remonter à la base de ce couloir et le traverser pour arriver vers le milieu gauche de la face ouest. Parvenir et traverser la vaste vire au pied de cette face ouest pour trouver le départ de la voie sur goujons. En début de saison et en cas de névés importants, les crampons peuvent être utiles pour l'approche.

ÉQUIPEMENT SPÉCIFIQUE

12 dégaines, matériel grande voie sportive.

ITINÉRAIRE

L1 (4b) : Commencer par faire un crochet à gauche pour revenir à droite jusqu'à la base d'une dalle.
L2 (5b) : Gravir la dalle tout droit.
L3 (5b) : Traverser horizontalement à droite puis remonter en ascendance à gauche.
L4 (4c) : Continuer tout droit dans le prolongement.
L5 (5b) : Un éperon à passer à droite puis légèrement vers la droite.
L6 (5c+) : Passer un surplomb avec un pas bloc (A0 possible) et continuer dans l'axe.
L7 (5b) : Enchaîner tout droit.
L8-L9-L10 (4c max) : Continuer au plus facile pour rejoindre l'arête qui mène au sommet, corde tendue possible pour ces trois dernières longueurs.

RETOUR REFUGE, 7 RAPPELS, 2H30

Revenir à R7, descendre en plusieurs rappels dans la voie puis prendre l'itinéraire de l'aller pour rejoindre le refuge du Soreiller. (Possibilité de descendre par l'arête nord ou par l'arête sud-ouest).

Le Rouget

100 m jusqu'au sommet, 4c max
340 m
Altitude: 3418 m
5b
5c+
5b
4c
5b
5b
4b
PILIER CHÈZE
PARAT
APPROCHE 1H15 DEPUIS
LE REFUGE DU SOREILLER

© Rémy Helmer

AILEFROIDE

Si pour beaucoup Ailefroide rime avec « camp d'été », les possibilités sont nombreuses tant dans cette vallée unique à 1 500 m d'altitude, que plus haut vers les sommets environnants. Le granite (qui ne patine pas) est omniprésent ici, et permet du bloc, des couennes et de la grande voie. On pourra laisser sa voiture au repos pour quelque temps et accéder à pied depuis le camping à une grande quantité de voies. Toutes les orientations et toutes les disciplines sont accessibles (escalade, bloc, alpinisme, randonnée et ski de randonnée), pour tous les niveaux et avec toutes les commodités dans un cadre sauvage. Tous les éléments sont réunis pour passer un séjour d'exception, avec les sommets du Pelvoux et de la barre des Écrins comme gardiens du temple. Même si l'été est synonyme de forte fréquentation, il y a toujours de la place pour des grimpeurs et des projets sur le rocher.

Pour plus d'informations, consulter le site du Parc national des Écrins : www.ecrins-parcnational.fr

Ailefroide et son camping

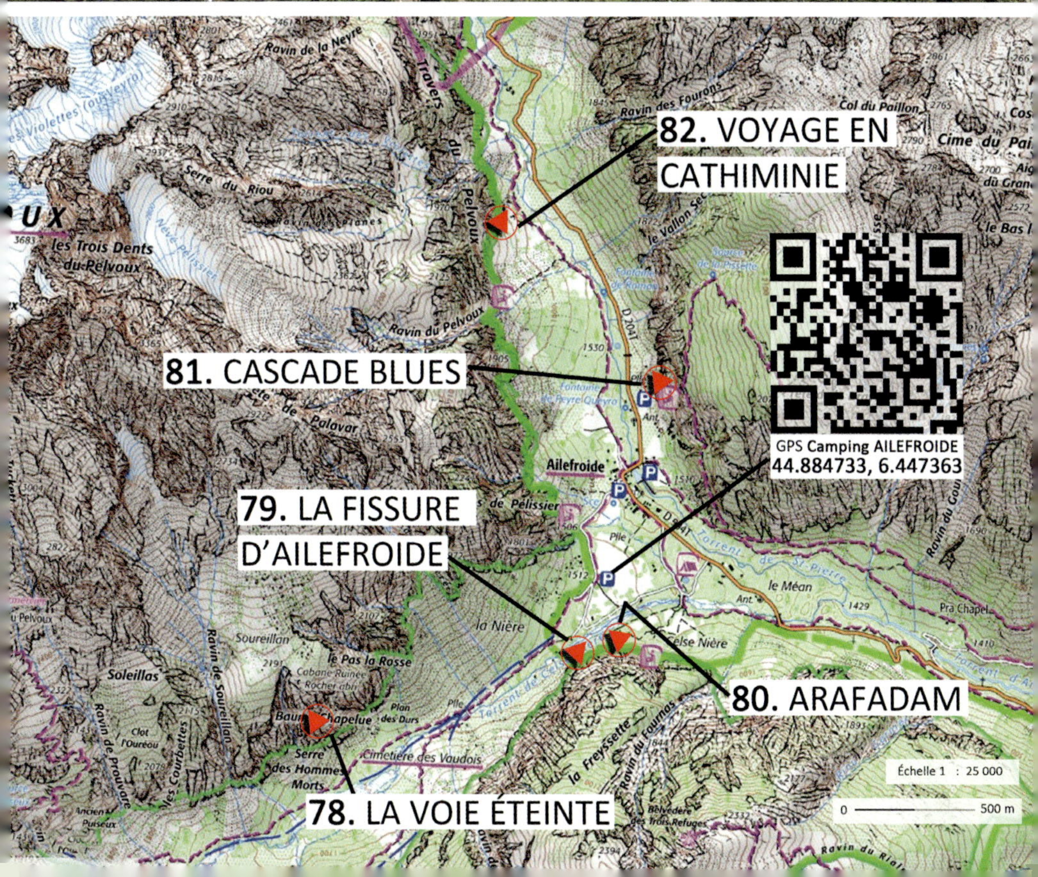

78 | ÉPERON DE LA VOIE ÉTEINTE

250 m - D+ 6a max, 5c obl./P2 Terrain d'av.

Ouverte en 1985 par J-P. Flandin, J.-F. Gueux et D. Stumpert, cette belle voie type montagne relativement isolée est intéressante pour pratiquer ou s'initier à la pause de coinceurs et compléter l'équipement déjà en place. Le cheminement est intéressant surtout dans la première partie, utilisant bien les lignes de faiblesse de la falaise avec un joli passage sur un « pont naturel » (gros bloc coincé) ainsi que de beaux rappels aériens pour la descente. Idéalement située derrière le camping d'Ailefroide, on y accède facilement à pied.

PÉRIODE FAVORABLE

Cadre montagneux, pour l'escalade rocheuse, privilégier mai à septembre.

ACCÈS ROUTIER

Ailefroide est situé dans le massif des Écrins à un peu moins de 30 km de Briançon, au sud-est de la barre des Écrins et du mont Pelvoux, dans la vallée de la Vallouise. Depuis Briançon, il faudra prendre la N94 vers le sud (qui longe la Durance), puis prendre la D4 dans son prolongement, et enfin la D994E en direction de Vallouise jusqu'au petit village d'Ailefroide.
Point GPS parking Camping Ailefroide : 44.884733, 6.447363

APPROCHE 30 MINUTES

Du camping, le traverser (direction opposée à l'accès) pour rejoindre la forêt derrière et remonter le torrent de Celse Nière. Une centaine de mètres avant le pont en bois sur la gauche qui permet d'accéder à la bosse de Clapouse, remonter une sente vers la droite qui mène au pied de l'éperon de la voie éteinte, éperon reconnaissable avec ses grands dévers sur la gauche. La voie démarre en bas de cet éperon. Deux voie démarrent à cet endroit. C'est celle de gauche qui nous intéresse.

ÉQUIPEMENT SPÉCIFIQUE

1 jeu de coinceurs (friends) du #0.3 au #3, câblés optionnels, sangles, dégaines, équipement terrain d'aventure partiel.

ITINÉRAIRE

L1 (5a), 35 m : Démarrer par un petit mur avec 1 pas pour atteindre une cheminée, suivre la ligne de faiblesse et remonter une fissure. Relais sur rochers. Variante intéressante en dülfer en 5c en remontant la fissure de droite.
L2 (5b), 35 m : Traverser à gauche (peu d'équipement mais facile) puis remonter la dalle. Variante directe en 5c un peu à gauche de l'aplomb du surplomb.
L3 (3b), 20 m : Continuer dans du facile en ascendance vers la droite.
L4 (5b), 35 m : Grimper proche du fil et remonter une dalle qui amène sur le fil.
L5 (4c), 40 m : Remonter proche du fil de nouveau jusqu'à proximité du gros bloc coincé.
L6 (6a), 20 m : Passer sur le bloc et suivre les points en place, passage en dalle vers la gauche un peu fin.
L7 (4b), 25 m : Remonter vers la droite et atteindre le fil.
L8 (4b), 100 m : Continuer au plus facile en suivant au mieux le fil, l'inclinaison diminue. Relais sur arbre qui servira pour le rappel, 15 m après la fin de l'escalade.

RETOUR 3 RAPPELS, 1 H 15

R1 arbre, 50 m: Dépasser le relais intermédiaire.
R2, 50 m: Dépasser le relais intermédiaire.
R3, 30 m.

Redescendre le long de l'éperon pour rejoindre le chemin de l'aller qui mène au camping.

79 | LA FISSURE D'AILEFROIDE

270 m - D+ 5c max, 5b+ obl./P2 Terrain d'av.

S'agissant de la première voie ouverte à Ailefroide, c'est une superbe voie terrain d'aventure hautement historique et parfaitement identifiable depuis le camping. La première ascension serait l'œuvre de Lionel Terray et ses compagnons de cordée dans les années 41-43 (source Vallouimages). Attention aux cotations qu'on pourrait qualifier sur le papier d'« à l'ancienne », à ne pas sous-estimer.

PÉRIODE FAVORABLE

Cadre montagneux, pour l'escalade rocheuse, privilégier mai à septembre.

ACCÈS ROUTIER

Idem voie 78.
Point GPS parking Camping Ailefroide : 44.884733, 6.447363

APPROCHE 5-10 MINUTES

Depuis le camping, rejoindre le pied de la *Paroi de la Fissure* jusqu'à la base de la fissure (plutôt une cheminée compte tenu de sa largeur) qui parcourt toute la falaise verticalement.

ÉQUIPEMENT SPÉCIFIQUE

1 jeu complet de friends du #0.3 au #3, câblés, sangles, dégaines, équipement terrain d'aventure.

ITINÉRAIRE

L1 (4c) : Commencer par un dièdre-cheminée qu'il faut remonter, dépasser un gros arbre avec sangle, continuer dans la cheminée, relais sur vire.

Fissure (cheminée) d'Ailefroide

L2 (5a) : Grimper d'abord dans la cheminée, beaucoup d'oppositions, puis en sortir et gravir la dalle sur la gauche.
L3 (4b) : Cheminée à remonter puis fissure, relais sur la droite.
L4 (4b) : Cheminée à grimper et sortie sur la gauche.
L5 (4b ou 5b) : À droite, prolonger dans la fissure (4b) à gauche ou fissure en bord de dalle (5b).
L6 (4b) : Monter dans la cheminée puis un peu sur la gauche pour passer au-dessus d'une grotte.
L7 (5c) : Fissure à remonter sur la droite puis rejoindre une dalle et revenir vers la gauche.
L8 (4c) : Remonter encore une cheminée au-dessus de la vire puis sortir sur la gauche en suivant une fissure (sortie à droite 6a équipée) jusqu'aux premiers arbres, et rejoindre le sommet au plus facile.

RETOUR 30 MINUTES

Par le sentier qui part à gauche dans la forêt après le sommet, présence de câbles pour les passages exposés (garder le baudrier et se longer si besoin).
Possibilité de descendre en rappel dans la voie à gauche « *À Tire d'Ailes Froides* ».

80 | ARAFADAM

280 m - ED- 7a+ max, 6b+ obl./P1

Une belle voie (essentiellement) sportive et athlétique sur la *Paroi de la Fissure* d'Ailefroide ouverte par B. Kempf et F. Roulx en 2007. Les dévers à passer laisseront des souvenirs et contrastent avec les dalles assez typiques où il ne faut pas hésiter à grimper entre les points… Un peu de lichens par endroits mais ce n'est pas trop gênant.

PÉRIODE FAVORABLE

Cadre montagneux, pour l'escalade rocheuse, privilégier mai à septembre.

ACCÈS ROUTIER

Idem voie 78.
Point GPS parking Camping Ailefroide : 44.884733, 6.447363

APPROCHE 5-10 MINUTES

Depuis le camping, rejoindre le pied de la *Paroi de la Fissure* d'Ailefroide, la voie démarre par un dièdre 20 m à gauche du départ de la *Fissure* d'Ailefroide (première voie à gauche de la *Fissure*).

ÉQUIPEMENT SPÉCIFIQUE

12 dégaines, matériel grande voie sportive mais très grand espacement entre certains points dans L1, possibilité de compléter avec Friends #0.5 à #2.

ITINÉRAIRE

L1 (6a) : Démarrer sur la droite puis remonter le dièdre, grande longueur, équipement très aéré par endroits à compléter.
L2 (7a+) : Passage du toit très athlétique (à passer rapidement, A0 possible).

L3 (6b ou 7b+) : Gravir la dalle technique en passant à gauche du toit (6b) ou 7b+ dans le toit.
L4 (6a) : Continuer dans les dalles, bien suivre les mêmes types de points pour ne pas aller dans la *Snoopy*.
L5 (6b) : Idem dans le prolongement, belle verticalité.
L6 (6b) : Gravir la dalle, un peu vers la gauche à la fin et sangle sur arbre.
L7 (5c) : Peu d'équipement sur la fin qui termine en ascendance à gauche.
L8 (6a) : Remonter tout droit avec un pas à franchir avant d'arriver au sommet.

RETOUR 30 MINUTES

Idem voie 79.

Début de la voie

Nico dans les dalles finales

81 | CASCADE BLUES, LA DRAYE

300 m - D+ 6a max, 5c obl./P1

Ouverte en 1992 par J.-M. et S. Cambon, c'est une belle voie équipée marquée par le passage bien sympathique de la cascade sur la paroi de la Draye, au soleil l'après-midi. Un peu victime de son succès, choisissez bien votre horaire pour ne pas se gêner avec d'autres cordées.

PÉRIODE FAVORABLE

Cadre montagneux, pour l'escalade rocheuse, privilégier mai à septembre.

ACCÈS ROUTIER

Idem voie 78.
Point GPS parking Camping Ailefroide: 44.884733, 6.447363

APPROCHE, 20 MINUTES

Depuis le camping d'Ailefroide, passer le village en direction du Pré-de-Madame-Carle sur la D204T, passer le pont qui franchit le torrent de Saint-Pierre à droite et continuer environ 500 m. La cascade se trouve à droite, monter à pied sur la droite pour le départ de la voie.
(Possibilité d'approcher la voiture et de se garer un peu après le pont, suivre la réglementation de stationnement).

ÉQUIPEMENT SPÉCIFIQUE

12 dégaines, quelques sangles, matériel grande voie sportive.

ITINÉRAIRE

L1 (6a): Démarrer bien à droite avec quelques surplombs à passer, longueur la plus physique de la voie.
L2 (5c): Passage dans des pentes herbeuses puis mur à remonter.
L3 (5c+) : Continuer dans le prolongement avec un pas.
L4 (4b): Traversée vers la gauche et passage de la cascade, vigilance au rocher très glissant.
L5 (5c+) : Remonter la dalle en ascendance à gauche.
L6 (5a): Continuer toujours vers la gauche dans du plus facile.
L7 (4c): Traverser vers la gauche.
L8 (6a): Remonter le dernier mur, un peu plus athlétique pour arriver au premier des deux relais de rappel.

RETOUR 2 RAPPELS, 40 MINUTES

R1 : 40 m, R2 : 50 m.
Pour R2, allez bien sur la gauche (dos au vide) à gauche d'un arbre. Descendre ensuite jusqu'à la route puis au camping.

© Philippe Mergnat

82 | VOYAGE EN CATHIMINIE

280 m - TD 6b max, 6a obl./P1

Encore une superbe voie du regretté J.-M. Cambon, ouverte en 1994. C'est un itinéraire de grande classe situé à droite de la *Poire d'Ailefroide* avec de très beaux passages aériens, des traversées et de la grimpe de grande qualité autour du 6a.

Pat dans la tyrolienne d'accès

PÉRIODE FAVORABLE

Cadre montagneux, pour l'escalade rocheuse, privilégier mai à septembre.

ACCÈS ROUTIER

Idem voie 78.
Point GPS parking Camping Ailefroide : 44.884733, 6.447363

APPROCHE

Depuis le camping, remonter le torrent de Saint-Pierre rive droite (sens orographique en direction du Pré-de-Madame-Carle). Dépasser la falaise de la *Poire* dont la forme est assez caractéristique. Prendre une vague sente qui monte vers la droite jusqu'à la base de la paroi.

Possibilité d'approcher en voiture et de se garer sur la route D204T au niveau de la *Poire*, suivre la réglementation de stationnement. Descendre au torrent et traverser au moyen d'une tyrolienne, puis remonter vers la droite au pied de la falaise, après la *Poire*.

ÉQUIPEMENT SPÉCIFIQUE

12 dégaines, quelques sangles, matériel grande voie sportive.

ITINÉRAIRE

L1 (6a+) : Remonter la dalle proche du fil de l'éperon, assez technique et exigeante.
L2 (6a): Poursuivre en ascendance à gauche avant de remonter et terminer à gauche avec de beaux passages en dalle.
L3 (6a): Dans le prolongement avec passage en fissure.
L4 (6b à gauche, 6a à droite): Un pas de bloc physique, remonter par la gauche une fissure un peu déversante qui peut être humide, la fin en ascendance à gauche.
L5 (6a): Traverser à gauche et remonter une dalle.
L6 (5c): Idem, continuer à traverser et monter en dalle vers la gauche.
L7 (6a): Un petit surplomb à passer par la gauche puis dalle.
L8 (5c): Remonter la dalle vers la gauche pour arriver au relais final.

RETOUR 5 RAPPELS, 1 H 30

Descendre en 5 rappels légèrement vers la droite avec 1 rappel en fil d'araignée. Le dernier rappel permet d'arriver un peu au-dessus à gauche de l'attaque de la voie. Rejoindre ensuite facilement le chemin d'approche.

Pat au départ de la voie, L1 (6a+)

CHAMONIX

On ne présente plus Chamonix, qui a déjà vu passer quelques générations de montagnards, alpinistes et grimpeurs aguerris. Les montagnes et leurs glaciers d'il y a 20 ans ne sont plus les mêmes aujourd'hui, il suffit de voir les restes de la Mer de Glace pour s'en rendre compte. Fort heureusement, les possibilités d'escalade rocheuse exceptionnelle perdurent. Les six voies présentées ici permettent de découvrir des endroits très différents du massif ; le Brévent face au Mont-Blanc, l'Envers des Aiguilles après avoir pris le train du Montenvers et traverser (les restes) de la Mer de Glace, la célèbre face sud de l'Aiguille du Midi (avec l'accès par le téléphérique jusqu'au sommet de l'Aiguille du Midi), et enfin le Grand Capucin, et son approche par le versant italien de Courmayeur et la pointe Helbronner, accessible en téléphérique (deux tronçons) également.

Le massif du Mont-Blanc, capitale mondiale de l'alpinisme.
Olivier, Aiguilles d'Entreves © Balazs Meszaros

« En ce soir de juillet, avec mon ami Vincent, nous avons la chance de profiter du sommet du Grépon pour un bivouac merveilleux. Installés au cœur du massif, nous jouissons d'une vue exceptionnelle sur les Aiguilles de Chamonix, les sommets de la Combe Maudite et la Verte.

La journée a été longue depuis le téléphérique du plan de l'Aiguille, avec la classique traversée « Charmoz-Grépon », mais nous n'avons plus qu'à profiter d'une température clémente, du paysage… Et du spectacle d'une opération de secours au coucher de soleil, intervention périlleuse menée d'une main de maître par l'équipage de la sécurité civile et les secouristes du PGHM.

Ils viennent récupérer une cordée d'alpinistes en difficulté, que nous avions déjà aidés à sortir le dernier ressaut de l'itinéraire « Mer de glace », mais qui n'a plus la force de redescendre seule ou de supporter un bivouac de plus. L'ascension de ces hauts sommets n'est plus aujourd'hui un exploit, mais reste une entreprise sérieuse, même lorsque l'on emprunte des voies modernes dotées de rappels comme « Le soleil a rendez-vous avec la lune », *présentée ici.*

Il en est de même à l'Aiguille du Midi, malgré la plus forte fréquentation et la proximité imbattable de la benne. L'escalade est moins engagée, mais l'on peut vite y sentir l'ambiance « haute montagne » et sortir de sa zone de confort. C'était le cas lorsque, toujours avec Vincent, nous avions parcouru la voie Kohlmann, à droite de la classique Rébuffat : malgré le passage 20 m derrière moi des cabines du « Panoramic », je me suis senti bien loin de la civilisation à dégager la neige de la fissure avec un décoinceur…

Il faudra au pratiquant assidu d'escalade calcaire de moyenne montagne un peu de volonté pour profiter de ces itinéraires d'altitude, mais le jeu en vaut amplement la chandelle.

Il devra s'habituer au rocher d'abord, surtout au granite du massif du Mont-Blanc. Ici les dalles sont techniques et il faut apprendre à placer ses pieds sur de petits cristaux. Fissures et dièdres demandent d'appréhender des techniques parfois oubliées du grimpeur moderne.

L'approche glaciaire, l'altitude, la pose de la plupart des protections peuvent peser lourd sur le moral et demandent un savoir-faire supplémentaire.

La récompense est largement à la hauteur ! Quelle chance de pouvoir escalader dans un cadre aussi merveilleux, et de fouler des sommets mythiques comme ceux du Grépon ou du Grand Capucin. La Protogyne (une forme de granit) rouge caractéristique du massif est riche en prises et facilite la pose de protections, donnant à beaucoup l'opportunité de suivre les traces d'ouvreurs visionnaires comme Gaston Rébuffat ou Michel Piola. »

Robin Bonnet,
guide indépendant

<u>À propos</u>
Guide de haute montagne indépendant basé à côté de Chamonix, passionné par l'alpinisme et les belles photos ; j'essaye de transmettre à mes clients le goût de la montagne et de l'autonomie. Vous trouverez sur mon site internet de nombreux topos et récits qui, j'espère, vous donneront des idées !
Plus d'infos et contact :
www.passion-alpes.com
ou sur Facebook @Passionalpes

Chamonix, Mont-Blanc © Robin Bonnet

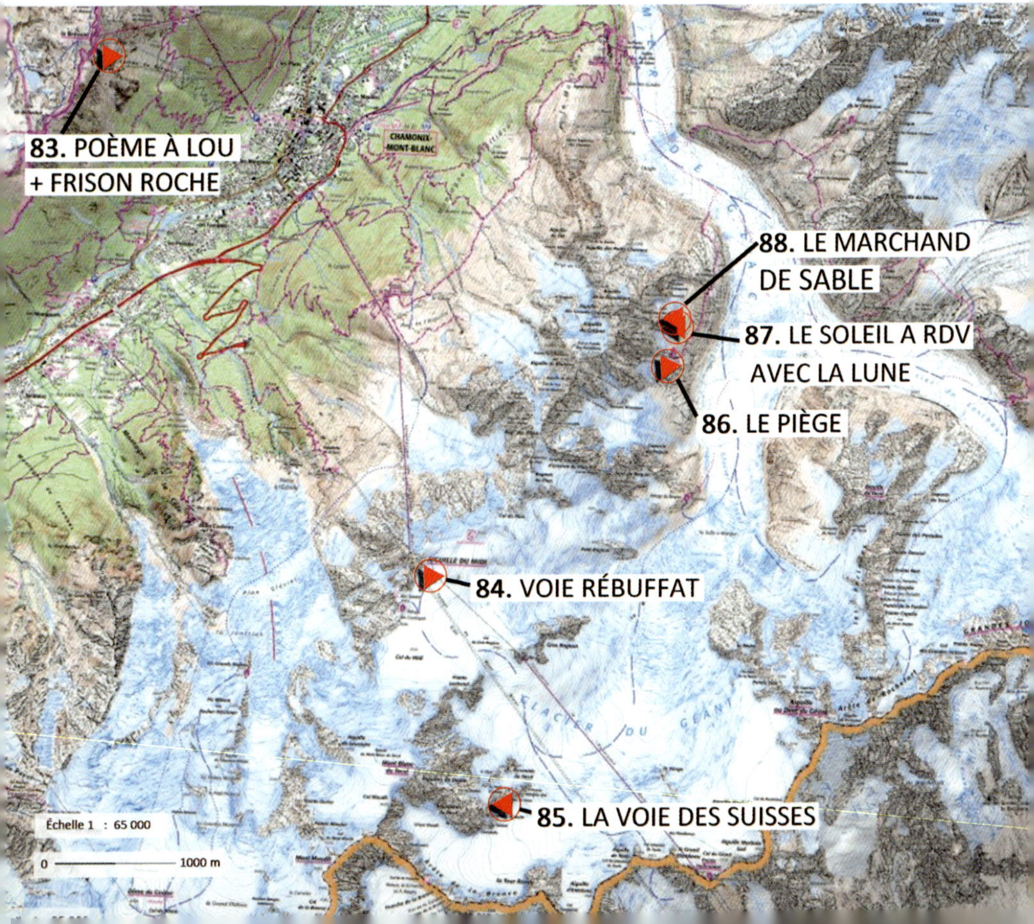
83. POÈME À LOU
+ FRISON ROCHE
CHAMONIX-MONT-BLANC
88. LE MARCHAND DE SABLE
87. LE SOLEIL A RDV AVEC LA LUNE
86. LE PIÈGE
84. VOIE RÉBUFFAT
GLACIER DU GÉANT
85. LA VOIE DES SUISSES
Échelle 1 : 65 000
0 1000 m

Mont-Blanc et arête des Cosmiques © Robin Bonnet

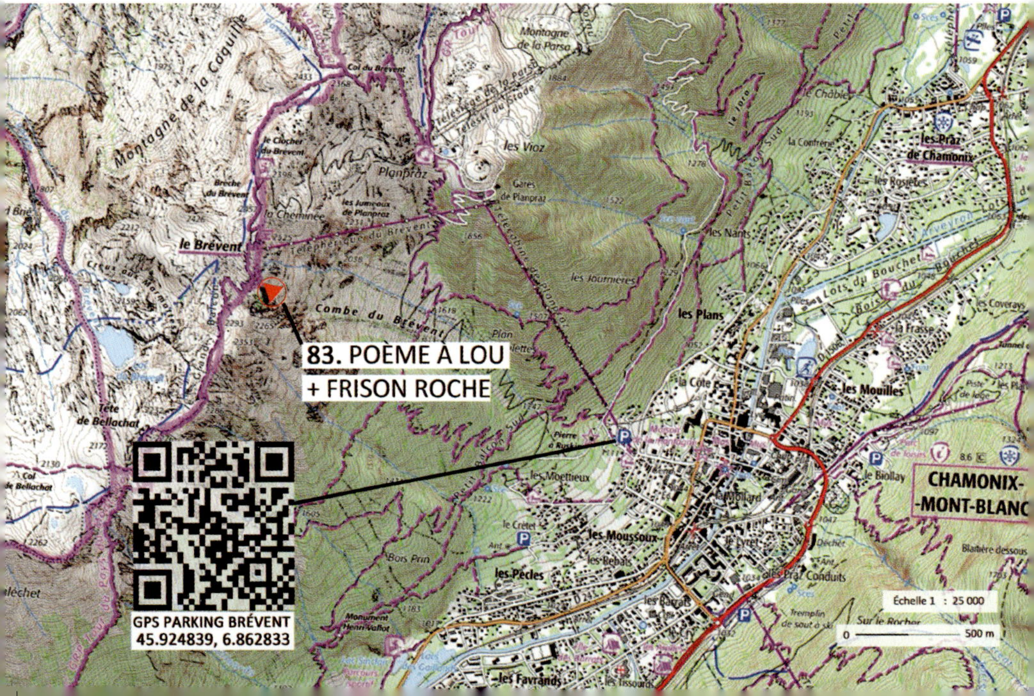

83 | POÈME À LOU + FRISON ROCHE

(BRÉVENT) 220 m - TD+,TD-, 6a+ max, 5c obl./P1

Grimper sur la face sud du Brévent, avec son accès aisé, permet de pleinement profiter de la vue sur le Mont-Blanc et Chamonix dans la vallée. Il n'est pas rare de se retrouver à plusieurs cordées dans ces belles voies de gneiss, il conviendra de bien choisir son moment. Ne pas sous-estimer les cotations, en particulier dans *Poème à Lou*.

Poème à Lou a été ouverte par K. et F. Pallandre en 2003, c'est une très belle voie soutenue, athlétique et technique offrant une belle variété à dominante dalles. Tout comme la *Frison-Roche*, la sortie est au sommet du téléphérique du Brévent.
Frison Roche est la grande classique et historique du Brévent et des Aiguilles Rouges dans un niveau abordable et offrant une très belle grimpe variée avec un superbe dièdre final. Elle fut nommée ainsi en hommage au célèbre auteur de montagne après qu'il gravit le dièdre final en 1943. Elle a été ouverte en 1906 par H. Beujard et J. Simond, et rééquipée en 2000 par Y. Ancrennaz, M. Arizzi, D. Chenevoy, A. et G. Payot. Elle peut être victime de son succès en termes d'affluence.

PÉRIODE FAVORABLE

Voie montagne, privilégier juin à septembre.

ACCÈS ROUTIER

Une fois dans Chamonix, se rendre au parking du téléphérique qui mène au Brévent. **Point GPS parking Brévent Chamonix: 45.924839, 6.862833**

APPROCHE FRISON-ROCHE 15 MIN, POÈME À LOU 25 MIN

Monter en téléphérique jusqu'à la gare la plus haute du Brévent culminant à 2525 m d'altitude. Descendre vers le nord-est la piste Charles-Bozon et passer la Brèche du Brévent. Versant Chamonix, prendre rapidement à droite (cairns) dans le pierrier une sente raide dans les premiers lacets pour rejoindre le couloir Bellin qu'il faut descendre et qui mène au pied de la *Frison-Roche* au niveau d'un petit éperon.
Pour *Poème à Lou*, continuer à descendre en longeant la falaise, traverser au niveau de la corde fixe et remonter jusqu'à un panneau rouillé portant le nom de la voie et marquant le départ, à peu près au centre de la face. Possibilité d'accès à pied depuis Chamonix (environ 3 h).

ÉQUIPEMENT SPÉCIFIQUE

Poème à Lou: 14 dégaines, sangles, cordes à double ou 1 corde de 50 m, matériel grande voie équipée.
Frison Roche: 11 dégaines, sangles, cordes à double ou 1 corde de 50 m, matériel grande voie équipée.

ITINÉRAIRE

POÈME À LOU

L1 (6a+), 45 m : Démarrer par une dalle assez exigeante sur petites prises avec un bombé à passer.
L2 (6a+), 40 m : Dalle raide et soutenue, la fin vers la gauche, prendre le relais le plus bas des deux relais.
L3 (6b), 30 m: Un surplomb physique à passer, prendre le relais du bas.
L4 (6a), 50 m: Traversée à gauche, 6c+ ou usage de la corde fixe sur quelques mètres (A0), la suite en dalle raide.

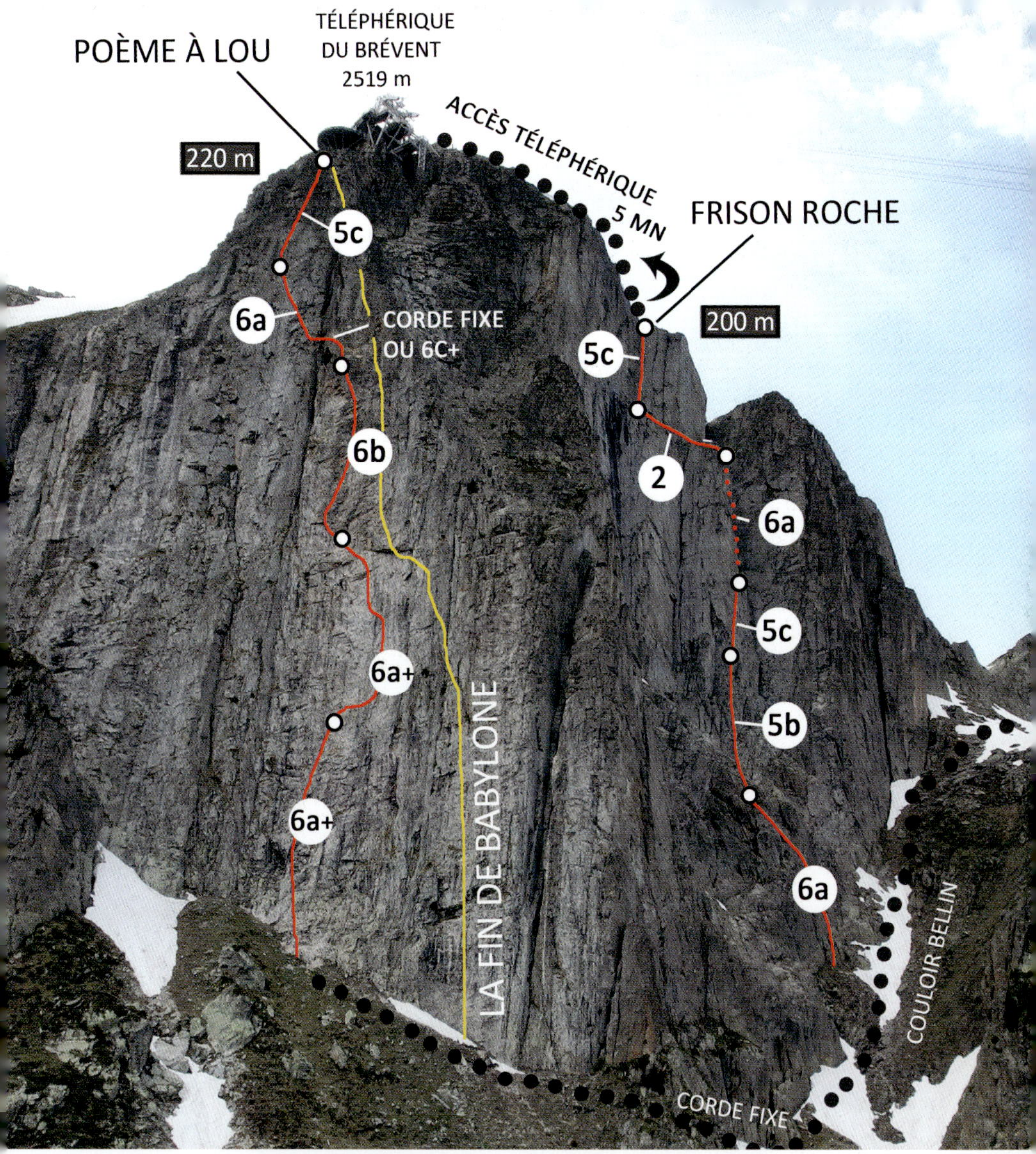

Dièdre © Robin Bonnet

L5 (5c), 50 m : Dalles plus simples suivant le fil d'une arête et permettant de sortir juste sous la terrasse du téléphérique du Brévent, attention aux rochers fragiles.

Frison Roche

L1 (6a), 45 m : Remonter le pilier puis passage en dalle avec un pas puis quelques gradins.
L2 (5b), 35 m : Continuer dans le « *Chaos de blocs* » et suivre une rampe à droite.
L3 (5c), 30 m : Gravir les fissures-dièdres puis cheminée jusqu'à une vire.
L4 (6a), 40 m : En ascendance à droite sur un éperon, franchissement de dalles grises puis dièdre physique en 6a (un peu de dülfer) jusqu'à une grande vire.
L5 (2) : Longueur de transition vers la gauche jusqu'au pied du grand dièdre.
L6 (5c), 30 m : Superbe dièdre jusqu'au sommet.

RETOUR 5 MINUTES

Pour les deux voies, rejoindre très rapidement la gare de téléphérique du Brévent, puis descente à Chamonix.

Holly et William, Poème à Lou L2 (6a+) © Thomas Wuyts

84 VOIE RÉBUFFAT - BAQUET

(AIGUILLE DU MIDI)

200 m - TD 6a obl., 5c max/P2+ TA

Une des voies les plus emblématiques de Chamonix, elle a été ouverte en 1956 par M. Baquet et l'inoubliable G. Rébuffat. Une grande variété s'offre aux grimpeurs sur cette superbe face sud : fissures, dülfer, dièdres, cheminée, dalles, traversée, le tout sur ce granite orangé d'exception à plus de 3 600 mètres d'altitude. Il peut y avoir du monde.

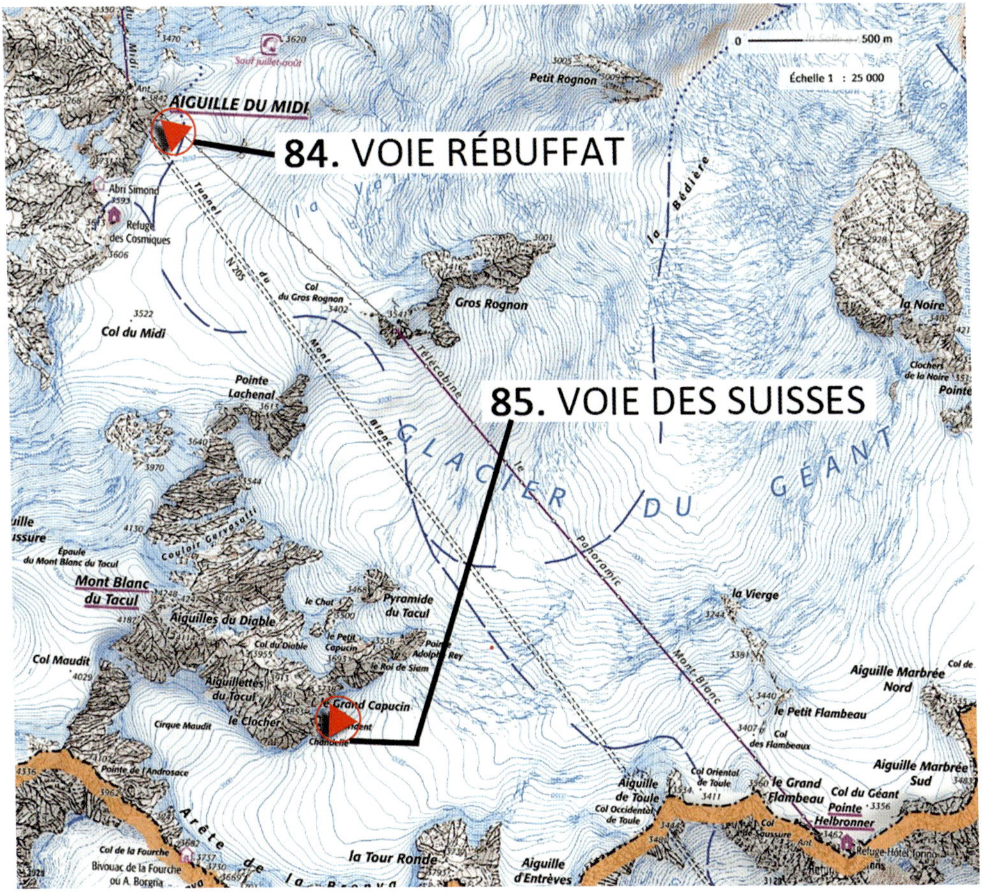

PÉRIODE FAVORABLE

Voie haute montagne, privilégier juin à septembre.

ACCÈS ROUTIER

Rejoindre Chamonix (A40, N 205 et D1506 en venant de l'ouest) et se garer à proximité de la gare de départ du téléphérique de l'Aiguille du Midi.

Point GPS parking Grépon, Aiguille du Midi, Chamonix: 45.916945, 6.870552

APPROCHE PAR LE TÉLÉPHÉRIQUE DE L'AIGUILLE DU MIDI (3 776 M), 20 MIN

Depuis la gare d'arrivée supérieure du téléphérique, descendre l'arête enneigée vers l'est puis revenir vers l'ouest vers le refuge des Cosmisques et vers la base de la face sud de l'Aiguille du Midi. Repérer le surplomb avant la fissure en S et rejoindre un des départs possibles à droite ou à gauche. Selon l'état de la rimaye, rejoindre la terrasse par la droite (un pas délicat à gérer).

Approche possible également par le refuge des Cosmiques.

Dernière pause au relais © Thomas Wuyts

ÉQUIPEMENT SPÉCIFIQUE

Crampons, 1 piolet + matériel spécifique glacier (ne pas laisser le matériel de glacier au pied).
1 jeu de coinceurs du #0.3 au #3, doubler le #0.5, câblés, sangles, dégaines, matériel grande voie terrain d'aventure.

ITINÉRAIRE

L1 (5c+), à gauche : Remonter un enchaînement de fissures à l'aplomb de la terrasse ou **(4b)** à droite : c'est le départ habituel pour accéder à la plate-forme (plus ou moins délicat selon la hauteur de neige).
L2 (5c) : Rejoindre vers la gauche un dièdre puis traverser à gauche avec un pas, continuer 5 m plus à gauche de l'extrémité (gauche) du toit pour faire le relais dans la dalle.
L3 (6a) : La célèbre et superbe fissure en S avec quelques pitons en place, technique, fine et athlétique, relais sur la gauche après la fissure fine (qu'il est possible de shunter).
L4 (5c) : Démarrer un peu vers la droite, prendre la rampe de gauche et continuer par une fissure-dièdre menant à une rampe descendante, y faire le relais.
L5 (5c) : Continuer à l'extrémité gauche de la vire et gravir un dièdre athlétique pour rejoindre une vire (relais intermédiaire facultatif), grimper le dièdre de droite avec passage en dülfer, plus facile ensuite.
L6 (6a) : Remonter la fissure large puis tout droit dans la dalle et remonter 2 fissures parallèles avec un pas, finir par un dièdre facile sur la droite.
L7 (5c) : Traverser quelques mètres sur la vire à gauche et remonter la fissure-dièdre et les vires au-dessus (souvent enneigées).
L8 (5a) à gauche ou **(5b)** à droite : Poursuivre tout droit et remonter le couloir (parfois enneigé) jusqu'à sa fin et passer un court mur fissuré à gauche jusqu'à une vire.
L9 (5c) à gauche ou **(6b/A0)** à droite : Grimper tout droit dans la dalle, physique (A0 possible), jusqu'à l'arête sur la droite, passer un premier relais pour rejoindre de l'autre côté du sommet celui de rappel qui permet d'accéder à la terrasse Rébuffat.

RETOUR 10 MINUTES, 1 RAPPEL

En un rappel, rejoindre la terrasse Rébuffat puis descente en téléphérique jusqu'à Chamonix.

85 | VOIE DES SUISSES (GRAND CAPUCIN)

300 m - ED- 6bmax, 6a+ obl./P2+ Terrain d'av.

Le Grand Capucin, de par son emplacement, son ampleur et la qualité des voies parcourant son granite et ses fissures d'exception, représente un monument de l'alpinisme et de l'escalade rocheuse en haute montagne. Culminant à 3838 m d'altitude, toute ascension de ce sommet représente une vraie expédition aux abords du Mont-Blanc. La *Voie des Suisses* est l'itinéraire le plus accessible du Grand Capucin (avec *O Sole Mio*), à ne pas sous-estimer néanmoins, ouvert par C. Asper, M. Bron, M. Grossi et M. Morel en 1956. Pour effectuer l'ascension à la journée, il faudra garder un rythme soutenu jusqu'au retour.

À l'approche © Philippe Mergnat

PÉRIODE FAVORABLE

Voie haute montagne, privilégier juin à septembre.

ACCÈS ROUTIER

Côté italien du tunnel du Mont-Blanc, se garer à proximité de la gare de départ du téléphérique Skyway Monte Bianco qui monte à la Pointe Helbronner. Possibilité d'accès depuis Chamonix et la gare d'arrivée du téléphérique de l'Aiguille du Midi, mais plus long.

APPROCHE DEPUIS L'ITALIE, TÉLÉPHÉRIQUE 30 MIN, PIED DE LA VOIE 1 H30

Monter les deux tronçons en téléphérique (panoramique) jusqu'à la Pointe Helbroner à 3462 m (côté italien). Depuis la gare d'arrivée, descendre (ascenseur) pour rejoindre les abords du refuge Torino (3375 m d'altitude). S'équiper ici pour l'approche glaciaire. Partir sur la gauche du bord du glacier du Géant pour rejoindre le col des Flambeaux. Le Grand Capucin est visible d'ici. Passer à droite de la Tour Ronde puis rejoindre la base enneigée du Grand Capucin.

ÉQUIPEMENT SPÉCIFIQUE

Crampons, 1 piolet + matériel spécifique glacier. 1 jeu complet de coinceurs du #0.3 au #3, 1 jeu complet de câblés, sangles, dégaines, matériel grande voie terrain d'aventure.

ITINÉRAIRE

Plusieurs départs possibles, ci-dessous lorsque le couloir des Aiguillettes est sec ou la rimaye trop ouverte, démarrer au pied de la face (vire et corde fixe horizontale).

L1 (5c): Démarrer en ascendance à gauche.

L2 (5a): Continuer dans du plus facile toujours vers la gauche.

L3 (5b) : Idem.
L4 (4a) : Rejoindre le couloir et remonter dans du terrain facile, corde tendue possible.
L5 (5a) : Légèrement vers la droite pour arriver sur la terrasse des *Suisses*. Marche-traversée vers la gauche.
L6 (6a) : Un pas fin vers la droite puis grimper une fissure plus simple.
L7 (6a) : Gravir une fissure sur la gauche puis à droite remonter un dièdre (fissure dans l'axe bouchée et « usée »).
L8 (6a) : Passage en dülfer puis dièdre plus simple jusqu'à la vire sur la gauche.
L9 (4c) : Facile dans un dièdre.
L10 (6a) : Escalader sur le fil.
L11 (6a+) : Grimper l'étroite fissure (câblés coincés) jusque sous un surplomb.
L12 (6b/A1) : Traverser à droite en passant le toit par la droite, physique.
L13 (6a) : Passer une fissure ainsi que le deuxième toit.
L14 (4c) : Continuer au plus facile jusqu'au sommet, dièdre, vire et dalles.

RETOUR 6 À 8 RAPPELS, 3 H
JUSQU'AU REFUGE TORINO

Descendre en rappels soit par la voie *Voyage selon Gulliever* sur l'éperon sud-est ou bien par la voie *O Sole Mio* jusqu'à la terrasse R5 de la *Voie des Suisses*, puis jusqu'en bas de la paroi. Six rappels avec cordes de 60 m qui permettent d'éviter deux rappels.

Grosse ambiance © Philippe Mergnat

86 | LE PIÈGE (Tour Verte)

200 m - TD 6b+ max, 6a obl./P2 Terrain d'av.

Ouvert en 1984 par l'inusable M. Piola, et J.-M. Shenkel, le *Piège* à la Tour Verte offre une superbe escalade à dominante fissure athlétique dans l'Envers des Aiguilles, avec un temps d'approche depuis le refuge inégalable (5 à 6 min)… Le contexte minéral et granitique avec les restes de la Mer de Glace en contrebas et le refuge de l'Envers des Aiguilles juste à proximité donnent des qualités indéniables à cette voie, dans un style bien direct et vertical.

Daniel au-dessus du refuge de l'Envers des Aiguilles, L4 (6a+) © Thomas Wuyts

PÉRIODE FAVORABLE

Voie haute montagne, privilégier juin à septembre.

ACCÈS ROUTIER

Rejoindre Chamonix (A40, N 205 et D1506 en venant de l'ouest) et se garer à proximité de la gare de train du Montenvers.
Point GPS parking du Biollay, Chamonix : 45.922989, 6.876718

APPROCHE TRAIN CHAMONIX-MONTENVERS MER DE GLACE 45 MIN PUIS REFUGE DE L'ENVERS DES AIGUILLES 2 493 M, 3H, PUIS PIED DE LA VOIE 5 MIN

Prendre le train à la gare du Montenvers à Chamonix (35 place de la Mer-de-Glace, 74400) qui amène à la station Montenvers : Mer de Glace (1 042 à 1 913 m d'altitude). Rejoindre le refuge de l'Envers des Aiguilles depuis la gare d'arrivée du Montenvers (750 m de D+).

Depuis la gare Montenvers-Mer de Glace, descendre sur le sentier qui amène à la Mer de Glace. (Possibilité d'accès par les longues échelles en descente, en continuant le large sentier qui se poursuit un peu après la gare d'arrivée, pour aboutir sur des vires puis le haut des échelles). Sur la Mer de Glace, remonter près de 2 km et un peu après que le glacier fasse un large coude à gauche, repérer sur les falaises à droite un grand carré jaune qui marque le départ des échelles pour accéder à l'étage supérieur. Une fois les échelles remontées, suivre le sentier qui mène au refuge. Depuis le refuge, prendre l'échelle derrière puis monter jusqu'au pied de la Tour Verte, le départ de la voie se trouve sur la terrasse au pied d'un pilier sur la droite parcouru par une fissure verticale dans sa partie inférieure, jusqu'à sa base.

ÉQUIPEMENT SPÉCIFIQUE

Crampons, 1 piolet + matériel spécifique glacier (que l'on peut laisser au pied ou au refuge), jeu complet de coinceurs du #0.3 au #3, 1 jeu de câblés, sangles, dégaines, matériel grande voie terrain d'aventure.

ITINÉRAIRE

L1 (6a+) : Démarrer de la droite vers la gauche puis remonter la superbe fissure ou **(6b+)** en prenant la fissure tout droit depuis le bas.
L2 (6a) : Gravir la dalle puis la fissure plus fine en dülfer.
L3 (5c) : Passage sur la vire puis un peu vers la droite.
L4 (6a+) : Continuer tout droit et un peu à gauche par des fissures et dièdres puis rejoindre en traversée à droite une dalle orangée.
L5 (5c) : Grimper un dièdre et un petit surplomb équipé.
L6 (5b) : Dalle et fissure jusqu'au sommet, plusieurs possibilités.

RETOUR 6 RAPPELS, 45 MINUTES

Six rappels dans la voie puis retour au refuge en 5 minutes.

Deuxième moitié de L1 (6a+) © Rémi Songeon

87 | LE SOLEIL A RDV AVEC LA LUNE (GRÉPON) 750 m - TD+ 6b max, 5c obl./P2 Terrain d'Av.

Un grand voyage de près de 800 mètres et 25 longueurs que l'on doit à M. Piola et V. Springli en 2003. Elle fait partie des plus belles voies de Chamonix, remarquable d'homogénéité, il faudra garder un rythme soutenu pour effectuer l'ascension et le retour en une seule journée. Le bivouac est toujours possible mais il impose d'emmener davantage de matériel (et donc de ralentir l'allure). La voie suit les lignes de faiblesse évidente et la plupart des relais sont visibles depuis le relais de la longueur précédente. Rocher exceptionnel. Avec la *Face nord* du Grand Vignemale, il s'agit des deux voies les plus longues de ce topo.

PÉRIODE FAVORABLE

Voie haute montagne, privilégier juin à septembre.

ACCÈS ROUTIER

Idem voie 86.

APPROCHE

Accès refuge de l'Envers des Aiguilles : idem voie 86. Depuis le refuge, reprendre les échelles et remonter un couloir menant à une brèche pour rejoindre en descente le glacier de Trélaporte. Le remonter en direction de la partie gauche de la base de la *Tour Rouge* puis la contourner pour arriver au pied de la voie sur la falaise de gauche (rimaye).

ÉQUIPEMENT SPÉCIFIQUE

Crampons, 1 piolet + matériel spécifique glacier.
1 jeu complet de coinceurs du #0.3 au #3, doubler du #0.5 au #1, 1 jeu de câblés, sangles, dégaines, matériel grande voie terrain d'aventure

Dans les dernières longueurs © Laurent Courbon

Altitude 3482 m
750 m
6b
L25
6a+
L24
5c
L23
6a
L22
5c
L21
5c
L20
6a
L19
6a
L18
5b
L17
5c
L16
5b
L15
5b
L14
5c
L13
5c
L12
L11
6a
L10
6a
L9
5b
L8
5c
L7
5c
Altitude 2899 m
PASSE DERRIÈRE LA TOUR ROUGE
4c/5a max
LE MARCHAND DE SABLE
6a
L6
5b+
L5
6a+
L4
5c
L3
6a
L2
L1
4c
APPROCHE DEPUIS LE REFUGE DE L'ENVERS DES AIGUILLES
30 mn

ITINÉRAIRE

L1 (4c) : Passer la rimaye avec une corde fixe et remonter vers la gauche dans du facile.
L2 (6a) : Dalle partiellement équipée, relais sur la gauche.
Marche : Traverser bien à droite sur des vires faciles (ne pas grimper tout droit au premier relais).
L3 (5c) : Grimper une dalle avec 1 goujon puis un dièdre.
L4 (6a+) : Dalle technique, quelques points, sortie vers la droite.
L5 (5b+) : Remonter un dièdre physique puis dalle vers la gauche.
L6 (6a) : Gravir la dalle tout droit équipée en partie haute.
Marche (traversée **4c/5a max**) : Traverser environ 80 m en ascendance à droite puis remonter en bas de L7 dans un vague couloir, attention aux chutes de pierres.
L7 (5c) : En ascendance vers la gauche jusqu'à une vire, on croise quelques goujons.
L8 (5c) : Continuer bien vers la gauche et viser une rampe sous une tache orange. Ne pas prendre le relais sur sangles entre les surplombs rouges.
L9 (5b) : Traversée vers la gauche sur la rampe.
L10 (6a) : Descendre sur une corde à nœuds de 2-3 m (vérifier l'état) puis traverser jusqu'à l'aplomb d'un goujon dans la dalle.
L11 (6a) : Grimper un dièdre (pas évident) vers la droite.
L12 (5c) : Continuer dans le prolongement.
L13 (5c) : Surplomb à passer par la droite et continuer dans les fissures et écailles.
L14 (5b) : Gravir de beaux dièdres.
L15 (5b) : Idem avec 2 ressauts.
L16 (5c) : Remonter un dièdre raide.
L17 (5b) : Grimper la fissure fine.
L18 (6a) : Passer un surplomb par la droite puis gravir la dalle.
L19 (6a) : Remonter une fissure puis traverser à droite sous un bloc fissuré. Un pas dans le vide (avec un point pour protéger) pour accéder à la dalle en face.
L20 (5c) : Contourner par la gauche puis tout droit.
L21 (5c) : Alternance de dalle, dièdre et dalle avec quelques points.
L22 (6a) : À mi-longueur, traverser sous un petit surplomb et continuer légèrement vers la droite.
L23 (5c) : Après quelques mètres on croise une première vire de *Grépon-Mer-de-Glace*. Des 3 dièdres qui suivent, prendre le plus à gauche démarrant à gauche d'un surplomb orange.
L24 (6a+) : Dépasser la deuxième vire du *Grépon-Mer-de-Glace* puis tout droit.
L25 (6b) : Grimper tout droit et remonter un dièdre physique jusqu'au dernier relais.

RETOUR EN RAPPELS DANS LA VOIE

Le premier rappel de descente est bien sur la gauche, le second sur la droite de l'autre côté d'un petit couloir, sur un bloc, à près de 50 m. Attention aux risques de coincements, quelques rappels font près de 50 m. Depuis le relais R10, descendre 2 rappels hors de la ligne et verticaux qui permettent d'arriver à R6 en évitant la traversée du large couloir vers la droite (pointillé rouge sur le topo, derrière la *Tour Rouge*). Depuis R6, descendre en rappels dans la voie jusqu'en bas. Prévoir au moins 2h30 pour le retour jusqu'au refuge, frontale indispensable.

© Laurent Courbon

88 | LE MARCHAND DE SABLE (TOUR ROUGE) 280 m - TD+ 6a+ max, 6a obl./P2 TA

Ouverte en 1983 par G. Hopfgartner et M. Piola, c'est une ligne de grande classe dans un pur style chamoniard. Ne pas sous-estimer les cotes qui peuvent paraître « sèches » mais la grimpe est superbe, exigeante et variée. Le gaz et l'adrénaline qui en résultent sont très présents dans cette voie. Pour ceux qui souhaiteraient un entraînement aux fissures du Yosemite, le *Marchand de Sable* constitue une excellente base de préparation !

PÉRIODE FAVORABLE

Voie haute montagne, privilégier juin à septembre.

ACCÈS ROUTIER

Idem voie 86.

Approche train : Chamonix-Montenvers-Mer-de-Glace (45 mn) puis refuge de l'Envers des Aiguilles 2 493 m, 3 h, puis pied de la voie 30 minutes.

ACCÈS REFUGE DE L'ENVERS DES AIGUILLES

Idem voie 86.
Depuis le refuge, reprendre les échelles et remonter un couloir menant à une brèche pour rejoindre en descente le glacier de Trélaporte. Le remonter proche de la paroi (crevasses plus bas) pour atteindre le pied de la *Tour Rouge*. Le départ de la voie commence au plus bas de la face avec à gauche deux grands dièdres, juste à droite de deux petits surplombs.

ÉQUIPEMENT SPÉCIFIQUE

Crampons, 1 piolet + matériel spécifique glacier.
1 jeu complet de coinceurs du #0.3 au #3, doubler les moyens, 1 jeu de câblés, sangles, dégaines, matériel grande voie terrain d'aventure.

ITINÉRAIRE

L1 (6a) : Démarrer par de la dalle avec un pas pour rejoindre les deux premiers points d'aide (6b en libre), puis dans l'axe écaille et dièdre.
L2 (5c) : En ascendance à droite sous un petit surplomb puis gravir le dièdre à gauche.
L3 (5c) : Remonter le dièdre à gauche (relais de droite pour le rappel et la descente).
L4 (5b) : Grimper tout droit dans la dalle.
L5 (6a) : Dièdre à droite suivie d'une dalle équipée en traversée à gauche, écaille verticale pour finir.
L6 (6a+) : Fissure bouchée bien exigeante et technique puis traversée à gauche, un pas dur en dalle suivi d'un petit surplomb et dièdre.
L7 (5c) : Remonter une dalle à droite puis un vague dièdre.
L8 (5b) : Tout droit, grimper l'écaille puis des dièdres plus faciles, un pas de traversée à gauche et dalle.
L9 (4c) : Gravir des dièdres jusqu'à une brèche.
L10 (6a+) : Poursuivre par une dalle à gauche équipée puis un dièdre tout droit (ne pas aller vers le point de gauche), un pas dans la dalle.
L11 (4c) : Soit par la droite soit par la gauche, rejoindre le sommet au plus facile.

RETOUR 9 RAPPELS, 2 H

Descendre en 9 rappels dans la voie puis reprendre l'itinéraire emprunté à l'aller jusqu'au refuge de l'Envers des Aiguilles.

Éric appliqué © Rémi Songeon

Éric © Rémi Songeon

© Rémi Songeon

Pyrénées Occidentales

« Le Vignemale, le Néouvielle, le cirque de Gavarnie… Ces noms résonnent dans ma tête et font resurgir tous ces souvenirs de grimpe et de bons moments que j'ai passés dans mes chères Pyrénées. Toutes ces vadrouilles qu'on a pu faire avec mes frères, avec Julien, Lionel, Matthieu, mes potes d'enfance, à aller user nos chaussons et nos articulations dans ces trois massifs Pyrénéens et à en prendre plein les yeux et vivre des moments magiques, tout en simplicité et déconnectés des préoccupations quotidiennes.

En écrivant ces mots et en me remémorant ces aventures, un immense sourire s'affiche sur mon visage et me donne à penser que vous tous, qui me lisez, aurez sûrement l'occasion d'avoir le même sourire quand vous arriverez au sommet d'une de ces voies mythiques.

Au cours de ces excursions, il y a eu des bons moments mais aussi des moins bons comme la fois ou je suis resté coincé à 18 ans au Néouvielle (après avoir enchaîné des erreurs monumentales), et j'ai dû passer la nuit en short pas loin du sommet principal… mais ces difficultés, ces erreurs de jeunesse, et ces souvenirs douloureux, font aussi partie de cette mémoire et de mon histoire, et ont formé ma façon de fonctionner en montagne et dans la vie de tous les jours. J'ai essayé d'en tirer le meilleur parti et je me sens chanceux que ces événements n'aient pas plus mal tourné.

Bref ma carrière m'a éloigné physiquement de mes Pyrénées natales mais mon cœur y est toujours très attaché et je rêve du jour ou il pourra renouer avec ces lieux mythiques, cette simplicité et cette puissance qu'ont ces vieilles montagnes tellement emblématiques à mes yeux.

J'aimerais par la même occasion tirer ma révérence à mon oncle Bruno de Le Rue, passionné de grimpe dans les années 70, qui avait ouvert pas mal de voies dans les Pyrénées et notamment au cirque, et qui a été emporté par une chute de pierres aux Drus bien trop jeune. Bien que je ne l'aie jamais connu j'ai toujours ressenti une sorte de connexion avec lui et surtout dans ces moments intenses que j'ai pu vivre à cette époque à grimper ces belles parois Pyrénéennes. »

Xavier de Le Rue

Lac de Gaube

Une face nord qui prend le soleil

Les Pyrénées occidentales, qui s'étendent sur un vaste territoire de part et d'autre de la frontière espagnole, offrent une multitude de possibilités de grandes voies (et également d'alpinisme). Avec des sommets mythiques comme le Pic du Midi d'Ossau ou le Grand Vigenamele, des vallées sauvages comme celles d'Aspe, d'Ésera et d'Ordésa, des superbes massifs comme celui du Néouvielle et Gavarnie, une grande diversité de parcours s'offre au grimpeur. La sélection restreinte présentée ici propose trois endroits mythiques des Pyrénées ; le Grand Vignemale, le Cirque de Gavarnie (réputé pour sa très grande cascade et ses possibilités en escalade de glace l'hiver) et le massif du Néouvielle et ses nombreux lacs. Ces quelques voies pyrénéennes sont une invitation aux voyages dans cette fabuleuse région qui laissera des souvenirs impérissables.

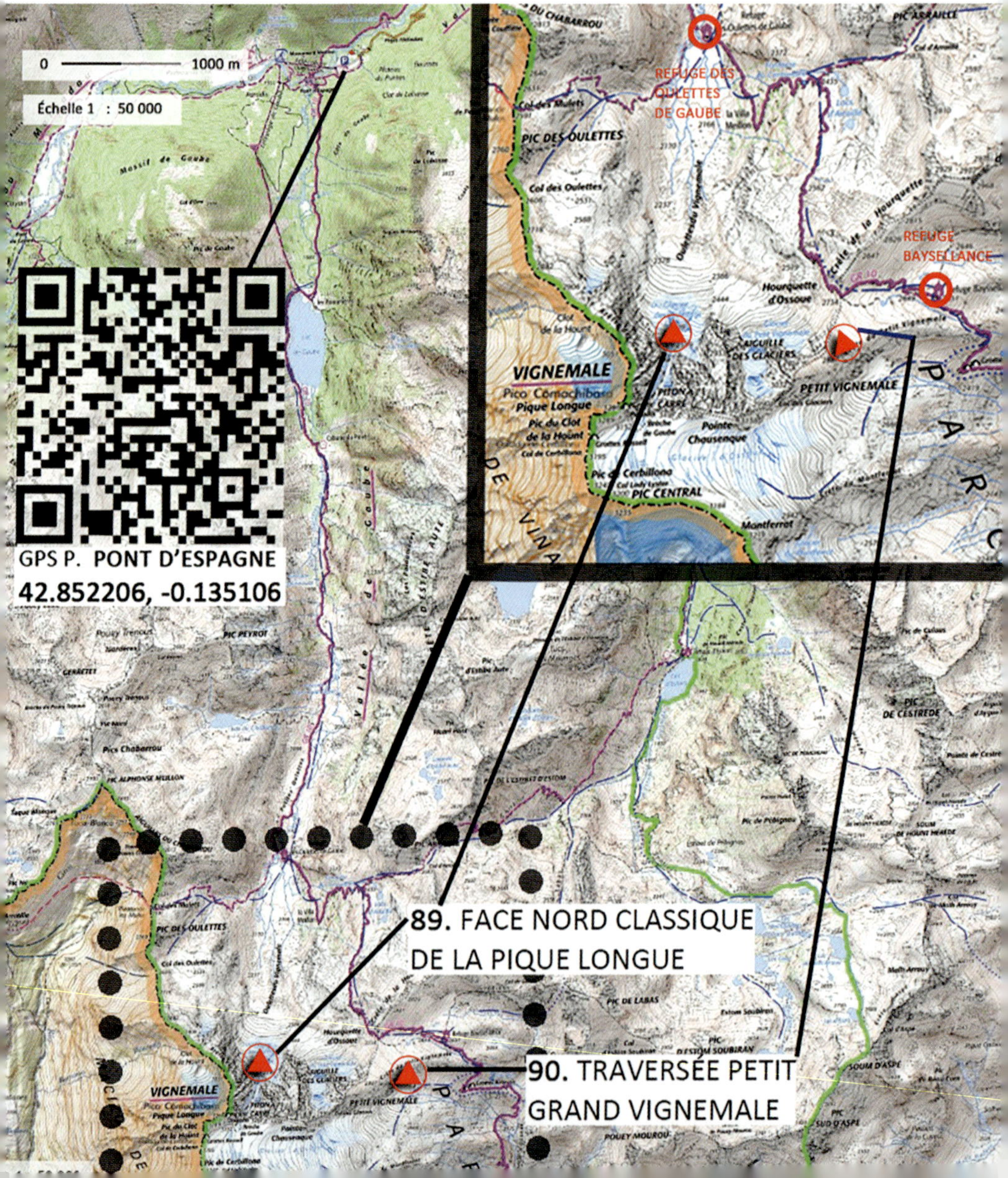

89 | FACE NORD DE LA PIQUE LONGUE

(GRAND VIGNEMALE)

800 m - D+ 5b+ max, 5b obl./P2 Terrain d'av.

Il s'agit là d'une superbe voie montagne, un incontournable des Pyrénées occidentales dans un cadre grandiose. Le massif du Vignemale, encadré par les glaciers (ou du moins ce qu'il en reste) des Oulettes au nord et celui d'Ossoue au sud, est composé de plusieurs pointes rocheuses. D'est en ouest, le Petit Vignemale, l'Aiguille des Glaciers, la Pointe de Chaussenque, le Piton Carré et enfin la Pique Longue, qui culmine à 3 298 m d'altitude. Les itinéraires de randonnées, d'escalade et d'alpinisme y sont nombreux avec de multiples combinaisons possibles. La *Face nord de la Pique Longue* permet d'atteindre le point culminant du massif. C'est une très belle et longue escalade à ne pas sous-estimer, surtout au niveau du timing et de l'itinéraire.

PÉRIODE FAVORABLE

Pour l'escalade rocheuse, privilégier les mois de juin à septembre.

ACCÈS ROUTIER

Depuis Cauterets, prendre la D920 direction Pont d'Espagne, dépasser la Raillère et aller au bout de la route au très grand parking payant (7 € en 2022) du Puntas.

APPROCHE

Depuis le parking du Pont d'Espagne au refuge des Oulettes (700 m D+) 2 h 30, et 1 h 30 depuis le refuge des Oulettes au pied de la voie sur le glacier des Oulettes.

Depuis le parking, il faut d'abord rejoindre le lac de Gaube, soit à pied par le GR 10, soit au moyen d'une benne (5 min) puis d'un télésiège (15 min). Contourner le lac par la droite puis continuer le GR qui longe le torrent et la cascade environ 1 h 30 pour arriver au refuge des Oulettes (2 151 m). Depuis le refuge, rejoindre le glacier des Oulettes (crampons et piolet indispensables) que l'on remonte par la droite pour arriver sur un filon d'ophite (légèrement vert) environ 20 m avant la rimaye du couloir de Gaube. Rejoindre le pied de la falaise à ce niveau. Si la rimaye n'est pas en condition, commencer l'escalade rocheuse 100 m en contrebas.

ÉQUIPEMENT SPÉCIFIQUE

Crampons, 1 piolet + matériel spécifique glacier pour l'approche et le passage du glacier des Oulettes (et le retour glacier d'Ossoue, ne pas laisser le matériel de glacier au pied).
1 jeu de coinceurs du #0.3 au #3, quelques micros utiles, câblés, sangles, pitons, matériel grande voie terrain d'aventure.

ITINÉRAIRE

L1 + L2 (5b+) : Remonter tout droit le filon d'ophite (2 plaquettes, engagé) avant de tirer à droite vers une courte cheminée puis sortir sur une bonne vire.
L3 à L6 (3a à 4a) : Continuer en ascendance à gauche et suivre le filon d'ophite sur 2 longueurs jusqu'à ce que la paroi se couche et poursuivre sur une centaine de mètres dans du 3 jusqu'à croiser une vire. Ne pas emprunter les vires de gauche plus bas.
L7 (3a) : Sur l'extrémité gauche de la vire, emprunter un ressaut menant à une cuvette facile qui rejoint le fil de l'arête intermédiaire.

Après L10 © Paul Morillon

L8 à L10 (4a max) : Continuer sur le fil jusqu'à un gendarme que l'on contourne par la gauche avec quelques pas de désescalade pour remonter une cheminée ocre proche de l'arête.
L11 à 14 (5b max) : Alternance de petit surplomb, fil de l'arête, vire, fissure puis léger surplomb (5b), puis bonne terrasse avec lame rocheuse détachée. Tirer à gauche jusqu'au fil de l'arête qui se couche et finit par un court dièdre.
L15 à L18 (4c max) : Depuis le sommet de l'arête intermédiaire, aller franchement à gauche jusqu'à un éperon bien marqué avec schistes rouges. Les prochaines longueurs sont en ascendance à droite. Gravir cet éperon et continuer plusieurs dizaines de mètres jusqu'à une vire diagonale menant au pied de l'arête de Gaube.
L19 à L21 et sommet (4a max) : Monter d'abord tout droit puis alternance gauche et droite, fissures et dièdres, franchir des vires superposées et tirer jusqu'au sommet en passant le versant ouest sur la dernière longueur, plusieurs itinéraires possibles.

RETOUR,
JUSQU'AU REFUGE DE BAYSELLANCE 3 H, JUSQU'AU REFUGE DES OULETTES 4 H30

Du sommet, rejoindre de l'autre côté (versant sud) un peu plus bas le glacier d'Ossoue par une sente escarpée. Suivre le glacier en direction du sud-est en évitant les crevasses. Sous le glacier, revenir vers la gauche vers les contreforts sud du Petit Vignemale depuis lesquels on atteint la moraine principale. De là, on peut suivre la moraine, remonter par le sentier jusqu'à Baysellance puis au col à la Hourquette d'Ossoue pour basculer sur le versant des Oulettes et le refuge du même nom.

Pierrot qui remonte le filon d'ophite au-dessus du glacier des Oulettes.

90 | TRAVERSÉE PETIT GRAND VIGNEMALE

AD - 3b

Une très belle traversée qui permet d'appréhender dans son ensemble le massif du Vignemale, si emblématique et imposant. Cette course, si elle est réalisée en été, se fera en style alpin et corde tendue, nécessitant de connaître les techniques d'évolution simultanée en mouvement de deux membres ou plus d'une cordée. Les passages sur l'arête permettent d'appréhender les deux vallées et les paysages côté glacier d'Ossoue et des Oulettes de la meilleure des manières.

PÉRIODE FAVORABLE

Toute l'année. Prévoir le matériel approprié pour les conditions hivernales. Vérifier que les parkings sont bien accessibles selon l'enneigement.

ACCÈS ROUTIER

PAR CAUTERETS ET LA VALLÉE DE GAUBE OU PAR GAVARNIE ET LA VALLÉE D'OSSOUE

L'accès par la vallée d'Ossoue est décrit ici. Depuis Gavarnie, prendre la D128 jusqu'à la piste carrossable que vous pouvez emprunter si votre véhicule est assez haut, sinon garez-vous à la fin de la route goudronnée un peu avant le pont sur la gauche.

APPROCHE DEPUIS LE REFUGE DE BAYSELLANCE 1 H, DEPUIS LE PARKING SUR LA PISTE DE LA D12 3 H

Depuis le parking au niveau de la piste, de la toute petite cabane sur la droite et de l'enclos sur la gauche, remonter à pied la piste longeant la Gave d'Ossoue jusqu'au barrage et lac d'Ossoue qu'il faut contourner par la droite. Remonter le sentier jusqu'au refuge de Baysellance.

ÉQUIPEMENT SPÉCIFIQUE

40 m de corde, sangles, quelques coinceurs, piolet et crampons. Évolution en corde tendue.

ITINÉRAIRE

Du refuge, rejoindre le sommet du petit Vignemale par le chemin de randonnée classique. La traversée consiste à gravir successivement :
- *Le Petit Vignemale*
- *L'épaule* puis *La pointe de Chaussenque*
- *Le Piton Carré*
- *La Pique Longue ou Grand Vignemale*

Il faudra alterner les passages versant sud pour la descente du Petit Vignemale ainsi que toute la partie après la Pointe de Chaussenque jusqu'au sommet de la Pique Longue. Le reste de l'itinéraire pourra se faire versant nord.

RETOUR 3 H

Descente par le glacier d'Ossoue versant sud, rejoindre les crêtes du Petit Vignemale puis le refuge de Baysellance. Idem retour voie 89.

91 | CASTAGNÉ-VERGEZ (GAVARNIE)

250 m - TD- 6a max, 6a obl./P3 Terrain d'av.

La simple visite du Cirque de Gavarnie (malgré l'affluence possible selon les périodes) vaut le détour à elle seule. L'ambiance est exceptionnelle au cœur de cette enceinte de calcaire parsemée de cascades. Haut lieu de la cascade de glace en saison hivernale, c'est une réelle chance de pouvoir y pratiquer l'escalade en grandes voies et ainsi de s'éloigner des sentiers très fréquentés. Même s'il ne s'agit là que du premier ressaut du cirque, il faut compter un dénivelé de grimpe de 250 m. La première ascension date de septembre 1942, on la doit à H. et C. Castagné et P. Vergez.

L'approche du Cirque de Gavarnie

PÉRIODE FAVORABLE

Voie montagne exposée au nord, privilégier juillet à septembre.

ACCÈS ROUTIER

Rejoindre le village de Gavarnie par la D921, plusieurs parkings possibles dans le village dont certains (proches des départs vers le cirque) sont payants.

APPROCHE DEPUIS GAVARNIE 1 H 30

De Gavarnie, prendre le large chemin qui mène d'abord à l'hôtellerie du cirque puis la base du premier étage du *Mur du Cirque*. Le départ de la voie se situe 30 m à droite de la cascade centrale, avec « CV » difficilement visible gravé au pied.

ÉQUIPEMENT SPÉCIFIQUE

1 jeu de coinceurs du #0.3 au #3, câblés, sangles dégaines, matériel terrain d'aventures.

ITINÉRAIRE

L1 à L3 (4c max) : Remonter un dièdre parsemé de quelques pitons, arriver sur une vire après avoir gravi une fissure.

L4 (6a) : Surplomb et dalle à passer, ensemble engagé et un peu exposé, pour arriver sur la première grande vire. Se déporter 20 m sur la gauche (marche).
L5 à L7 (4c max) : Prendre la cheminée herbeuse à droite du relais, enchaînement dièdre-mur-dièdre qui louvoie de gauche à droite pour rejoindre la deuxième grande vire (échappatoire possible à gauche vers la classique si le dernier ressaut est trop humide).
L8 (3c) : En ascendance à droite par des petits ressauts, relais au pied de dalles lisses.
L9 (5c) : Remonter une écaille et dalle pour arriver à l'angle d'un pilier.
L10 (5a) : Continuer dans l'axe et légèrement sur la gauche, dernière cheminée jusqu'aux vires herbeuses.

RETOUR 2 H 30

Du sommet, traverser par la droite vers l'ouest pour croiser le sentier qui descend des Sarradets puis prendre la rampe (sentier raide) de l'Échelle des Sarradets (quelques pas de désescalade, H jaune et rouge, pas d'échelle) pour rejoindre le bas du cirque jusqu'à un pont qui peut être fermé, puis la piste prise à l'aller vers Gavarnie.

Pierrot à l'attaque

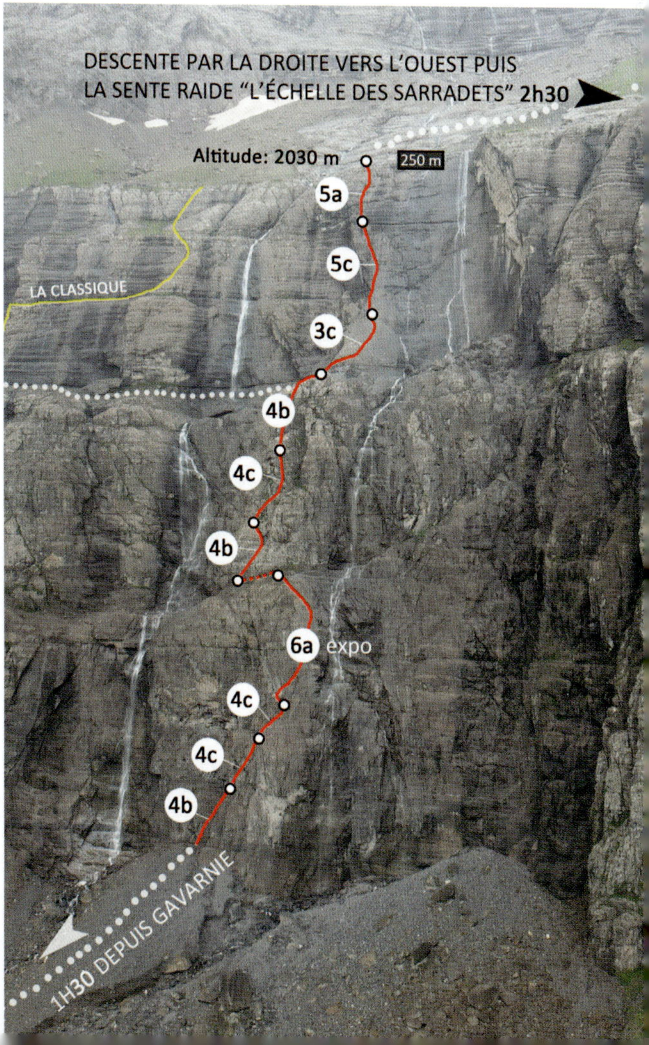

92 | L'IMMORTELÀ, NÉOUVIELLE

300 m - TD 6b max, 6a obl./P2 Terrain d'av.

Ouverte par P. Foltier, J. Loaec, O. Mauroy, J. Prat et P. Roussie en 2012, cette très belle voie plein sud se situe au cœur du massif du Néouvielle, classé comme réserve naturelle nationale (respecter la réglementation en vigueur) et entouré par de nombreux lacs (70 !). Le sommet, le Pic de Néouvielle, que l'on atteint après avoir gravi cette voie, culmine à 3091 m d'altitude. Ici le terrain est granitique, et le style est celui des voies montagnes. Les difficultés sont homogènes et l'équipement assez peu abondant. La gestion du temps sera une composante importante de la réussite de cette ascension.

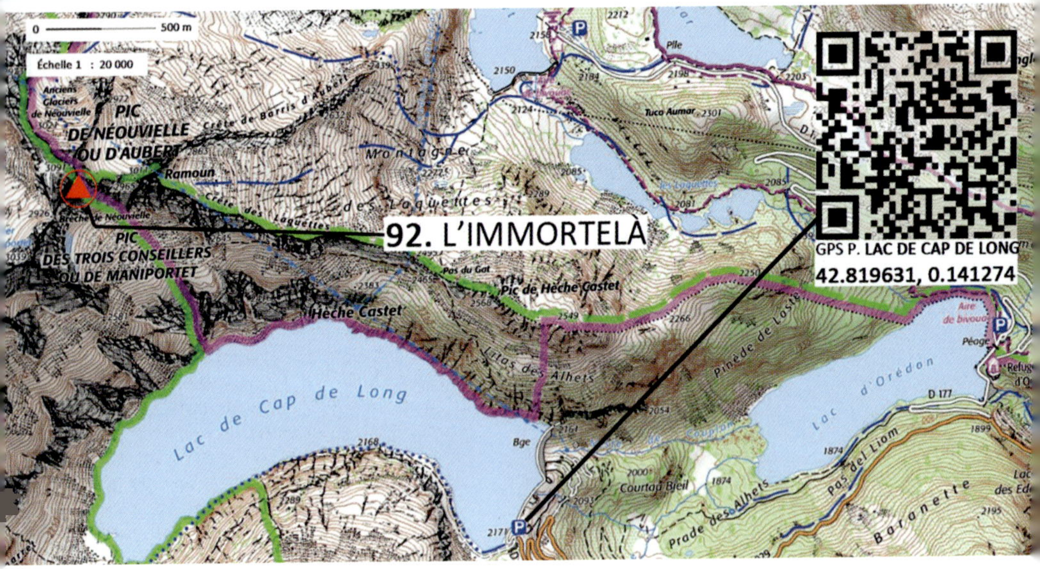

PÉRIODE FAVORABLE

Voie montagne, privilégier juin à septembre.

ACCÈS ROUTIER

Deux possibilités : depuis Saint-Lary-Soulan et la D929, aller vers le sud et rester sur la D929 qui va à droite au niveau du relais de Néouvielle. Deux options : le parking du lac d'Aubert (prendre la D929 puis après une dizaine de km la D177 à droite au niveau du lac d'Orédon) ou le parking du lac de Cap de Long en suivant la D929 jusqu'au bout.

APPROCHE 1 H 30

L'approche depuis le parking du lac de Cap de Long est décrite ici. Traverser le barrage pour rejoindre le sentier qui monte puis passe sous le pas de Gat, longer la muraille versant sud et les crêtes des Laquettes (marques rouges), passer au pied de l'éperon du Ramougn qu'il faut dépasser, remonter un éboulis ou pente de neige selon la saison en ascendance sur la gauche, le départ de la voie se trouve au niveau d'une zone rocheuse noire concave (visible depuis le barrage). La voie démarre sur la gauche d'un pilier caractéristique avec un cairn au départ.

Le lac de Cap de Long et le massif du Néouvielle

ÉQUIPEMENT SPÉCIFIQUE

1 jeu de coinceurs jusqu'au Camalot 2, câblés, sangles dégaines, matériel terrain d'aventure.

ITINÉRAIRE

L1 (5c+), 50 m : Remonter l'éperon (rocher moyen) et passer un peu à gauche du fil lorsqu'il se redresse pour attaquer une fissure avec lunule et 1 spit. Relais sur piton et becquet (ou coinceur).
L2 (6a), 25 m : Longueur en ascendance sur la gauche avec quelques ressauts à passer.
L3 (6a+), 35 m : Dalle sculptée avec deux petits surplombs à passer.
L4 (6a+), 35 m : Longueur soutenue qui serpente un peu. Relais sur goujon + becquet ou friends.
L5 (5a), 45 m : Continuer dans l'axe, assez facile, équipement quasi inexistant.
L6 (5b), 50 m : Alternance couloir, ressaut et dalle.
L7 (6a), 40 m : Départ sur la gauche puis dans l'axe, rocher moyen et fracturé à protéger soi-même.
L8 (6a+), 40 m : Le pas dur se trouve juste à droite du relais puis ascendance vers la gauche avant de poursuivre par un mur raide dont on sort par la droite pour enchaîner sur un dièdre raide. Continuer par un pilier (variante possible en 6b tout droit dans le dièdre raide, fissures à protéger) + 100 m, 3 max corde tendue jusqu'au sommet.

RETOUR 2H

Emprunter la voie normale de descente, versant nord-est, après quelques successions de pierriers, dalles couchées de granite et banquettes d'herbe, rejoindre le bas du cirque du Ramougn, passer la Brèque de Barris marquée par un chaos de gros blocs à l'altitude 2 439 m et se diriger vers le pas du Gat (altitude 2 465 m) pour repasser côté lac de Cap de Long et rejoindre le sentier de l'aller.

CORSE

« Un vaste terrain de jeux entre montagne et mer avec tant de possibilités que l'envie d'y retourner concerne tout grimpeur qui aura fait une première visite. Dans un périmètre bien limité par les contours de cette île, escalade, canyon, randonnée, alpinisme, sports de mer, etc., s'offrent aux sportifs venus chercher les « couleurs locales » de l'île de Beauté. Des taffonis de Bavella au granite de la Restonica, la diversité minérale et morphologique y est surprenante.

En Corse, comme sans doute dans toutes les régions montagneuses du globe, ce sont les chasseurs et les bergers qui ont signé les premières ouvertures sans même penser à laisser à la postérité un topo de leurs ascensions; sans doute que leur motivation à grimper était un poil différente de la nôtre et le Livre d'Or de l'auberge de Bavella n'existait pas encore…

Passons sur des siècles voire des millénaires d'alpinisme involontaire et posons-nous un beau jour du printemps 1909 sur le plateau sommital enneigé de la Paglia Orba, le jeudi 14 avril 1909 en fin d'après-midi pour être précis. Les frères Finch et le norvégien Bryn viennent de gravir la face est de la Paglia Orba et signent ainsi l'acte de naissance de l'escalade insulaire.

La suite est un long fleuve tranquille mais assez sec, car rien ou presque ne se passe jusqu'aux années 60 où des grimpeurs européens, allemands et autrichiens notamment, investissent les massifs du nord de l'île (Cintu – Paglia Orba) qui fleurent bon la haute montagne. Dans les années 70, le centre de gravité de l'escalade insulaire se déplace durablement vers le massif de Bavella, enchevêtrement fabuleux d'aiguilles de granite et de ravins qui offre au grimpeur aventureux de quoi grimper pour 7 vies. Bavella est un témoin privilégié de l'évolution de l'escalade au cours de ces 60 dernières années. Aux pitons et coinceurs de la première bande des Marseillais (Barnier & Co) s'ajoutent progressivement les premiers spits placés au tamponnoir. L'arrivée du perfo à accus permet de s'aventurer dans les dalles les plus compactes et la deuxième bande des Marseillais (Fenouil & Co) ouvre en grand nombre des itinéraires tout équipés où, en plus des douze dégaines réglementaires, il faut parfois aussi être équipé d'un bon moral.

Mais le « tout spit » n'a pas de limite et c'est là sa limite! Le bruit du perfo se fait entendre toujours plus loin dans le maquis, et après l'équipement scandaleux de la bien nommée « Les larmes du Pulischellu » au fond de ce ravin sauvage et reculé, le vent tourne. Bien aidé par un matériel de protection amovible toujours plus performant, les grimpeurs retrouvent les joies du TA, réservant les spits aux passages improtégeables. Depuis, ce credo guide la plupart des ouvertures en Corse.

La sélection proposée ici permet de voyager sur l'échelle chronologique et de faire connaissance avec quelques-uns des principaux acteurs de l'escalade insulaire. En présentant une forte majorité de voies équipée, elle privilégie de façon assumée l'escalade plaisir à la « baston ».

Dans l'ordre chronologique :
- L'arête de Zonza pour le côté historique et l'escalade en TA à peine saupoudrée de quelques spits rajoutés tardivement.
- Le Dos d'Éléphant qui fait la transition vers l'époque dite « moderne » et où, malgré le rajout de nombreux spits depuis l'ouverture, on en aimerait quelques-uns de plus lorsque notre science de l'adhérence est prise en défaut dans les dalles finales. Oh, à peine du 6a!
- La super populaire Symphonie d'automne *vient rappeler qu'il n'y a pas que Bavella pour grimper en Corse. Elle est aussi symbolique de « l'âge d'or de la Restonica », cette période où les secouristes du PGHM de Corti, chantres de l'escalade pour tous, recensaient les faces vierges de la Restonica et du Tavignanu.*
- La Célébration du Lézard*, superbe représentante des voies « clé en main » de la bande (la deuxième) des Marseillais emmenés par Jean-Louis Fenouil.*
- Acqua in Bocca *et* La Face cachée de la Lune *qui témoignent du savoir-faire et du rôle prépondérant des ouvreurs insulaires.*
- Enfin, Ambata di Melu*, l'escalade plaisir qui vient rappeler que la Corse est une île entourée d'eau!*

Si ce petit tour de Corse en 7 grandes voies vous a ouvert l'appétit, ne restez pas sur votre faim. Il vous reste à découvrir des centaines d'itinéraires, équipés ou en TA, dans tous les niveaux et tous les styles, répartis dans une dizaine de massifs. Pour cela, les topos Grandes voies de Corse *et* Bavella-Corsica *sont des outils indispensables, que ce soient en version papier ou numérique :*
- Grandes voies de Corse*: une sélection de 110 grandes voies dans tous les massifs corses hors Bavella.*
- Bavella Corsica – Escalades choisies*: une sélection de 150 grandes voies dans le massif de Bavella Pour ceux qui préfèrent « picorer », l'appli OmegaRoc permet d'acquérir des voies à l'unité selon ses envies (https://app.omegaroc.com/). »*

Thierry Souchard et Bertrand Maurin, auteurs de topos Corse

Taffonis de Bavella © Nicolas Faure

BAVELLA

« Dans le massif de Bavella, l'espace d'escalade est tellement immense qu'il semble presque inépuisable. Chaque journée de grimpe, de randonnée ou de canyon nous amène son lot de découverte et d'aventure.

Le maquis parfois décrié par certains grimpeurs, et qui peut rendre les approches plus délicates que dans les Aiguilles, fait partie du jeu… Quelques cairns discrets mais suffisants, jalonnent un cheminement souvent tortueux, taillé à la machette au cœur d'« a machja » (du maquis) par les ouvreurs : ne rajoutez rien et ne laissez pas plus de traces de vos passages ! La beauté des voies, la pureté incroyable du rocher, ainsi que la fréquente proximité des torrents aux vasques cristallines, font bien vite oublier les désagréments des fougères arborescentes et des maquis d'arbousiers.

Depuis quelques années, les itinéraires modernes ont abandonné les Aiguilles largement exploitées, pour se glisser souvent jusqu'aux grandes falaises qui ferment les ravins du Pulischellu ou du Purcaraccia. Leurs faces sauvages, hautes de 200 à 700 m, permettent une escalade de qualité exceptionnelle. J'y ai ouvert avec des compagnons comme Dupaquis, Clarac ou Legendre, une cinquantaine de grandes voies de 200 à 500 m.
Bien que de grands itinéraires nouveaux et systématiquement ouverts du bas voient le jour chaque année, il n'y a pas ici de phénomène de mode dévastateur, bien au contraire. Depuis quelques années, les ouvreurs reviennent de plus en plus au « terrain d'aventure » ou aux voies partiellement équipées, qui me semble être le meilleur compromis possible : on protège les dalles et on laisse vierge les fissures. L'escalade continue à s'y construire pas à pas, point par point, sans précipitation, dans le respect du site et de ses habitants. J'ose espérer aussi, que les grimpeurs qui vont venir, grâce à ce livre, user leurs chaussons dans ce cadre magnifique, respecteront cet état d'esprit et ne se comporteront pas en consommateurs, aveugles et pressés. Ouvrez les yeux ; regardez bien ; voyez les jeux de lumière sur les arêtes, les ombres bleues des ravins ; écoutez les torrents ; goûtez l'eau des sources ; sentez les cistes et le maquis ; aimez l'endroit et l'instant ; prenez votre temps ; admirez… Bavella a pris mon cœur depuis plus de 40 ans. Le massif n'attend que votre visite pour prendre le vôtre.

Bonne grimpe ! »

Jean-Louis Fenouil

Bavella

0 500 m
Échelle 1 : 25 000
Punta di San Giò Agostino
Punta Lolla
Bocca di u Santu
Punta Alta
Punta Longa
Petra Sulana
Punta di u Pargulu
Forêt Communale de Conca
Aiguilles de Bavella
Punta di Vacca
Punta di l'Arjettu
Punta di l'Acellu
Punta Bigornu
Croix Leccia
Col de Bavella
Village de Bavella
Maison Forestière d'Arza
D 268
FORÊT
Orgui di u San Petru
Foce Finosella
Punta Negra
Punta Tafunata di i Paliri
Refuge d'i Paliri
Crête de Punta Tafunata
Foce Finosa
93. ARÊTE DE ZONZA
GPS P. COL DE BAVELLA
41.796171, 9.225419

93 ARÊTE DE ZONZA

(Col de Bavella, Punta di l'Agellu/Acellu)

250 m - D+ 6a max, 5b obl./P2+ Terrain d'av.

Une grande classique accessible depuis le col de Bavella, *L'arête de Zonza* propose un cheminement intéressant permettant de gravir la Punta di l'Acellu, avec équipement à compléter. Les passages dans les taffonis permettent d'appréhender ce rocher granitique si sculptural et unique.

Alex

ACCÈS ROUTIER

Depuis Solenzara, prendre la D268 qui rentre dans le Parc de Bavella (direction opposée à la mer). Depuis l'embranchement Solenzara D268, compter 29,5 km pour atteindre le col de Bavella, la route serpente et monte un peu plus raide sur la fin.
Point GPS parking col de Bavella : 41.796171, 9.225419

APPROCHE 45 MINUTES

Du col de Bavella, suivre le sentier balisé jaune qui monte entre des tours jusqu'au col entre la Punta di l'Acellu et la Punta Bigornu. Continuer vers la gauche pour venir buter sur la face est de la Punta di l'Acellu. Descendre vers le sud en longeant cette face jusqu'à une brèche avec une petite aiguille séparée. Le départ de la voie se trouve juste avant cette brèche avec un cairn.

ÉQUIPEMENT SPÉCIFIQUE

1 jeu de coinceurs (Friends) du #0.3 au #3, (câblés optionnels), beaucoup de sangles, dégaines, équipement terrain d'aventure.

ITINÉRAIRE

L1 (5c) : Remonter une rampe pour passer un petit surplomb, rester proche du fil de l'arête jusqu'à une vire au sommet d'un gendarme, relais sur becquet.
L2 (5c) : Continuer tout droit, mur raide avec cannelures, relais sur becquet.
L3 (3b) : En ascendance à droite jusqu'à la grande vire, relais sur le câble de la via ferrata.
L4 (5a) : Grimper les taffonis au-dessus un peu sur la gauche, quelques lunules en place, relais sur becquet.
L5 (5a) : Sur la gauche, désescalader ou tirer un rappel de 8 m pour arriver à gauche du fil. Remonter quelques gradins.
L6 (4b) : Continuer dans des gradins puis large fissure, relais sur taffoni.
L7 (4b) : Basculer du côté gauche de l'angle et remonter des taffonis puis dalles.
L8 (6a) : Très belles cannelures à gravir et taffonis. Relais au pied du gros bloc.
L9 (4b ou variante 6a) : Passer à droite du gros bloc (marche) puis un peu de descente et rappel de 15 m. Depuis le bas de la brèche, soit traverser à gauche (4b) soit remonter presque tout droit en suivant des points (6a).

Col de Bavella

L10 (4c ou variante 6a) : Soit, depuis la fin de L9 : 4b, remonter une dalle puis traverser à gauche et remonter un dièdre derrière l'angle gauche (4c), soit depuis la fin de L9 variante 6a, remonter jusqu'à la brèche au pied d'une belle dalle avec fissures.
L11 (5c) : Suivre les belles fissures sur la dalle un peu à gauche du fil puis rejoindre facilement le sommet par l'arête sommitale.

RETOUR 1 RAPPEL, 50 MINUTES

Du sommet, continuer dans le prolongement de la voie vers le nord-ouest en suivant les cairns pour arriver à un rappel caché dans une sorte de grande niche sous un surplomb. Après un rappel de 20 m, descendre entre les deux tours (un peu de désescalade) et remonter pour rejoindre le chemin d'accès qu'on prend en sens inverse jusqu'au parking du col de Bavella.

Taffonis

94 | LA CÉLÉBRATION DU LÉZARD
(Bavella Punta Rossa)
210 m - ED- 6c+ max, 6b+ obl./P1

Située sur le contrefort de la Punta Rossa, on doit cette très belle voie, qui donne une part belle aux traversées, à C. Cervoni, A. Dupaquis et J.-L. Fenouil en 2001. À noter que J.-L. Fenouil a fait partie de toutes les ouvertures de cette face. Il y a plusieurs interprétations au nom de cette voie, mais le corps et la queue du lézard très souvent en ondulation ne sont pas sans rappeler le cheminement de cet itinéraire qui serpente entre dalles et taffonis. Il faudra faire preuve d'une grande habileté en dalle et exploiter le mieux possible les nombreux taffonis pour venir à bout de cette superbe ascension soutenue.

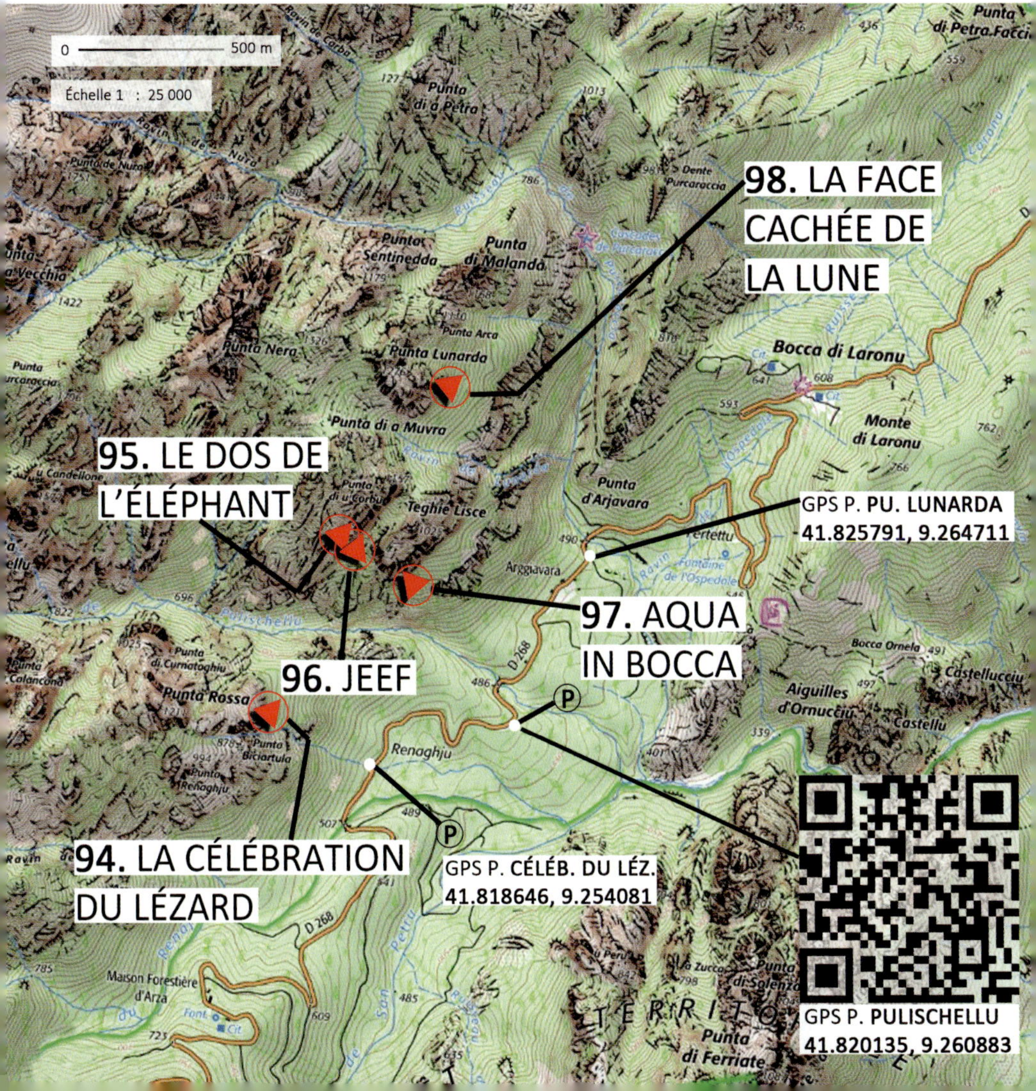

ACCÈS ROUTIER

Depuis Solenzara, prendre la D268 qui rentre dans le Parc de Bavella (direction opposée à la mer). Depuis l'embranchement et le rond-point Solenzara-D268, compter 21 km et 35 min pour atteindre le parking situé 200 m avant le pont de Renaghju.

Point GPS parking Célébration du Lézard : 41.818646, 9.254081

APPROCHE 30 MINUTES

Du parking (en bord droit de route en venant de Solenzara), prendre la sente cairnée qui remonte dans le maquis puis à sa sortie vers la gauche, rejoindre le lit du ruisseau sec qui monte à la paroi. Après avoir dépassé la voie *Alexandra* (derrière un arbre avec cordelette et plaquettes acier), continuer vers la gauche le long de la paroi en remontant, une plaquette rouillée indique le départ de la voie.

ÉQUIPEMENT SPÉCIFIQUE

12 dégaines, 6 sangles, matériel grande voie sportive.

ITINÉRAIRE

L1 (5c) : Commencer vers la droite puis en ascendance à gauche.
L2 (6a) : Succession de dalle et taffonis.

Stéphanie, L6 (6c+) © Jean-Louis Fenouil

L3 (6c) © Jean-Louis Fenouil

L3 (6c) : Traverser d'abord vers la gauche dans une zone de taffonis puis passage en dalle très fine et technique, bien gérer le tirage sur toute la longueur.
L4 (6a+) : Continuer dans de beaux taffonis.
L5 (6c) : Enchaîner par de la dalle soutenue et exigeante, la fin plus simple.
L6 (6c+) (variante tout droit déconseillée par un des ouvreurs) : Traverser sur la gauche en adhérence, très fin et technique encore, puis monter tout droit, on aperçoit le relais tout à la fin.
L7 (5b) : Terminer tout droit dans les taffonis, nettement plus simple, bien gérer le tirage.

RETOUR 2 RAPPELS (3 POSSIBLES) 50 MINUTES

Du sommet du contrefort, aller vers la gauche pour trouver un point, le premier relais de rappel de 45 m se situe dans une niche encore sur la gauche. Au pied de ce rappel, désescalader une dizaine de mètres pour trouver le deuxième rappel de 25 m. Continuer à descendre le couloir avec l'aide des mains courantes (possibilité de faire un troisième rappel) jusqu'au pied des voies puis reprendre l'itinéraire d'accès jusqu'au parking.

95 | LE DOS DE L'ÉLÉPHANT

(Bavella Punta di U Corbu)

280 m - TD+ 6b+ max, 6a+ obl./P1

Sûrement la voie la plus connue de Corse, ouverte en 1989 par P. d'Arbois, P. Faivre et P. Tanguy. La réputation des dalles granitiques du *Dos de l'Éléphant* n'est plus à faire. Ces dalles, qui ont vu passer quelques générations de grimpeurs, n'ont rien perdu de leur pouvoir de fascination. On côtoie ici un univers de granite minéral qui ne se laisse pas si facilement apprivoiser.

ACCÈS ROUTIER

Depuis Solenzara, prendre la D268 qui rentre dans le Parc de Bavella, (direction opposée à la mer). Depuis l'embranchement et le rond-point Solenzara-D628, compter 20,4 km et une demi-heure pour atteindre le parking du Pulischellu, quelques centaines de mètres après le pont du même nom.
Point GPS parking Pulischellu: 41.820135, 9.260883

APPROCHE 1 H 30

De l'extrémité du parking (celle vers le col de Bavella), prendre le sentier qui part de l'autre côté de la route pendant environ 15 minutes, ne pas descendre avant vers la rivière ni monter vers la Punta Rossa. Arriver à une corniche avec main courante, la franchir et continuer sans descendre à la rivière (accès vers les Teghi Lisce), rester rive droite (sens orographique) pour traverser la rivière un peu plus loin. Remonter les vires et suivre des cairns dans la forêt qui montent raide dans le ravin (environ 200 m de D+) jusqu'au pied des voies. Les départs de *Jeef* et du *Dos de l'Éléphant* sont tout proches (voir carte page 299).

ÉQUIPEMENT SPÉCIFIQUE

12 dégaines, sangles, matériel grande voie sportive.

ITINÉRAIRE

L1 (6a+) : Démarrer par de la dalle par la voie de gauche (à droite, *Jeef*).
L2 (6a) : Départ vers la droite puis traverser à gauche sous un surplomb, la fin en dalle.
L3 (6b+) : Continuer par une fissure puis une traversée exigeante en ascendance à gauche.
L4 (5c) : Grimper un dièdre.
L5 (5c) : Continuer dans le prolongement avec de grosses écailles.
L6 (6a) : Dalle technique, fine et engagée, bien grimper sur les pieds.
L7 (6a) : Idem.
L8 (5b) : Continuer dans la dalle, plus simple et moins raide.
L9 (5b) : Alternance passages de dalles et taffonis jusqu'au relais.

RETOUR 7 RAPPELS DANS LA VOIE 2 H 30

De R5 possibilité de passer à R3, de R3 rappel jusqu'à un arbre puis rappel de 50 m, attention au blocage de corde.

Éric en pleine dalle © Jean Maugein

Éric © Jean Maugein

96 | JEEF (Bavella Punta di U Corbu)

280 m - ED, 7b+ max, 6b+ obl./P1

Ouverte du bas par les deux frères Arnaud et François Petit en 1992 et rééquipée en 2001, *Jeef* (en hommage au DTN FFME Jean-François Lemoine) fait partie des grandes classiques de Bavella et de Corse. Arnaud Petit dit à propos de *Jeef* dans son topo *Parois de légende* : « Cette voie reste la plus belle que j'ai ouverte ». Elle aura vu le jour après le *Dos de l'Éléphant*, voie avec laquelle elle partage deux longueurs du haut.

Marjo © Simon Duverney

Marjo © Simon Duverney

ACCÈS ROUTIER

Idem voie 95.
Point GPS parking Pulischellu : 41.820135, 9.260883

APPROCHE 1 H 15

Idem voie 95.

ÉQUIPEMENT SPÉCIFIQUE

12 dégaines, sangles, matériel grande voie sportive.

ITINÉRAIRE

L1 (6b) : Démarrer par la voie de droite (à gauche le *Dos de l'Éléphant*), dalle à l'équipement aéré (à l'origine que 5 points).
L2 (6b) : Enchaînement de dièdre technique puis surplomb avec taffonis.
L3 (7b) : Commencer tout droit par de la dalle avec un pas de bloc (A0 possible) puis fissure oblique à droite plus simple.
L4 (6b) : Traversée à droite puis enchaîner par un dièdre.
L5 (6b) : Remonter fissure puis rampe oblique vers la droite.

L6 (7a+) : Mur gauche puis dévers avec taffonis à passer (A0 possible), bien gérer le tirage. Marche ramping vers la gauche.

L7 (6b) : Grimper la dalle bien technique pour rejoindre la L8 du *Dos de l'Éléphant*.

L8 (5b) puis marche : Alternance dalles et taffonis jusqu'au relais, longueur commune au *Dos de l'Éléphant*. Du sommet de cette antécime de la Punta di U Corbu, possibilité de descendre en rappel par le *Dos de l'Éléphant*.

L9 (5c) puis marche : Remonter la dalle avec un pas.

L10 (6b) : Dalle très fine.

L11 (6c) : Enjamber une faille puis grimper une fissure large et finir sur la droite en dalle.

RETOUR 10 RAPPELS 3 H

Descendre en 3 rappels et rejoindre après un peu de marche le sommet du *Dos de l'Éléphant*, puis descente par la voie en sept rappels (idem voie 95). Du sommet, possibilité aussi de descendre par la voie *Délicatessen*.

97 | AQUA IN BOCCA

(Bavella Teghi Lisce)

300 m - ED- 7a max, 6b obl./P1

Une voie exceptionnelle des « Teghi Lisce » (dalles lisses en corse) à la « sauce Corse » : pilier, dalles, fissures, cheminées, laminoirs et dalles à nouveau. Il ne manque que les taffonis… Avec toute cette diversité, cette voie ouverte en 2002 et 2004 par D. Allemand, C. Ascensao et P. Coling présente un caractère bien unique. Certaines longueurs marqueront les grimpeurs durablement, tant en cheminée/laminoir qu'en dalles lisses. L'intensité émotionnelle et physique est bien au rendez-vous. Du sommet, superbe vue sur la Punta di U Corbu et les voies du *Dos de l'Éléphant, Jeef* ainsi que *Délicatessen* et son rocher si sculpté.

ACCÈS ROUTIER

Idem voie 95.
Point GPS parking Pulischellu : 41.820135, 9.260883

APPROCHE 35 MINUTES

Du parking, rejoindre le pont puis prendre la sente qui remonte le Pulischellu en rive gauche. Emprunter la sente bien marquée à droite avec des marques vertes, à la première intersection, continuer à droite jusqu'à arriver sur une barre rocheuse qu'il faut contourner par la gauche pour arriver dans l'axe de la falaise et de la voie. Poursuivre vers la gauche avec un peu de descente pour arriver sur la partie gauche de la falaise en suivant les marques vertes avec un ressaut rocheux à passer. Remonter ensuite une rampe rocheuse avec cairns pour arriver au pied de la voie qui démarre par un pilier (voir carte page 299).

ÉQUIPEMENT SPÉCIFIQUE

12 dégaines, sangles, matériel grande voie sportive.

ITINÉRAIRE

L1 (6a) : Commencer par un pilier avec fissures puis une grande écaille.
L2 (7a) : Remonter la dalle raide avec le milieu de la voie très technique.
L3 (6b+) : Monter sur la vire plus large pour attaquer la fissure franche et athlétique, dülfer, passer à droite du grand pin par une rampe.
L4 (6b) : Continuer d'abord dans la fissure assez large puis dalle vers la droite pour accéder au sommet du pilier.
Transition : Marcher (environ 60 m) en suivant les cairns (un peu de descente) jusqu'au pied de la fissure de L5 sur la paroi qui suit un peu vers la gauche.
L5 (6b+) : Dièdre-fissure pas commode et physique jusqu'au relais.
L6 (6c+) : Passer derrière l'arbre pour s'engager dans le laminoir, cheminée toute en opposition avec de parties très lisses, très athlétique en opposition.
L7 (6a+) : Longueur de transition en dalle assez simple, relais sur arbre.
L8 (6b+) : Longueur de dalle très exigeante dans ce style, qui serpente à droite puis à gauche, les points peuvent paraître espacés et l'engagement élevé quand on n'a pas l'habitude de ce style de grimpe tout en sensation et équilibre.
L9 (6a) : Continuer en dalle dans le même esprit mais plus simple.
L10 (6a) : Un pas après le relais constitué d'une barre à franchir puis dalle vers la gauche puis droit jusqu'au relais final.

RETOUR 6 RAPPELS, 1 H 30

Du sommet, descendre en 6 rappels puis prendre l'itinéraire emprunté à l'aller.

PUNTA DI U CORBU
TEGHIE LISCE
300 m
6a
6a
6b+
6a+
6c+ laminoir
6b+
6b
6b+
7a
6a
ABBASTANZA
P
PULISCHELLU
35 min

Sortie de la voie

Nico dans L3 (6b+)

Nico dans le laminoir L6 (6c+)

98 | LA FACE CACHÉE DE LA LUNE (BAVELLA PUNTA LUNARDA)

250 m - ED- 6c max, 6a+ obl./P1+

Avec sa forme très élégante et majestueuse, la Punta Lunarda se distingue très bien des autres Aiguilles de Bavella souvent rapprochées entre elles. Ouverte en 2003 par D. Allemand et D. Giorgi, il faudra arpenter le maquis corse pendant plus de 2h pour avoir le « privilège » de se retrouver au pied de la Punta Lunarda. L'escalade y est de style très yosémitique comme le disent B. Maurin et T. Souchard dans leur topo *Bavella Corsica escalades choisies*: « La Lunarda sait se faire respecter et sélectionne ceux qui foulent son sommet. » Cette voie présentée est la moins difficile de la Lunarda, mais l'ascension globale depuis et jusqu'au parking demandera tout de même un effort certain.

ACCÈS ROUTIER

Depuis Solenzara, prendre la D268 qui rentre dans le Parc de Bavella (direction opposée à la mer). Depuis l'embranchement et le rond-point Solenzara-D268, compter 20 km et 31 min pour atteindre le parking.
Point GPS parking Punta Lunarda: 41.825791, 9.264711

APPROCHE 2H15

Du parking, revenir vers Solenzara, et 50 m après le pont de la Purcaraccia, prendre une sente sur la gauche menant à la rivière. Continuer par un sentier cairné qui mène à la base de la Punta d'Arghjavara. Longer la paroi par la droite et remonter un court pierrier jusqu'à une corde fixe permettant de franchir un ressaut exposé. Descendre et remonter des dalles en face (cairns) pour venir buter sur une paroi qu'il faut longer par la gauche jusqu'au pied de dalles d'une centaine de mètres. Remonter ces dalles au plus simple. Du haut de ces dalles, suivre le lit du ruisseau une centaine de mètres pour trouver une vague sente cairnée à droite montant dans la forêt et menant au pied de Nirvana. Longer la paroi par la droite (on croise des voies), trouver et suivre les cairns en contrebas avant que le sentier ne remonte. Aller vers la droite face à la falaise puis remonter jusqu'au pied de la dalle raide de départ (voir carte page 299).

ÉQUIPEMENT SPÉCIFIQUE

13 dégaines, sangles, matériel grande voie sportive + friends #0.5 (#5 utile pour fissure L5 si la chasse d'eau de 2021 est trop vieille).

ITINÉRAIRE

L1 (6a+) : Commencer par une belle dalle à remonter.
L2 (6a+) : Ligne évidente à suivre, superbe dülfer.
L3 (6a): De la dalle avec un passage plus soutenu.
L4 (6c): Alternance taffonis puis dalles, un pas dur bien protégeable.
L5 (7a+/A1): Cheminée fissure large à grimper (A1 possible).
L6 (6b): Style fissure/dièdre/cheminée, coincements, oppositions. Marche de transition vers la gauche.
L7 (6a): Tout droit puis à droite jusqu'au sommet.

RETOUR 7 RAPPELS 2H30

Descendre en rappels dans la voie, puis suivre l'itinéraire d'accès, l'ensemble est bien long.

Clara © Guillaume Pellissier

Guillaume © Clara Spitz

Approche par le lac gelé

RESTONICA

Lorsqu'on arrive au bout de la route qui longe la Restonica, à un peu moins de 15 km de Corte, on pénètre dans un nouvel espace sauvage fait de lacs, de granite et de reliefs escarpés. L'ambiance sauvage de montagne domine ici, on est entouré par une multitude de pics rocheux aux couleurs variées. La variété est bien l'élément qui domine. Les différentes possibilités qui s'offrent aux grimpeurs sont très nombreuses ; du bloc, de la couenne, de la grande voie (en passant par les beaux canyons), chacun pourra y trouver son compte, même l'alpiniste !

On doit le développement de l'escalade ici d'abord aux deux guides locaux Pierre Griscelli et Pierre Pietri puis aux guides du PGHM de Corte. Massif d'escalade majeur qui est moins pris d'assaut que Bavella à la belle saison, la Restonica n'a pas fini de livrer ses secrets et de faire parler de son granite. On y compte plus de 200 voies à ce jour.

Lac de Capitello

99 | SYMPHONIE D'AUTOMNE

Pointe des sept lacs (Restonica)

200 m - TD 6a+ max, 5c obl./P1

Cette voie, située dans le cœur du très beau parc de la Restonica à 15 km de Corte, constitue une petite expédition dans son ensemble (plus ou moins engagée selon la saison). En hiver, il faudra des crampons pour réaliser l'approche. Marcher sur le lac gelé pour atteindre le pied de la voie, qui se situe juste au bord du lac d'altitude de Capitello, représente une expérience tout à fait unique et exceptionnelle. Sans être trop soutenue, la voie se déroule sur un granite de grande qualité et toutes les longueurs sont très belles et homogènes.

ACCÈS ROUTIER

Depuis Corte et le centre de la Corse, prendre la D623 qui longe et remonte les gorges de la Restonica jusqu'au parking et à la fin de la route accessible aux voitures (Bergeries de Grotelle).

APPROCHE DU PARKING AU PIED DE LA VOIE 1 H 45 (HIVERNAL), 1 H 15 (ESTIVAL), 560 M D+

Prendre le sentier qui continue après la route puis monter pour arriver au lac de Melo. Passer à sa droite pour remonter vers le lac de Capitello, le début de la voie bien visible se trouve de l'autre côté du lac. Y accéder par la droite puis se longer sur les câbles en horizontal au-dessus de l'eau pour rejoindre le pied de L1.

ÉQUIPEMENT SPÉCIFIQUE

13 dégaines, matériel grande voie sportive.

ITINÉRAIRE

L1 (5c) : Monter dans les belles dalles fissurées, d'abord à gauche puis à droite.

L2 (6a) : Continuer dans le mur raide fissuré.

Alex, L3 (6a)

L3 (6a): Idem avec passages sur le fil et dièdre, la fin en ascendance à gauche.
L4 (6a+) : Traversée en dalle granitique sur la gauche tout en finesse puis remonter.
L5 (6a): Prolongement de la dalle, tout droit.
L6 (4c): Plus facile avec quelques ressauts et dalles couchées à passer.

RETOUR 5 RAPPELS 2H30

Descendre en 5 rappels dans la voie (ou par le couloir de droite après les vires). Pour le dernier rappel de 45 m, basculer à droite pour arriver sur la terre ferme et éviter l'eau. Retour au parking par l'itinéraire d'accès.

100 | BOCCA LENZANA

AMBATA DI MELU

146 m - TD- 6b max, 6a obl./P1

Située dans le golfe de Porto sur la côte ouest de la Corse, 13 km après Piana et ses superbes calanques en remontant vers le nord, cette voie, qui démarre au-dessus de l'eau (la première en Corse), résume parfaitement l'escalade plaisir. Falaises de granite orangé qui viennent plonger dans la mer bleu azur et cadre idyllique : c'est encore une pépite de Corse que l'on doit à Vlado Cviklinski et Tim Watts-Balesi en 2016, déjà en train de devenir une classique dans ce niveau. Rocher excellent et à l'ombre le matin.

ACCÈS ROUTIER

En venant depuis le sud d'Ajaccio, il faudra rejoindre le petit village en bord de mer de Porto, rester sur la D81 et se garer 2,5 km après le pont de Porto en bord de route (2 emplacements possibles).

Point GPS parking :
42.274884, 8.691796

APPROCHE 5 RAPPELS

Depuis le parking et le belvédère, prendre la petite sente qui descend en contrebas une vingtaine de mètres pour rejoindre le premier rappel. Le troisième rappel existant peut être doublé. Il est conseillé de clipper quelques points en place pour les rappels du haut qui sont en ascendance à gauche (sinon pendule).
R1 : 30 m, R2 : 40 m, R3 : 25 m, R4 : 20 m puis marche vers la gauche dos à la mer, **R5 : 20 m**.

Un bon résumé d'une partie de la Corse

ÉQUIPEMENT SPÉCIFIQUE

12 dégaines, matériel grande voie sportive.

ITINÉRAIRE

L1 (5b) : Proche du bord de l'eau, remonter le granite foncé dans cette partie puis traverser vers la droite.
L2 (5b+) : Dalle à remonter.
L3 (6a) : Continuer la dalle, un pas un peu plus fin.
L4 (6a) : Remonter d'abord tout droit avec un petit pas à gérer au départ puis effectuer un crochet sur la gauche.
L5 (6b) : Commencer par une fissure raide athlétique mais pourvue de bonnes prises. Remonter le fil du pilier pour finir en traversée aérienne vers la droite assez fine, quelques mètres encore de traversée à droite jusqu'au relais.
L6 (5c) : Alterner à gauche et à droite du fil de l'éperon jusqu'au relais final.

RETOUR 3 MINUTES

Du dernier relais, remonter les quelques mètres jusqu'au parking.

Isis dans L4 (6a)

POSTFACE

Feuilleter des topos d'escalade m'a toujours plu. Je me surprends même à me procurer des ouvrages de lieux où je n'ai pas particulièrement prévu d'aller grimper... simplement pour m'évader. Tourner les pages est une incitation au voyage vertical.

Avant d'être grimpeur, j'ai d'abord été rêveur. Ces supports papiers m'ont permis d'imaginer des escapades, de me projeter sur le rocher et in fine de m'encorder.

Lorsque je suis engagé dans une voie, beaucoup d'interrogations peuvent apparaître sur l'itinéraire à suivre. Souvent j'échange avec mon compagnon de cordée:
« Tu penses que c'est par là ? »
« Combien de mètres avant l'écaille caractéristique ? »
« Il n'y a pas un friend coincé dans la longueur ? »

Alors j'empoigne le topo avec mes mains pleines de magnésie et je le malmène.

J'essaie de le comprendre, de me mettre dans la peau de l'ouvreur. Quand ces questionnements persistent, il m'arrive même de songer à une erreur dans le tracé.

Aujourd'hui avec l'expérience je sais que le topo ne se trompe pas ! C'est bien souvent mon interprétation et ma lecture du terrain qui sont inexactes. Lorsque je réussis enfin à faire le rapprochement avec ce qui m'entoure, c'est le soulagement.

Pendant ma longue ascension solitaire dans la face nord des Grandes Jorasses, *l'instant où j'ai perdu mon téléphone restera gravé dans ma mémoire.*

En tombant dans le vide, il emporta avec lui toutes les informations sur Rolling Stones. *Heureusement, fort de mes expériences passées, j'avais imprimé le croquis de la voie pour le glisser au fond de mon sac à dos. Me voilà donc au milieu de cette face avec pour seul repère ce maigre tracé de l'itinéraire. Je n'ai jamais autant aimé un bout de papier... il est devenu mon guide pour me hisser vers le sommet.*

Plus jeune, j'ai passé de nombreuses heures devant le topo des 100 *plus belles courses du* massif du Mont-Blanc. *J'imaginais grimper telle ou telle ligne, les photos suffisaient à me transporter au milieu d'une face. Au début, je l'ai fait timidement, les cotations annoncées m'impressionnaient et je me demandais si un jour je serais capable d'y balader mes chaussons.*

Le temps a passé, mes objectifs ont changé mais j'ai toujours du plaisir à parcourir ces pages aujourd'hui, plutôt pour me souvenir des moments vécus dans toutes ces voies.

Le topo est donc à usage multiple : il sert, avant pour inciter, pendant pour se repérer. Enfin, après, pour se souvenir.

Pierre angulaire de notre pratique, il est à mes yeux aussi important qu'une corde ou qu'un baudrier.

Cher écrivain de topo, merci de m'emmener vers ma prochaine aventure !

Charles Dubouloz

Charles, face nord des Grandes Jorasses, voie Rolling Stones en solo, hiver 2022 © Montaz-Rosset

BIBLIOGRAPHIE

GÉNÉRAL

- www.camptocamp.org ; une mine d'informations.
- www.grimper.com ; pour la description des sites.
- *Les 100 plus belles grandes voies de Provence*, Nicholas Armstrong, Éditions du Chemin des Crêtes, 2018
- *Escalade en France*, Éditions du Chemin des Crêtes, 2017
- *L'escalade dans les Alpes-Maritimes V4*, Jean-Claude Raibaud, 2017
- *France : Côte d'Azur,* Chris Craggs, Éditions Rockfax, 2017
- *France : Haute Provence,* Afrian Berry, Éditions Rockfax, 2009
- *Parois de légende,* Stéphanie Bodet et Arnaud Petit, Éditions Glénat, 2011
- *Un Monde d'escalade,* James Pearson et Caroline Ciavaldini, Glénat, 2017
- *Itinéraires d'un grimpeur gâté 1 et 2,* Philippe Mussato, Éditions Gap, 2010 et 2021
- *Les Alpes du Soleil,* Jean-Marie Morisset, Éditions Denoël, 1979
- *Escalade plaisir, Alpes du Sud, Provence,* Hervé Galley, Éditions Olizane, 2014
- *Escalade plaisir, Alpes françaises du Nord,* Hervé Galley, Éditions Olizane, 2020
- *Grimper* n°166 – été 2015, Les 50 plus belles voies insolites de France
- *Grimper* n°197 – juin 2019 – Verdon Toutes les nouveautés des Gorges
- *Vertical* n°76 mai-juin-juillet 2020, Spécial Traversées
- Parc National des Calanques : www.calanques-parcnational.fr
- Parc National du Mercantour : www.mercantour-parcnational.fr
- Parc National des Écrins : www.écrins-parcnational.fr
- Parc Régional du Verdon : www.parcduverdon.fr
- Parc Régional du Vercors www.parc-du-vercors.fr

CALANQUES :

- *Climbing in the Calanques,* Éditions 2020 : www.topo-calanques.com
- *Escalade - Les Calanques Marseille - Cassis - La Ciotat,* Jean-Louis Fenouil et Papick Bracco, Éditions Vtopo, 2016
- *150 ans d'histoire dans les Calanques,* Bernard Vaucher

CAP CANAILLE :

- *Escalade la Ciotat, 650 voies entre Cassis et la Ciotat,* Gilles Bernard, Gwenaël Drouot, Hervé Guigliarelli, www.topo-calanques.com, 2012

SAINTE-VICTOIRE :

- *Escalades Sainte-Victoire et Pays d'Aix,* Daniel Gorgeon et Philippe Légier, 2015
- www.escaladesaintevictoire.com

VERDON :

- *Escalade le Verdon,* Leï Lagramusas, 2022
- *Les fous du Verdon,* Bernard Vaucher, Éditions Guérin, 2008

MERCANTOUR
(ERPS, COUGOURDE, BORÉON, MADONE DE FENESTRE) :

- *Les plus belles courses des Alpes de la Méditerranée,* Nicolas Feraud et Jean-Claude Raibaud, Alticoop Édition, 2009
- *La Verticalité en Vésubie-Valdeblore,* FFME Comité territorial des Alpes-Maritimes, 2017

CÉÜSE :

- *Céüse,* Laurent Girousse et Rolland Marie, 2018

ORPIERRE :

- www.orpierre-escalade.com/fr/accueil.html
- www.orpierre-escaladedurable.com
- *Orpierre le village qui grimpe,* Édition 2020

MONT AIGUILLE :

- *Escalades en Vercors,* Chartreuse et Dévoluy, D. Duhaut et P. Peyre, Promo Grimpe, Édition 2005

PRESLES :

- *Escalades à Presles,* Dominique Duhaut, Promo Grimpe - Édition 2022

LA DIBONA :

- *Oisans nouveau, Oisans sauvage,* Jean-Michel Cambon, livre ouest 420 escalades, 2018

AILEFROIDE :

- *Briançon Climbs,* Jonathan, Yann, Martine et Jean-Jacques Rolland, 2019
- *Oisans nouveau, Oisans sauvage,* Jean-Michel Cambon, livre est, 520 escalades, 2015
- *Grimper* n°214, août 2021, Le mythe Ailefroide

CHAMONIX :

- *Chamonix,* Charlie Boscoe et Jack Geldard, Éditions Rockfax, 2016
- *Massif du Mont-Blanc, Envers des Aiguilles,* Michel Piola, 2006
- *Escalades choisies Mont-Blanc Aiguilles Rouges,* Jean-Louis Laroche et Florence Lelong, Éditions Glénat
- Le Massif du Mont-Blanc, Gaston Rébuffat, Éditions Denoël, 1973

PYRÉNÉES :

- *100 plus belles voies des Pyrénées occidentales,* Rando Éditions/Éditions Glénat, 2019

CORSE :

- *Bavella Corsica, Escalades choisies,* Éditeurs Bertrand Maurin et Thierry Souchard, 2020
- *Grandes voies de Corse,* Éditeurs Bertrand Maurin et Thierry Souchard, 2015

Pour en savoir plus sur les Éditions du Chemin des Crêtes, vous pouvez consulter notre site Internet et retrouver notre boutique sur :

www.chemindescretes.fr

Vous pouvez également suivre notre actualité sur les réseaux sociaux :

Éditions du Chemin des Crêtes

chemin_des_cretes_editions

À bientôt sur le chemin des crêtes !

Imprimé & relié en France par Sepec

IMPRIM'VERT®

PEFC 10-31-1470 / Certifié PEFC / Ce produit est issu de forêts gérées durablement et de sources contrôlées. / pefc-france.org